annabac
SUJETS et CORRIGÉS 2021

Philo Tle générale

Sabrina Cerqueira
Professeure agrégée de philosophie

Stéphanie Ronchewski-Degorre
Professeure certifiée de philosophie

Johnny Broumische
Professeur agrégé de philosophie

Anthony Dekhil
Professeur agrégé de philosophie

Patrick Ghrenassia
Professeur agrégé de philosophie

Justine Janvier
Professeure agrégée de philosophie

Charlotte Noirot-Nérin
Professeure certifiée de philosophie

Caroline Verleyen
Professeure agrégée de philosophie

 ISSN 1168-3775 ISBN 978-2-401-06414-0

Achevé d'imprimer
Par Maury imprimeur à Malesherbes - France
Dépôt légal 06414-0/01 - Août 2020

Hatier

COMPRENDRE LA NOUVELLE ÉPREUVE EN PHILOSOPHIE

- **Infos** → pages 12 à 14
- **Conseils** → pages 15 à 20

Mes
obje

MAÎTRISER LES MÉTHODES DU BAC

- **La dissertation** pas à pas → sujet 1
- **L'explication de texte** pas à pas → sujet 2

M'ENTRAÎNER SUR LES 17 NOTIONS DU PROGRAMME

- Traiter des **sujets de dissertation**
  → sujets marqués **DISSERTATION** dans le sommaire

- Traiter des **explications de texte**
  → sujets marqués **EXPLICATION DE TEXTE** dans le sommaire

tifs

CONSOLIDER MES CONNAISSANCES

- Les **notions** au programme
  → cartes mentales pages 276 à 281

- Les **repères** au programme
  → lexique pages 282 à 286

Connectez-vous sur annabac.com pour accéder GRATUITEMENT à des ressources complémentaires

→ **Rendez-vous dans la rubrique** J'ACCÈDE À MON OFFRE

SOMMAIRE

Organisez-vous pour mieux réussir !

Indiquez, sur ce sommaire, l'avancement de vos révisions.

☐ À retravailler encore ☒ Désormais ok !

L'épreuve de philosophie : infos clés et conseils de méthode

Réussir l'épreuve écrite : 43 sujets expliqués et corrigés

Notez bien :
- Corrigé guidé
- Corrigé flash

Les sujets expliqués étape par étape

Les sujets classés par notion du programme

L'art

SOMMAIRE

Le bonheur

La conscience

Le devoir

L'État

L'inconscient

La justice

Le langage

La liberté

La nature

La raison

La religion

La science

La technique

Le temps

Le travail

La vérité

La boîte à outils

Crédits photographiques : **46** : Coll. Goethe und Schillerarchiv • **58** : Doc. Creative Commons Attribution / Wikipédia • **93** : Doc. Wikipédia • **105** : Doc. Nadar • **126** : Coll. musée de l'Ermitage, Saint-Pétersbourg • **128** : ph © Frederic Reglain / 2011 Gamma-Rapho / Getty-Images • **138** : Doc. 2005 – Eric Gaba for Wikimedia Commons • **156** : Doc. www.philosovieth.de / Wikipédia • **162** : Coll. Château de Versailles / Wikipédia • **168** : ph © Calidius – Wikipédia • **173** : Doc. Wikipédia • **213** : ph © Roger Viollet Collection • **215** : ph © Granger collection / Bridgeman Images • **227** : Doc. Marie-Lan Nguyen (2006) / Wikipédia • **237** : Doc. 2005 – Eric Gaba for Wikimedia Commons • **243** : ph © Granger collection / Bridgeman Images • **248** : ph © Roger Viollet Collection • **261** : ph © Fotograaf Onbekend / Anefo / Nationaal Archief, La Haye.

- Coordination éditoriale : Anaïs Goin
assistée d'Alice Petit et de Tina de Filippo
- Édition : Éva Baladier
- Graphisme : Dany Mourain et le studio Favre & Lhaïk
- Maquette : Hatier et Nadine Aymard
- Illustration : Juliette Baily
- Mise en page : STDI
- Iconographie : Hatier illustration

Votre planning de révisions

Vous débutez vos révisions 1 mois avant l'épreuve

J –30

Consolidez vos méthodes

Sujets	Points de méthode
1	La dissertation pas à pas
2	L'explication de texte pas à pas

J –15

Révisez les notions clés

Sujets	Notions du programme
4	L'art • explication de texte
8	La conscience • dissertation
12	Le devoir • explication de texte
13	L'État • dissertation
20	Le langage • explication de texte
25	La nature • dissertation
30	La religion • explication de texte
31	La science • dissertation
37	Le temps • explication de texte
39	Le travail • dissertation

J –7

Dernière ligne droite !

Sujets	5 • 22 • 28 • 43

Vous débutez vos révisions 15 jours avant l'épreuve

J –15

Parcourez le programme

Sujets	Notions du programme
11	Le devoir • dissertation
14	L'État • explication de texte
15	L'inconscient • dissertation
18	La justice • explication de texte
33	La technique • dissertation
35	Le temps • dissertation

J –7

Dernière ligne droite !

Sujets	7 • 24 • 27 • 41

Optimisez vos révisions

- **Organisez-vous**

Planifiez des plages de révisions pour toutes les matières à réviser.

- **Mettez-vous dans les conditions de l'examen**

Entraînez-vous avec de vrais sujets en respectant la durée des épreuves.

- **Travaillez en équipe**

Organisez des séances de révisions avec des amis afin de partager vos connaissances et d'échanger sur vos techniques de travail.

- **Préparez-vous mentalement et physiquement**

Ménagez-vous des pauses pour prendre l'air, faire du sport, des exercices de respiration (relaxation). Privilégiez des repas équilibrés.

Infos et conseils sur...

L'épreuve de philosophie

1 Quel est le nouveau programme de philosophie en Terminale ?

Avec ce programme, vous acquérez une culture philosophique solide et développez vos capacités d'analyse et de réflexion.

A Les notions

- Le programme s'organise autour de **trois perspectives** : l'existence humaine et la culture, la morale et la politique, et la connaissance.
- **17 notions** sont explorées : l'art, le bonheur, la conscience, le devoir, l'État, l'inconscient, la justice, le langage, la liberté, la nature, la raison, la religion, la science, la technique, le temps, le travail et la vérité.
- Voir les cartes mentales des notions en fin d'ouvrage.

B Les repères

- Les repères sont des **distinctions lexicales et conceptuelles** qui vous permettent d'analyser le sens et la portée d'un problème, puis de construire votre réflexion. En voici la liste :

absolu/relatif — abstrait/concret — en acte/en puissance — exemple/preuve — analyse/synthèse — concept/image/métaphore — contingent/nécessaire — expliquer/comprendre — en fait/en droit — formel/matériel — idéal/réel — croire/savoir — genre/espèce/individu — hypothèse/conséquence/conclusion — identité/égalité/différence — impossible/possible — intuitif/discursif — légal/légitime — médiat/immédiat — objectif/subjectif/intersubjectif — obligation/contrainte — origine/fondement — persuader/convaincre — principe/cause/fin — public/privé — ressemblance/analogie — essentiel/accidentel — théorie/pratique — transcendant/immanent — universel/général/particulier/singulier — vrai/probable/certain

- Voir le « Lexique des repères » en fin d'ouvrage.

C Les auteurs

- L'extrait de l'explication de texte de l'écrit est nécessairement issu de la liste d'auteurs au programme. L'étude des œuvres des auteurs majeurs vous aide également à construire votre réflexion dans une dissertation.
- Pour accéder à la liste, reportez-vous à la page : https://eduscol.education.fr/cid144166/philosophie-bac-2021.html.

2 En quoi consiste l'épreuve ?

Il s'agit d'une épreuve écrite de 4 heures, coefficient 8. L'épreuve orale ne concerne que les élèves qui doivent passer le « rattrapage ».

A Quelles sont les modalités de l'épreuve ?

L'épreuve écrite vient clôturer une année pendant laquelle votre professeur vous a transmis une culture philosophique tout en vous aidant à former votre jugement critique.

L'épreuve de philosophie

DÉROULEMENT
4 heures
coefficient : 8

STRUCTURE
trois sujets au choix sur des notions différentes :
- **2 sujets de dissertation ;**
- **1 explication de texte**

NOTEZ BIEN Si vous êtes concerné(e) par l'oral de rattrapage en philo, voici quelques précisions :
- Vous devez expliquer un extrait de l'œuvre étudiée en classe (10 min.) puis répondre aux questions du jury (10 min.).
- Les consignes sont les mêmes que pour l'explication de texte écrite, si ce n'est que vous ne pouvez approfondir autant l'analyse et qu'il faut restituer l'extrait dans l'œuvre que vous êtes censé(e) connaître.

B Quels sont les critères d'évaluation ?

Le correcteur doit prendre en compte ces divers critères (sans barème) :
1. la capacité à **saisir les enjeux philosophiques** du sujet et la pertinence de la réflexion ;
2. la **qualité de l'argumentation**, quelle que soit la réponse apportée ;
3. l'appropriation de la **culture philosophique** (notions, repères, auteurs) ;
4. l'**organisation** du devoir (pour tout type de sujet, introduction, développement structuré en plusieurs parties et conclusion) ;
5. la **clarté** de l'expression.

3 Comment s'organiser pendant l'épreuve ?

Vous disposez de 4 heures pendant lesquelles vous devez vous organiser méthodiquement. Pour ne pas céder à la panique le jour de l'épreuve, vous devez vous entraîner à faire des devoirs en temps limité tout au long de l'année.

ATTENTION Vous pourrez, le jour du bac, être confronté(e) à un texte ou à un sujet de dissertation que vous ne comprendrez pas. Ne faites donc pas d'impasse méthodologique : entraînez-vous aux deux types d'épreuve.

Il faut...	Il ne faut pas...
1. Pendant les dix premières minutes, avant de vous lancer	
• **Lire calmement les trois sujets** • **Choisir le sujet que vous allez traiter** en procédant par élimination (celui relatif aux notions que vous maîtrisez)	Commencer à traiter tous les sujets en même temps
2. Au brouillon (entre 1 h 30 et 2 heures)	
• **Analyser le sujet choisi** • Construire un plan détaillé	• Revenir en arrière après avoir choisi un sujet • Se lancer dans la rédaction sans avoir construit un plan du devoir
3. Sur la copie (entre 1 h 30 et 2 heures selon le temps passé au brouillon)	
Évaluer le temps qu'il vous reste afin de consacrer la même attention aux différentes parties	Consacrer trop de temps à rédiger le début du devoir et bâcler la fin
4. Pendant les dix dernières minutes, avant de rendre votre copie	
Relire l'intégralité du devoir : • Veiller à ce qu'il n'y ait pas de phrases incomplètes, de répétitions • Vérifier l'orthographe ainsi que la grammaire et la syntaxe	• Rendre un devoir sans conclusion • Se contenter de recopier en conclusion des phrases du devoir • Rendre un devoir plein d'incohérences et d'erreurs

4 Comment réussir la dissertation ?

Le sujet de dissertation vous pose une question : ce n'est qu'après en avoir saisi le sens et avoir discuté les différentes hypothèses possibles que vous allez proposer une réponse originale.

A La feuille de route

Étape 1 • Définir les termes du sujet (au brouillon)

- Chaque terme du sujet doit être analysé, même ceux qui vous semblent les plus anodins.

> EXEMPLE **Dans le sujet « Démontrer, est-ce établir une vérité ? », il faut s'interroger sur le choix du verbe « établir », qui n'est pas « découvrir ».**

- Vous devez repérer des **liens entre les concepts** (similitude, opposition, dépendance…).
- Il faut ensuite reformuler le sujet à l'aide de vos analyses conceptuelles.

Étape 2 • Dégager la problématique et proposer des réponses (au brouillon)

- Derrière la question du sujet se trouvent d'autres interrogations et des propositions de réponses qui peuvent s'opposer entre elles.
- Le problème peut se présenter alors comme une **alternative entre deux thèses** accompagnées d'une objection/restriction, sous la forme :

  ou bien [thèse 1], mais alors [objection/restriction 1],
  ou bien [thèse 2], mais alors [objection/restriction 2].

- Transformez ces deux thèses en deux **grandes parties**. Dans une troisième partie, vous devez essayer – en approfondissant le problème ou en apportant un nouvel éclairage – de dépasser l'opposition qui en résulte.

Étape 3 • Chercher des idées pour chaque partie, les organiser en un plan détaillé (au brouillon)

- Notez les titres de chaque partie et sous-partie. Pour chacune d'entre elles, trouvez un **argument**, ainsi qu'une **référence** ou un **exemple**.

> ATTENTION **Les références et exemples jouent un rôle clé dans votre argumentation. Vous devez vous appuyer sur la culture philosophique acquise mais pouvez également utiliser d'autres références : historiques, littéraires, cinématographiques…**

- Rédigez entièrement les **transitions** : elles justifient le passage d'une partie à l'autre.

Étape 4 • Rédiger l'introduction

- L'introduction vise à définir les **enjeux du sujet** en dégageant sa problématique (mise en tension entre deux idées).
- Elle comprend les étapes suivantes :

Étape	Contenu
1	Accroche qui introduit le sujet, en évitant les lieux communs (problème général, exemple ou simple reformulation du sujet…)
2	Définition et analyse des termes du sujet
3	Formulation de la question posée par le sujet en reprenant ses termes puis énonciation du problème sous-jacent
4	Annonce du plan

> ATTENTION **Évitez de commencer votre devoir par de grandes généralités du type « De tout temps, l'homme... », ou encore par des considérations nostalgiques incertaines sur ce qui se passe « De nos jours... ».**

- L'introduction doit **entrer dans le vif du sujet** à partir de son analyse (étape 2), même si celle-ci est succincte dans un premier temps. Il s'agit de montrer que la réponse à la question que l'on vous pose n'est pas évidente et appelle une discussion.

Étape 5 • Rédiger le développement

- Reprenez et **suivez votre plan** (de préférence en trois parties) établi au brouillon, sans noter les titres.
- **Au début de chaque partie**, annoncez le plan des sous-parties, puis faites des paragraphes (en allant à la ligne avec un alinéa) pour chacune d'entre elles.
- **Terminez chaque partie** par une brève conclusion et l'amorce d'une nouvelle idée (objection ou besoin d'approfondir) pour faire la transition vers la partie suivante.

> CONSEIL **Entre l'introduction, les parties et la conclusion, ainsi qu'entre les parties, sautez deux ou trois lignes pour aérer votre copie.**

- Quelques conseils plus précis pour le développement :

Veillez à...	Évitez de...
Donner un argument philosophique pour chaque idée se trouvant dans un paragraphe	Énoncer des affirmations sans les justifier
Relier votre propos au seul sujet et non à l'ensemble du chapitre qui s'y rapporte	Faire des digressions hors sujet ou de tenir des propos pour lesquels le lecteur doit imaginer le lien avec le sujet
Donner des références philosophiques précises en les explicitant et en les reliant au sujet	Plaquer le cours de manière artificielle sur le sujet
Soigner vos transitions et veillez à la progression de votre propos	Passer du coq à l'âne…

Étape 6 • Rédiger la conclusion

- Il vous faut **répondre au problème** posé en introduction : faites la synthèse de votre développement (et non pas simplement un résumé) en montrant la progression de votre réflexion.

- Vous pouvez éventuellement terminer par une **nouvelle question** que le sujet engage et qui pourrait faire l'objet d'un nouveau sujet.

> ATTENTION **Il ne s'agit pas de commencer à traiter une nouvelle question ou de croire que l'on pourrait sauver le devoir par une révélation de dernière minute.**

- Vous pouvez noter quelques idées au brouillon en vue de la conclusion, dès le début ou au fur et à mesure de votre développement au cas où vous n'auriez plus assez de temps à la fin du devoir, mais généralement la conclusion est **l'aboutissement de la réflexion** que vous aurez menée tout au long de l'épreuve.

Étape 7 • Se relire

- Prenez l'habitude **après chaque paragraphe** de vous relire en veillant au sens et à l'orthographe. Cela permettra – mieux qu'une seule relecture en fin d'épreuve – de vérifier la progression de votre propos et d'éviter erreurs et maladresses de style.

- Gardez cependant dix minutes avant la fin de l'épreuve pour relire l'ensemble du devoir.

B Huit erreurs à éviter

1. **Ne retranscrivez pas votre cours tel quel**, car vous risquez d'être hors sujet. Votre cours, votre connaissance des auteurs et du vocabulaire philosophique doivent être au service de votre réflexion.

2. **Évitez les lieux communs et les généralisations abusives** : on vous demande une réflexion personnelle et philosophique. Si vous commencez votre devoir par « Depuis la nuit des temps, l'homme… », cela ne manquera pas d'agacer votre examinateur.

3. **Ne posez pas l'une après l'autre deux thèses contraires**, car ce serait vous contredire. Argumentez une thèse puis une autre en les nuançant l'une par rapport à l'autre grâce à des distinctions conceptuelles.

4. **Ne vous contentez pas d'énoncer des idées philosophiques sans références.** Vous devez vous montrer capable d'utiliser précisément et à bon escient votre cours.

5. **Ne citez pas une référence sans l'analyser** : l'explication que l'auteur apporte pour appuyer sa thèse est aussi importante que la thèse elle-même, sinon vous ne ferez que donner un « argument par autorité ».

6. **Ne cumulez pas plusieurs exemples pour une même idée.** L'exemple a une valeur illustrative, non argumentative, en revanche il peut servir de contre-argument pour réfuter une thèse. Choisissez-le dans le domaine d'une culture générale commune plutôt que dans votre vie privée. Un seul exemple suffit pour une idée.

7. **N'indiquez pas entre guillemets une citation approximative.** Si vous ne la connaissez pas par cœur, contentez-vous d'expliquer la thèse de l'auteur mais toujours en précisant les sources (titre souligné, auteur).

8. **Ne vous perdez pas dans des opinions vagues ou sentiments passionnés.** Vos affirmations doivent être soumises à un examen critique et rationnel. Il faut penser par soi-même mais en construisant sa pensée par la raison, une réflexion argumentée acceptable par tous.

5 Des conseils spécifiques pour l'explication de texte

Comme dans le cas de la dissertation, l'explication d'un texte permet de dégager des enjeux philosophiques dans un écrit organisé méthodiquement. Vous devez cependant expliciter le sens du texte par son étude linéaire. Voici donc quelques conseils spécifiques.

A La feuille de route

Étape 1 • Faire une lecture approfondie du texte

● Après avoir lu plusieurs fois le texte, vous devez repérer le thème de l'extrait, la **thèse principale** et les **étapes de son argumentation** (autrement dit le plan).

● L'ensemble du texte peut éclairer le détail, et inversement.

Étape 2 • Identifier la question que se pose l'auteur (au brouillon)

Cette première étape accomplie, vous pouvez en déduire **la question** à laquelle le texte répond (si elle n'est pas explicite dans le texte) et **le problème philosophique** plus général auquel elle se rattache.

Étape 3 • Mettre au jour les étapes de l'argumentation et bâtir le plan (au brouillon)

Le plan de votre devoir doit **suivre le plan du texte** que vous avez repéré, en en distinguant bien les parties et sous-parties. Votre explication est donc une étude linéaire de l'extrait.

Étape 4 • Rédiger le devoir

● Votre **introduction** doit contenir :
- une accroche liée au problème général auquel le texte se rapporte ;
- la question à laquelle le texte répond ;
- le titre, l'auteur et la date ;
- la thèse de l'auteur ;
- le plan du texte qui sera le plan du devoir.

- Dans le **développement**, vous devez mener l'analyse conceptuelle rigoureuse et minutieuse du détail du texte, sans jamais perdre de vue la problématique générale.

> CONSEIL **Des exemples ou des références extérieures peuvent également vous permettre d'expliciter le propos de l'auteur, à condition qu'ils ne s'éloignent pas du texte.**

B Six erreurs à éviter

1. **Évitez le contresens**. Le contresens est une mauvaise interprétation du texte, qui revient à lui faire dire le contraire de ce qu'il contient.

2. **Fuyez la paraphrase ou le résumé**. La paraphrase consiste à redire exactement dans les mêmes termes ce qui se trouve dans le texte. Or, vous devez éclairer les idées qui demeurent encore implicites dans le propos de l'auteur. L'analyse conceptuelle et les exemples peuvent vous y aider. De la même manière, un résumé même juste sera insuffisant.

3. **Méfiez-vous des anachronismes**. Faire un anachronisme, c'est ne pas replacer un événement à la bonne période. Dans une explication de texte, cela consiste à commenter la thèse d'un auteur, en s'appuyant par exemple sur celle d'un autre auteur plus tardif.

4. **Ne changez pas de sujet**. Vous devez toujours être attentif au texte dans son fond et dans sa forme. En aucun cas il ne peut servir de prétexte à réciter un cours sur le thème dont il est question ou sur l'auteur si ce n'est pas directement relié au propos du texte. La connaissance de l'auteur peut être bienvenue, mais elle n'est pas requise.

5. **Ne restez pas dans une approche découpée du texte**. Il est bien de suivre le détail du texte, mais cela n'a d'intérêt que si vous le rapportez à la thèse principale et à la logique de son argumentation.

6. **Mobilisez vos connaissances**. L'intérêt d'une explication est de relier le texte à une problématique plus générale qui se rapporte à l'une des notions du cours.

Préparer l'épreuve écrite

43 sujets expliqués et corrigés

La science parvient-elle à la vérité ?

4 heures
20 points

ÉTAPE 1 au brouillon — Définir les termes du sujet

20 min

Vous devez commencer par définir les termes du sujet.

La science : La science désigne une connaissance fondée sur une méthode précise qui s'applique à différents objets, déterminant les différents types de sciences.
- les sciences formelles ont pour objet des rapports (entre les nombres pour l'arithmétique) et sont purement déductives ;
- les sciences expérimentales ont pour objet la nature et valident leurs hypothèses par des contrôles expérimentaux ;
- les sciences humaines ont pour objet la réalité humaine et procèdent par argumentation et interprétation.

parvient-elle à : Parvenir à une chose, c'est réussir à l'atteindre au terme d'un cheminement. La science tend vers la vérité, mais on nous demande ici si elle a les moyens d'atteindre ce but.

la vérité : La vérité désigne d'abord un rapport adéquat de l'esprit à la réalité, supposant un travail de mise en forme de la réalité par la raison. Elle désigne aussi l'accord de la pensée avec elle-même : on parle alors de vérité logique.

Cette première étape va vous permettre de clarifier le sujet en le **reformulant**. Le résultat auquel vous aboutirez vous donnera tous les éléments pour commencer l'introduction.

La connaissance scientifique, qui vise la vérité, est-elle capable de l'atteindre, c'est-à-dire de l'établir une fois pour toutes ?

ÉTAPE 2 au brouillon

Dégager la problématique et réfléchir à différentes réponses possibles

10 min

La question vous est posée parce qu'elle **soulève un problème**, c'est-à-dire parce qu'il existe une **tension** entre deux réponses valables mais opposées. La problématique doit donc faire apparaître cette alternative.

La connaissance scientifique est-elle capable d'aboutir à une vérité une et définitive, ou, au contraire, la science est-elle incapable d'atteindre ce type de vérité et est-elle toujours en chemin vers elle ?

Organisez votre réflexion en trois temps, selon un **plan dialectique**.

1. Réponse qui paraît la plus évidente.
2. Examen des limites de la première réponse.
3. Dépassement de l'opposition.

Partie 1

La science peut prétendre dire le vrai

Les énoncés scientifiques résultent d'un raisonnement logique et d'une méthode, qui les rendent susceptibles d'être vérifiés. En ce sens, on peut dire que la science dit le vrai.

Partie 2

Les sciences établissent des vérités provisoires et partielles

Les vérités scientifiques ne peuvent pourtant pas être conçues comme des vérités absolues : chaque vérité scientifique est susceptible d'être complétée voire remise en cause.

Partie 3

La science est une recherche permanente de vérité

La science ne progresse pas vers une vérité fixe qui lui serait extérieure. Elle ne peut prétendre détenir la vérité contre d'autres types de discours.

ÉTAPE 3 au brouillon

Chercher des idées pour chaque partie, les organiser en un plan détaillé

10 min

Chaque partie de votre dissertation est une réponse possible qu'il vous faut soutenir par des arguments. Le plan détaillé, qui guidera votre rédaction, comprend **trois réponses**, de la plus faible à la plus forte, associées aux **arguments** et au travail conceptuel qui vous permettra de développer ces arguments (définitions, distinctions).

Voici ce que ce travail de recherche pourrait donner pour la **partie 1**.

Partie 1
La science peut prétendre dire le vrai

Argument A
La méthode scientifique garantit la vérité des thèses scientifiques.
DISTINCTIONS : erreur/opinion/préjugé/vérité, croire/savoir.

Argument B
La science produit des certitudes.
DISTINCTIONS : mathématiques/sciences expérimentales et sciences humaines ; définitions de la démonstration et de la déduction.

Ci-dessous le travail de recherche pour la **partie 2**.

Partie 2
Les sciences établissent des vérités provisoires et partielles

Argument A
Aucune science n'est figée.
DISTINCTIONS : vérité absolue/vérité relative, loi scientifique/théorie scientifique ; exemple du passage de la physique newtonienne à la théorie de la relativité.

Argument B
Les vérités des sciences expérimentales sont des probabilités.
DISTINCTIONS : « vérités de fait »/« vérités de raison », évidence/certitude/probabilité.

Voici enfin le travail de recherche pour la **partie 3**.

Partie 3
La science est une recherche permanente de vérité

Argument A
Les énoncés scientifiques sont bien des vérités.
DISTINCTIONS : science/pseudo-science, vérification/réfutation.

Argument B
Le progrès de la science, c'est le progrès de la vérité.
DISTINCTIONS : vérité solide/vérité fluide, progrès de la vérité/progrès vers la vérité.

N'oubliez pas de faire apparaître des **transitions** entre les parties. Ces transitions doivent formuler une question ou une objection qui se pose à ce point de raisonnement, et qui justifie que vous passiez à une nouvelle hypothèse de réponse.

ÉTAPE 4 au propre — Rédiger l'introduction

10 min

L'introduction de votre devoir détermine le regard que posera le correcteur sur votre copie. Attention donc à **bien la structurer** et à en soigner la rédaction. Vous devez y reformuler le sujet pour le clarifier, définir les termes du sujet, puis formuler la problématique et le plan.

[Reformulation du sujet] *La connaissance scientifique, qui vise la vérité, est-elle capable de l'atteindre, c'est-à-dire de l'établir définitivement ? A priori, la science tend vers la vérité. Mais n'y a-t-il pas une histoire des sciences et ne peut-on pas douter, de ce fait, de la permanence des vérités énoncées par les sciences ?*

CONSEIL
Vous pouvez commencer l'introduction en précisant la question, en énonçant une réponse qui semble évidente puis une objection à cette réponse.

[Définition des termes du sujet] La science désigne une connaissance qui se veut objective en ce qu'elle est fondée sur une méthode précise : déductive pour les sciences formelles, déductive et expérimentale pour les sciences de la nature, argumentative pour les sciences humaines. Dire qu'elle parvient à la vérité, c'est dire qu'elle serait capable d'aboutir à une vérité une et permanente. La vérité n'est pas une propriété du réel mais la propriété d'un discours ou d'une représentation : elle se définit alors comme la correspondance entre l'esprit et la réalité. En un second sens, on parle de vérité logique, purement formelle. [Problématique] Mais la connaissance scientifique est-elle capable d'établir une vérité une et définitive ou, au contraire, est-elle incapable d'atteindre une vérité ferme vers laquelle elle peut seulement se diriger ? [Annonce du plan] Nous verrons pour quelles raisons la science peut prétendre dire le vrai, avant de mettre en évidence le caractère partiel des vérités scientifiques, ce qui nous conduira à envisager la science comme une recherche permanente de vérité.

CONSEIL
Les **définitions** qui apparaissent en introduction doivent être synthétiques, vous les développerez dans le cours du raisonnement.

DÉFINITION
Objectif/subjectif est un repère du programme. Un discours objectif restitue l'objet dont il parle tel qu'il est, un discours subjectif reflète moins l'objet dont il parle que le sujet qui l'énonce.

ÉTAPE 5 au propre

Rédiger le développement

3 heures

Tout au long de cette rédaction, vous devez vous appuyer sur les **étapes du plan détaillé** rédigé au brouillon.

1. La science peut prétendre dire le vrai

A. La méthode scientifique garantit la vérité des thèses scientifiques

[Dans un premier temps, on pourrait penser que la science parvient à la vérité, dans la mesure où le discours scientifique présente un certain nombre de garanties permettant d'affirmer que ce qu'il énonce ne

LÉGENDE
- Annonce de partie
- Transition

[Distinction erreur, opinion, préjugé/vérité]

relève ni de l'erreur, ni de l'opinion, ni du préjugé. La scientificité d'une thèse, en effet, repose sur la capacité du scientifique à mettre en évidence sa méthode, afin que l'on puisse reproduire sa démarche et, ce faisant, vérifier ou invalider cette thèse.] [C'est précisément ce qui distingue un savoir d'une croyance : si tous deux prétendent énoncer une vérité, le savoir ne peut se constituer qu'au terme d'un cheminement que l'on doit pouvoir mettre en évidence. Ce cheminement correspond à une méthode que chacun doit pouvoir reproduire, afin de vérifier ou de réfuter le résultat.]

DÉFINITION
La **croyance** désigne l'adhésion subjective à une idée, tenue pour vraie sans preuves, quand le **savoir** implique de tenir une idée pour vraie, mais en disposant des preuves et des moyens de la vérifier.

[Distinction croire/savoir]

B. La science produit des certitudes

[On peut donc dire que la science est capable d'établir des vérités, même si certaines sciences semblent supérieures aux autres en termes de certitude, en fonction de leur méthode. Cela implique que l'on parle des sciences, plutôt que de la science. C'est ce que Descartes met en évidence, dans les Règles pour la direction de l'esprit, en montrant la supériorité de la méthode déductive propre aux mathématiques. De fait, l'objet des mathématiques est simple, c'est-à-dire sans rapport avec la réalité, si bien qu'il ne dépend pas des variations de l'expérience, contrairement à celui des sciences expérimentales et humaines, fondées, elles, sur une observation du réel.] [Par conséquent, la démonstration mathématique, ce raisonnement déductif formé d'un enchaînement entre des prémisses et des conséquences nécessaires, est purement rationnelle.] [La géométrie, par exemple, examine les rapports entre les figures : ces relations seraient vraies même si aucune figure géométrique n'existait dans la réalité, ou si la réalité changeait.] Et c'est en vertu de cette supériorité de la méthode déductive que Descartes fait des mathématiques le modèle de toute science. Pourtant, les vérités des mathématiques sont des vérités formelles, reposant elles-mêmes sur des prémisses indémontrables, à savoir des axiomes. Dans cette mesure, peut-on dire que les mathématiques parviennent à la vérité, ou simplement qu'elles

[Distinction mathématiques/sciences expérimentales et sciences humaines]

[Définitions de la démonstration et de la déduction]

[Exemple de la géométrie]

DÉFINITION
La **déduction** est un raisonnement logique qui part de propositions tenues pour vraies (appelées prémisses) pour en tirer des inférences.

construisent leurs propres vérités en les faisant résulter d'axiomes indémontrables ?

De fait, les vérités mathématiques ne sont jamais que des vérités coupées du réel et certaines, pour cette raison. Mais alors, la science est-elle incapable de produire un discours en adéquation avec le réel ?

2. Les sciences établissent des vérités provisoires et partielles

A. Aucune science n'est figée

Il semble difficile de soutenir que les sciences parviennent à la vérité si l'on entend par là qu'elles arriveraient à expliquer de façon exhaustive et définitive l'ensemble de la réalité. [En effet, le simple fait qu'il existe une histoire des sciences nous interdit de penser que les vérités scientifiques sont absolues, c'est-à-dire qu'elles seront toujours valables. C'est ce que souligne Russell : la science « s'attend à ce que des modifications de ses théories actuelles deviennent tôt ou tard nécessaires, et se rend compte que sa méthode est logiquement incapable d'arriver à une démonstration complète et définitive ». De fait, les sciences de la nature, comme la physique, progressent : si certaines lois comme celle de la gravitation ne peuvent pas être remises en cause, elles restent cependant à compléter, voire sont susceptibles d'être modifiées par le développement des outils d'observation ou par de nouvelles découvertes.]

[Distinction vérité absolue/vérité relative]

À NOTER
Absolu/relatif est un repère du programme : *absolu* signifie indépendant de tout contexte, alors que *relatif* signifie en relation avec un contexte.

[Plus précisément, comme l'explique Kuhn, les lois scientifiques s'additionnent, alors que les théories scientifiques, c'est-à-dire le système de ces lois, peuvent être bouleversées.] [Par exemple, le passage de la physique newtonienne à la théorie de la relativité d'Einstein, ou la théorie darwinienne de l'évolution, sont des révolutions scientifiques dans la mesure où elles bouleversent notre représentation du monde. Ces changements de paradigme qui scandent l'histoire des sciences nous interdisent de penser qu'une science qui porte sur le réel puisse énoncer une vérité définitive.]

[Distinction loi scientifique/théorie scientifique]

[Exemple du passage de la physique newtonienne à la théorie de la relativité]

B. Les vérités des sciences expérimentales sont des probabilités

[Dans l'ordre des sciences expérimentales ou humaines, les vérités sont donc toujours provisoires. On peut aller jusqu'à dire, comme Hume, que leurs lois ne correspondent jamais qu'à des probabilités. Dans l'Enquête sur l'entendement humain, Hume distingue en effet les « vérités de raison », propres aux sciences formelles comme les mathématiques, des « vérités de fait ». Toutes nos connaissances portent soit sur des « relations d'idées », soit sur des « choses de fait », c'est-à-dire des éléments de la réalité, or « Les vérités de fait ne sont pas aussi certaines que les vérités de raison : il n'est donc pas absolument certain que le soleil se lèvera demain, car le contraire n'est pas contradictoire. »] [Autrement dit, même s'il nous semble évident que le soleil se lèvera demain, nous ne pouvons en avoir aucune certitude. Certes, nous le croyons, et nous pouvons, par des lois scientifiques, dire pourquoi il en a été ainsi jusqu'ici. Mais nous ne pouvons être certains qu'il en sera de même demain : tout ce que nous pouvons dire, c'est qu'il est probable que cela se produira. Même les sciences sont impuissantes à garantir la certitude d'une affirmation portant sur l'avenir : dès lors que le réel est sujet à variations, elles ne peuvent énoncer que des probabilités.]

[Distinction « vérités de fait »/« vérités de raison »]

À NOTER
Hume est un philosophe empiriste : pour lui, toute la connaissance provient de l'expérience, si bien que la science ne peut que décrire le réel tel qu'il est pour le moment.

[Distinction évidence/ certitude/ probabilité]

CONSEIL
Toutes les citations d'auteur doivent être accompagnées d'une explication.

Mais doit-on pour autant douter des sciences ? Faut-il en conclure que la vérité leur échappera toujours, que la vérité n'existe pas, voire qu'il faut douter de tout ce qui est énoncé par la science comme une vérité ?

3. La science est une recherche permanente de vérité

A. Les énoncés scientifiques sont bien des vérités

De ce qui précède, on peut plus justement conclure que la science est une recherche permanente de vérité : en tant que telle, elle ne peut atteindre aucune vérité définitive. [De fait, dire que les vérités scientifiques sont provisoires, ce n'est pas nécessairement céder à un scepticisme niant que la vérité existe, ni à un

[Distinction science/ pseudo-science]

relativisme qui reléguerait les vérités scientifiques au rang de simples opinions. Il existe bien des critères permettant d'identifier la scientificité d'une thèse, et donc de distinguer les sciences des pseudo-sciences.] [Si tout n'est pas vérifiable, si nous n'avons pas accès à toute l'étendue du réel, alors, dit Popper, en toute rigueur, on ne peut tester une théorie scientifique en la vérifiant, mais, plus précisément, en la soumettant à l'épreuve de la réfutation. En d'autres termes, il faut pouvoir réfuter une thèse pour admettre son caractère scientifique : et dès lors qu'elle résiste à mes efforts, alors, je suis fondé à la tenir pour vraie, même si sa vérité est nécessairement vouée à évoluer.]

[Distinction vérification/réfutation]

B. Le progrès de la science, c'est le progrès de la vérité

[L'idée d'une vérité évolutive est pourtant problématique : cela signifie-t-il que la vérité n'existe pas ? En réalité, il s'agirait d'admettre que les vérités scientifiques tendent sans cesse vers la vérité comme leur idéal, sans jamais pouvoir revendiquer la possession d'une vérité définitive. C'est aussi ce qu'indique Bergson en évoquant une vérité fluide, et non solide comme nous sommes enclins à nous la représenter : « nous appelons vraie, dit-il, toute affirmation qui, en nous dirigeant à travers la réalité mouvante, nous donne prise sur elle et nous place dans de meilleures conditions pour agir. »] [Autrement dit, les vérités scientifiques sont des hypothèses fécondes, utiles, et il faut concevoir que le progrès des sciences n'est rien d'autre que le progrès de la vérité, et non le progrès vers une vérité qui serait absolue et extérieure au discours scientifique. En ce sens, le discours scientifique dit vrai – il est cohérent, logique, et vérifiable –, mais ne peut en aucun cas prétendre détenir la vérité, d'autant moins s'il s'agit d'opposer cette vérité à celle que visent d'autres discours – l'art, la religion – qui ont un tout autre rapport à elle.]

[Distinction vérité solide/vérité fluide]

À NOTER
Contre le scientisme qui marque son époque, **Bergson** revendique l'intuition comme moyen d'accéder à la vérité.

[Distinction progrès de la vérité/progrès vers la vérité]

À NOTER
Pascal distingue en ce sens les « **vérités des sciences** » des « **vérités du cœur** », comme l'idée de Dieu, immédiatement connue par le sentiment et l'intuition, et que les cheminements de notre raison ne peuvent saisir.

ÉTAPE 6 au propre

Rédiger la conclusion

10 min

La conclusion ne doit pas résumer le devoir mais plutôt rappeler le **problème abordé** et l'essentiel de la démonstration pour en faire apparaître **l'enjeu**.

[Rappel de la question] *La vérité est-elle cette chose lointaine que seule la science parvient à atteindre ?* [Synthèse] *Cela supposerait que la vérité soit extérieure au discours scientifique, et qu'elle le précède. Or, nous l'avons vu, la vérité n'est pas une donnée, ni un fait, vers lequel se dirigerait laborieusement la science au travers de son histoire faite d'erreurs et de tâtonnements. On ne peut pas non plus dire que la science parvient à une vérité une et permanente, mais on peut dire, en revanche, que la science est mue par la recherche de la vérité, et que ses vérités, approximatives, partielles, toujours en construction, sont fiables et fécondes. En ce sens, la science dit le vrai mais n'atteint jamais la vérité : elle la recherche et progresse avec elle.*

CONSEIL
La conclusion doit formuler une réponse nuancée à la question, qui découle de l'ensemble du raisonnement.

2 L'explication de texte *étape* par *étape*

Rousseau, *Émile*

4 heures
20 points

▸ **Voici l'extrait à étudier, préparé selon les indications données dans l'étape 1.**

TEXTE

On façonne les plantes par la culture, et les hommes par l'éducation. Si l'homme naissait grand et fort, sa taille et sa force lui seraient inutiles jusqu'à ce qu'il eût appris à s'en servir ; elles lui seraient préjudiciables, en empêchant les autres de songer à l'assister ; et, abandonné à lui-même, il mourrait de misère avant d'avoir connu ses besoins. On se plaint de l'état de l'enfance ; on ne voit pas que la race humaine eût péri, si l'homme n'eût commencé par être enfant. Nous naissons faibles, nous avons besoin de force ; nous naissons dépourvus de tout, nous avons besoin d'assistance ; nous naissons stupides, nous avons besoin de jugement. Tout ce que nous n'avons pas à notre naissance et dont nous avons besoin étant grands, nous est donné par l'éducation.

Cette éducation nous vient de la nature, ou des hommes ou des choses. Le développement interne de nos facultés et de nos organes est l'éducation de la nature ; l'usage qu'on nous apprend à faire de ce développement est l'éducation des hommes ; et l'acquis de notre propre expérience sur les objets qui nous affectent est l'éducation des choses.

Chacun de nous est donc formé par trois sortes de maîtres. (Le disciple dans lequel leurs diverses leçons se contrarient est mal élevé, et ne sera jamais d'accord avec lui-même) ; / (celui dans lequel elles tombent toutes sur les mêmes points, et tendent aux mêmes fins, va seul à son but et vit conséquemment. Celui-là seul est bien élevé.)

Jean-Jacques Rousseau, *Émile*, 1762.

ÉTAPE 1 au brouillon

Faire une lecture approfondie du texte

30 min

Le texte choisi pour votre épreuve porte toujours sur une ou plusieurs notions du programme. Vous devez commencer par faire une première lecture globale du texte pour les identifier.

Ce texte de Rousseau porte sur la nature.

Au cours d'une deuxième lecture, vous devez scrupuleusement identifier et rendre visible dans le texte lui-même **le travail conceptuel** (définitions et distinctions) mis en œuvre par l'auteur pour développer son argumentation. Utilisez des couleurs différentes pour repérer les **distinctions** (termes que l'auteur oppose, entre lesquels il établit une différence, qu'il compare ou met en parallèle) et les **définitions**.

Ici, nous avons surligné d'une même couleur les termes d'une même distinction et souligné les définitions présentes dans le texte.

ÉTAPE 2 au brouillon

Identifier la question que se pose l'auteur et la thèse du texte

10 min

À partir de l'analyse conceptuelle que vous venez de faire, vous êtes désormais en mesure d'établir **la question à laquelle répond le texte.** Chaque texte est une démonstration, ce qui signifie qu'il est écrit pour répondre à une question qui n'apparaît que très rarement de manière explicite dans le texte. C'est à vous, en relisant le texte globalement, de formuler cette question.

Dans ce texte, Rousseau se demande
ce que signifie éduquer un enfant :
éduquer un enfant, est-ce l'arracher à sa nature ?

Vous pouvez alors préciser la **thèse de l'auteur**, qui répond à la question abordée par le texte.

À rebours d'une conception classique selon laquelle éduquer un enfant signifie l'éloigner de son naturel, Rousseau démontre ici que l'éducation ne doit pas s'opposer à la nature de l'enfant, mais la diriger pour lui permettre de s'épanouir.

ÉTAPE 3 – au brouillon – Mettre au jour les étapes de l'argumentation

5 min

Dégagez alors les différentes parties du texte. Les textes proposés au bac se développent en deux à quatre parties.

Partie 1

L'enfance n'est pas un stade inutile de la vie humaine

- *Rousseau se demande d'abord si l'on doit concevoir l'enfant comme un être naturel et inférieur, auquel seule la culture donnera sa forme humaine.*
- *Il rejette cette conception en mettant en évidence la nécessité de l'état d'enfance pour l'individu, puis pour l'espèce.*

Partie 2

Vers une éducation naturelle

- *Il s'interroge ensuite sur la manière de faire d'un enfant un homme accompli, c'est-à-dire non perverti.*
- *Il expose alors les principes d'une éducation naturelle.*

ÉTAPE 4 au brouillon

Analyser chaque étape du texte et bâtir le plan détaillé

5 min

Vous pouvez ensuite **analyser plus finement l'argumentation**, en mettant en évidence, sur le côté du texte ou au brouillon, le contenu de chaque partie.

Voici ce que ce travail de recherche pourrait donner pour ce sujet.

Partie 1 (l. 1 à 12)
L'enfance n'est pas un stade inutile de la vie humaine

- **Idée A**
  L'enfant n'est pas une plante.
  DISTINCTIONS : plante/enfant, culture/éducation.
- **Idée B**
  La faiblesse de l'enfant est utile.
  DISTINCTIONS : conséquence d'un point de vue individuel/conséquence du point de vue de l'espèce, qui résultent de l'hypothèse d'un enfant né fort.
- **Idée C**
  La faiblesse de l'enfant rend nécessaire son éducation.
  DISTINCTIONS : faibles/besoin de force, dépourvus de tout/besoin d'assistance, stupides/besoin de jugement.

Partie 2 (l. 13 à 23)
Vers une éducation naturelle

- **Idée A**
  L'éducation est partagée entre trois maîtres.
  DISTINCTIONS : éducation par la nature/éducation par les hommes/éducation par les choses.
- **Idée B**
  Un enfant bien élevé est un enfant heureux.
  DISTINCTIONS : enfant mal élevé/enfant bien élevé.

ÉTAPE 5 au propre

Rédiger l'introduction

10 min

L'introduction de votre devoir détermine le regard que posera le correcteur sur votre copie. Attention donc à **bien la structurer** et à en soigner la rédaction.

Vous devez y poser la question abordée par le texte, formuler la réponse de sens commun ou la thèse adverse critiquée par l'auteur, définir le terme central, formuler la problématique puis la thèse de l'auteur, et enfin annoncer la structure du texte.

[Formulation de la question abordée] *Que signifie éduquer un enfant ?* [Formulation de la réponse de sens commun] *A priori, l'éducation est un processus culturel : il s'agirait de transmettre un savoir et des techniques à un être naturel, pour en faire cet être de culture que serait l'homme.* [Définition du terme central] *L'éducation, du latin « educatio », qui signifie élevage ou formation de l'esprit, désignerait la mise en œuvre d'un ensemble de méthodes et de procédés permettant de former et de développer l'enfant. Elle serait liée à la culture, dans la mesure où elle renverrait à la double visée d'intégrer l'enfant au monde social et de lui transmettre une sorte de patrimoine intellectuel et artistique.* [Formulation de la problématique] *Mais est-elle seulement l'effet d'une culture, par laquelle il s'agit d'arracher un être à sa nature ? Éduquer un enfant, est-ce contraindre sa nature et la faire disparaître ou, au contraire, est-ce la diriger pour la développer ?* [Formulation de la thèse] *Rousseau démontre ici que l'éducation n'est pas ce par quoi on éloigne l'enfant de sa nature, mais au contraire ce par quoi on développe la nature de l'enfant. L'enjeu est d'opposer au modèle d'une éducation exclusivement liée à la culture, et donc à la contrainte, une éducation naturelle qui respecterait la nature de l'homme, et donc sa liberté.* [Annonce de plan] *Rousseau remet d'abord en cause notre représentation de l'enfance comme un état inférieur et naturel auquel seule une culture donnera sa forme humaine. Dans un second temps, il explique quelles sont les trois sources de l'éducation, et à quelles conditions un enfant peut être bien élevé.*

À NOTER
La **définition** qui apparaît en introduction doit être synthétique, vous la développerez ensuite dans le cours du raisonnement.

À NOTER
La problématique fait apparaître une alternative, c'est-à-dire deux réponses possibles à la question.

ÉTAPE 6 au propre

Rédiger le développement

2 h 50

Vous pouvez alors commencer à rédiger votre développement. Tout au long de cette rédaction, vous devez vous appuyer sur les **étapes du plan détaillé** rédigé au brouillon.

1. L'enfance n'est pas un stade inutile de la vie humaine

A. L'enfant n'est pas une plante

LÉGENDE
- Annonce de la partie
- Transition

Rousseau amorce sa démonstration en examinant celui qui est l'objet de l'éducation, à savoir l'enfant. Qu'est-ce qu'un enfant ? En ouvrant ainsi son texte, Rousseau indique que cette question doit être le point de départ de toute réflexion portant sur l'éducation car la réponse ne va pas de soi. Un enfant (du latin « infans », qui signifie : celui qui ne parle pas) n'est-il pas qu'une matière informe à laquelle il s'agit d'imposer une culture qui lui est extérieure ? C'est en tout cas ce que présuppose un modèle éducatif courant.

[Rousseau pose d'emblée une distinction entre la « culture » et l'« éducation » en comparant la plante et l'enfant. Si la plante peut en effet être conçue comme cet être naturel qu'une culture maintient artificiellement en vie et modèle à son gré (on l'arrose, on oriente sa tige), l'« enfant », lui, ne le peut. Mais pourquoi ? L'enfance n'est-elle pas l'âge de l'infériorité et de la passivité, n'est-elle pas une sorte de stade végétal et inutile de la vie humaine ?]

[Distinctions culture/éducation et plante/enfant]

B. La faiblesse de l'enfant est utile

[Rousseau prend à revers cette conception ordinaire de l'enfance en soulignant au contraire sa nécessité absolue. Pour cela, il imagine ce qui se produirait si nous n'étions pas d'abord enfants, c'est-à-dire marqués au départ par une faiblesse physique et intellectuelle. Si nous naissions déjà forts, dit-il, il y aurait alors deux

[Hypothèse d'un homme né fort]

conséquences.] [Premièrement, cela ne nous servirait à rien puisque la force physique ou intellectuelle est inutile dès lors que l'on ne sait pas « s'en servir ». Autrement dit, que notre corps et notre esprit soient d'abord faibles est nécessaire : cette faiblesse nous laisse en effet le temps d'apprendre à nous servir des forces qui progressivement se développent en nous.] [Deuxième conséquence : si l'enfant n'était pas faible physiquement et intellectuellement, il n'appellerait pas le secours des autres. Par conséquent, dit Rousseau, incapable de se servir de son corps et « abandonné » par tous, l'enfant « mourrait de misère avant d'avoir connu ses besoins ». En d'autres termes, c'est paradoxalement l'état de faiblesse de l'enfant qui, provoquant la pitié, lui sauve la vie. C'est ainsi notre vulnérabilité qui fait immédiatement de nous des êtres sociaux. L'enfance n'est donc pas un stade inutile de la vie (l'enfant serait un être sans valeur, informe, ignorant et dépendant des autres, une sorte de plante en attente de son devenir), bien au contraire. Ce stade de la vie est celui par lequel la « race humaine » – cette race dont les petits, sans crocs, sans forces, sont incapables de survivre seuls – trouve à se perpétuer.]

[Première conséquence : pour l'individu]

[Deuxième conséquence : pour l'espèce]

CONSEIL
Votre explication doit être ponctuée de courtes citations de phrases ou de termes du texte, que vous devez toujours expliquer.

C. La faiblesse de l'enfant rend nécessaire son éducation

[La faiblesse de l'enfant est donc la condition même de la survie de l'humanité. Mais elle est aussi ce qui, précisément, rend nécessaire son éducation. En effet, contrairement à une plante, l'enfant, laissé à lui-même, mourrait. Les enfants sont « faibles », « dépourvus de tout » et « stupides », dit Rousseau, ce qui fait d'eux des êtres dans le « besoin ». L'âge de l'enfance est donc l'âge du besoin, conçu au sens le plus strict : la force, l'assistance et le jugement sont bien des « besoins » en ce qu'ils sont nécessaires à la survie de l'homme. L'éducation peut à partir de là se définir comme ce processus qui débute dès la naissance et qui nous conduit à l'état adulte, en répondant à ces trois besoins primordiaux.]

[Distinctions entre ce qui manque à l'enfant et ce que lui apporte l'éducation]

À NOTER
Pour Rousseau, la nature fait bien les choses puisque si les besoins de l'enfant dépassent ses forces, la nature remédie à cela par l'affection de ses parents et leur éducation.

Si l'éducation est nécessaire, si un enfant, en somme, ne s'éduque pas seul, reste à savoir quel doit être le positionnement de l'éducateur. Quel type d'éducation peut être adéquat à l'enfant tel que Rousseau vient de le définir, c'est-à-dire à un homme en puissance, et non pas un sous-homme qu'il s'agit d'arracher à sa nature ?

À NOTER
La distinction en **acte/ en puissance** est un repère de votre programme. Un enfant est en homme *en puissance* en ce sens qu'il contient déjà en germe toutes les capacités qu'il développera par la suite.

2. Vers une éducation naturelle

A. L'éducation est partagée entre trois maîtres

L'enfant étant défini comme cet être qui a besoin de force, d'assistance et de jugement, qui pourra les lui apporter ? La question est à présent de savoir quel doit être le rôle de l'éducateur. Est-ce donc lui qui apporte à l'enfant ce qui lui est nécessaire pour grandir, c'est-à-dire pour devenir un homme en acte ? [Rousseau va à l'encontre de cette conception classique selon laquelle l'éducateur transmet un ensemble de savoirs à l'enfant et le remplit comme un vase vide. L'éducation n'est pas faite exclusivement par les hommes, nous dit Rousseau, mais à la fois par « la nature », les « hommes » et les « choses », chacun éduquant l'enfant en son domaine.] [L'éducation serait donc triple et répondrait à trois besoins essentiels : l'« éducation de la nature » serait celle par laquelle l'enfant développe ses « facultés » et ses « organes ». De fait, l'enfant apprend au fil du développement de son corps à se servir de ses organes.] [Mais cette éducation est insuffisante : si elle assure le « développement interne » de l'enfant, elle ne lui permet pas de savoir ce qu'il faut faire de ces facultés. C'est là, précisément, le rôle de l'« éducation des hommes » qui complète cette première éducation : l'enfant apprend par elle à orienter ces facultés et organes.] [Enfin, à ces deux premières éducations s'adjoint une troisième, à savoir l'« éducation par les choses » : l'enfant, par l'expérience de son rapport au monde, en tire un savoir qui lui permettra de se situer et de se diriger en lui.]

[Distinction éducation par la nature/ les hommes/ les choses]

[Définition de l'éducation par la nature]

[Définition de l'éducation par les hommes]

[Définition de l'éducation par les choses]

B. Un enfant bien élevé est un enfant heureux

[Ce que Rousseau fait ainsi apparaître, c'est que l'éducateur n'est pas au centre de l'éducation : il n'est jamais que l'un des trois éléments qui concourent à l'éducation de l'enfant. Ce dernier a bien « trois sortes de maîtres » et non un seul, omnipotent et contraignant. L'éducateur doit donc tenir compte du domaine de son intervention et laisser l'enfant s'éduquer aussi par la nature et par les choses. Car, précise Rousseau dans ce dernier moment du texte, le rapport entre ces trois éléments d'éducation, ces trois « maîtres », doit être harmonieux.]

[Définition du rôle de l'éducateur]

[Rousseau distingue alors celui qui est « mal élevé » et celui qui est « bien élevé ». Ainsi, après avoir envisagé l'objet de l'éducation (l'enfant) et le moyen de l'éducation (l'éducateur, défini comme étant triple), Rousseau examine à présent le but de l'éducation. Si elle doit produire un individu « bien élevé », reste à savoir ce qu'il convient d'entendre par là. Est-ce, comme on tend ordinairement à le penser, l'être naturel qui se soumet à l'autorité d'un éducateur unique, intégrant ainsi convenablement une somme de savoirs (codes de politesse, docilité, connaissances diverses) extérieurs à lui ?] [En réalité, dit Rousseau, cet individu-là risque précisément d'être mal élevé, dans la mesure où une éducation contraignante ne le mettrait pas « d'accord avec lui-même ». En d'autres termes, cet individu peut être le lieu d'une discordance : on ne l'a envisagé, en quelque sorte, que comme une nature à contraindre et à éliminer. Il risque donc d'être traversé par des exigences contradictoires qu'il devra étouffer, s'en trouvant « contrarié » et malheureux, parce que détourné de sa nature, c'est-à-dire perverti.] [Au contraire, l'individu « bien élevé » sera celui qui, précisément, aura été élevé, et non éloigné de sa nature par son éducation. Les termes mêmes de « bien élevé » ou « mal élevé » renvoient littéralement à l'idée d'une élévation réussie ou ratée : il s'agit bien d'aider l'enfant à se réaliser, à devenir « grand », c'est-à-

[Distinction enfant mal élevé/enfant bien élevé]

[Définition de l'enfant mal élevé]

[Définition de l'enfant bien élevé]

dire à accomplir ce qu'il est. Mais alors, qu'est-ce qu'« être bien élevé » ? Celui qui est « bien élevé », dit Rousseau, est celui « qui va seul à son but et vit conséquemment ». Autrement dit, le but de l'éducation, c'est l'autonomie de l'individu, qui passe progressivement de la dépendance de l'état d'enfance à la liberté. Cette dernière est conçue comme la capacité à agir selon ses propres principes et est le résultat du rapport harmonieux établi entre les trois sources de l'éducation.]

CONSEIL
Si le terme de liberté n'apparaît pas dans le texte, vous devez pourtant le faire apparaître à partir de votre analyse des dernières phrases.

ÉTAPE 7 au propre — Rédiger la conclusion

10 min

La conclusion ne doit pas résumer le devoir, mais doit plutôt rappeler le **problème abordé** dans le texte et l'essentiel de la démonstration pour en faire apparaître **l'enjeu**.

[Problème et thèse] En définitive, en envisageant dans ce texte le problème du rapport de l'éducation à la nature, Rousseau indique ce que pourrait être une éducation naturelle. Cette éducation ne serait plus conçue comme un dressage ni un processus culturel qui donnerait forme à l'informe en transmettant à l'enfant un ensemble de codes et de savoirs. Au contraire, l'éducation apparaît comme le processus par lequel on élève l'enfant en respectant sa nature.
[Enjeu] En redéfinissant l'enfant et en assignant à son éducation trois sources principales, Rousseau pose donc l'enjeu de l'éducation en termes de liberté : élever un enfant, ce n'est pas le cultiver ni le dresser, ce n'est pas l'affranchir de sa nature, mais l'aider, au contraire, à développer sa nature.

À NOTER
Le projet éducatif de Rousseau découle de son constat selon lequel la vie sociale a corrompu les hommes : il s'agit dès lors de savoir comment les ramener à leur essence.

La création artistique est-elle un travail ?

4 heures
20 points

INTÉRÊT DU SUJET • En 1914, Marcel Duchamp achète un porte-bouteilles et lui appose sa signature. Ce premier ready-made est le point de départ d'une réflexion portant sur la création artistique : suffit-il de signer un objet pour en faire une œuvre d'art, ou l'œuvre est-elle le fruit du labeur et de la virtuosité ?

LES CLÉS DU SUJET

Définir les termes du sujet

Création artistique

• Étymologiquement, « art » vient du latin *ars* qui signifie technique. On peut définir l'art comme l'ensemble des productions issues de l'habileté humaine : le monde de l'art se distingue ainsi du monde naturel.

• Le terme de « création » artistique restreint ici ce premier sens de l'art. En effet, une création se distingue d'une production dans la mesure où elle seule exprime une singularité. Dans cette mesure, le terme d'art ne désigne pas ici l'ensemble des productions humaines mais, plus spécifiquement, les beaux-arts, c'est-à-dire l'ensemble des créations humaines ayant une visée esthétique, et dans lesquelles s'exprime une sensibilité singulière.

Travail

• Le travail désigne à la fois une **activité** supposant un effort, et le **résultat** de cet effort. Il est donc producteur de valeur. Il peut se définir comme une activité de transformation du monde extérieur par laquelle l'homme se transforme. Il s'agirait alors du travail-effort, que Marx distingue du travail moderne – autrement dit du travail productif – par lequel l'individu se contente de transformer une chose extérieure à lui.

• L'étymologie du terme (du latin *tripalium*, instrument de torture) indique son ambiguïté : effort, il est aussi souffrance et contrainte. Il est affecté d'une valorisation négative dont témoigne le récit biblique, où le travail est effet de la malédiction divine.

Dégager la problématique

Problématique

- L'artiste n'est-il qu'un artisan, appliquant ses techniques et son habileté à un matériau extérieur à lui ?
- Doit-on admettre, au contraire, qu'il crée sans efforts, en vertu d'un don ou d'une inspiration inexplicables ?

Construire un plan

1. La création artistique est identifiable à un travail	La création artistique correspond à un effort par lequel nous nous développons. Elle suppose par ailleurs l'apprentissage et la maîtrise de techniques.
2. La création artistique n'est pas un travail	N'est-ce pas l'unicité et l'originalité de l'œuvre d'art qui lui donnent sa valeur, et n'est-ce pas en cela qu'elle se distingue du travail ?
3. La création artistique est un travail que l'on veut ignorer	Il nous faudra examiner précisément cette conception miraculeuse de l'art afin de mettre en évidence la dimension laborieuse de l'activité artistique. Mais qu'est-ce qui nous pousse à vouloir nier cela ?

3 CORRIGÉ GUIDÉ

Les titres en couleurs servent à guider la lecture et ne doivent en aucun cas figurer sur la copie.

Introduction

[Reformulation du sujet] Il s'agit ici de s'interroger sur la spécificité de l'art au sein des activités humaines. On pourrait penser que l'art est hétérogène au monde du travail, dans la mesure où l'artiste est plus qu'un simple technicien. Mais d'où tiendrait-il cette supériorité ?

[Définition des termes du sujet] Étymologiquement, « art » vient du latin *ars*, qui signifie « technique ». Dès lors, on peut définir l'art comme l'ensemble des productions issues de l'habileté humaine : le monde de l'art se différencie ainsi du monde naturel. Pourtant, la création artistique se distingue d'une production dans la mesure où elle seule exprime une singularité. Le terme d'art désigne alors les beaux-arts, c'est-à-dire l'ensemble des créations humaines ayant une visée esthétique, et dans lesquelles s'exprime une sensibilité singulière. [Problématique] La question est de savoir si cette œuvre est issue d'un travail, supposant des efforts et l'acquisition de techniques, ou si, au contraire, sa singularité parmi nos productions ne peut s'expliquer que par une inspiration ou un don particulier dont serait investi l'artiste. [Annonce du plan] Nous mettrons d'abord en évidence la proximité de l'art et du travail, avant d'examiner la spécificité du processus de création. Enfin, nous nous interrogerons sur notre tendance à ne pas prendre en considération la dimension laborieuse de l'art.

1. La création artistique est identifiable à un travail

A. La création artistique est épanouissante, comme le travail

- Dans un premier temps, on peut penser que la création artistique est un type de travail, dans la mesure où elle appelle un effort porteur d'épanouissement. Car le travail, contrairement à ce qu'indique son étymologie, n'est pas pure souffrance, mais effort tendu vers un dépassement de soi.

- Si l'effort peut sembler rebutant, il comporte aussi une dimension épanouissante. Dans *Le Capital*, Marx se pose la question suivante : « Quelle est la spécificité de l'activité humaine que l'on appelle travail ? » Il prend l'exemple de deux animaux dont l'activité est souvent considérée comme un travail, dans la mesure où elle est productrice, à savoir l'araignée et l'abeille. « Ce qui distingue dès l'abord le plus mauvais architecte de l'abeille la plus experte, écrit-il, c'est qu'il a construit la cellule dans sa tête avant de la construire dans la ruche. » Autrement dit, alors que l'activité de l'abeille est purement instinctive et ne l'amène pas à évoluer, le travail est une activité par laquelle l'homme, tout en transformant la nature extérieure à lui, transforme sa propre nature. Tout architecte, en effet, mobilise dans son activité des facultés intellectuelles (mémoire, attention, imagination, etc.) qu'il développe en affrontant la nature, autrement dit le matériau brut qu'il doit mettre en forme. Parce qu'il est avant tout transformation et développement de soi, le travail est donc source de plaisir, comme l'est la création artistique.

B. La création artistique est une activité technicienne

Tout travail se définit comme une activité technicienne appelant l'homme à se transformer en même temps qu'il transforme la nature extérieure à lui. On peut alors penser que la création artistique, dans laquelle l'artiste applique des techniques visant à transformer un matériau brut, s'inscrit dans cette définition du travail. L'œuvre d'art, en effet, n'est pas issue de la nature, mais de l'action exercée par l'homme sur la nature, par le biais de techniques.

DÉFINITION
La **technique** désigne l'ensemble des moyens artificiels, qu'ils soient intellectuels (savoir-faire, méthodes) ou matériels (outils, machines), mis en œuvre par l'homme pour atteindre une certaine fin.

[Transition] Mais n'y a-t-il pour autant aucune spécificité de l'œuvre d'art au sein des productions humaines ?

▶ **Le conseil de méthode**

Il est important de formuler des transitions entre vos parties : elles marquent la limite de l'argumentation développée dans la partie précédente, et témoignent donc de la progression de votre argumentation.

2. La création artistique n'est pas un travail

A. L'œuvre d'art est unique

La genèse d'une œuvre d'art est-elle vraiment la même que celle de n'importe quel objet technique, fruit du travail humain ? C'est précisément la question que se pose Kant dans la *Critique de la faculté de juger*, en s'efforçant de mettre au jour la spécificité de la création artistique. L'œuvre d'art, dit-il, se caractérise avant tout par sa singularité et par sa nouveauté. Par conséquent, on ne saurait expliquer sa genèse par la seule application de techniques à un matériau brut, car ceci supposerait que l'œuvre d'art soit reproductible. Or, la valeur d'une œuvre nous semble liée à son caractère unique. Il faut donc distinguer l'œuvre d'art en tant que création du reste des productions humaines, ces productions étant, elles, indéfiniment reproductibles par des hommes indifférents, pourvu qu'on leur apprenne les techniques ayant présidé à leur apparition. Mais qu'est-ce qui permet d'expliquer, alors, l'unicité de l'œuvre d'art ?

À NOTER
Ce qui est **singulier**, c'est ce qui est unique, ce qui est radicalement distinct de tout autre être ou objet. La distinction universel/général/particulier/singulier est un repère de votre programme.

B. La création artistique est le fait du génie

Si la création artistique n'est pas réductible à un travail, explique Kant, c'est parce qu'il existe, au-delà de l'humanité commune, ce qu'il appelle des « génies ». Étymologiquement, rappelle-t-il, le génie désigne une divinité singulière, propre à un lieu – il s'agit donc de ce qui anime un lieu, ou un homme, sans que l'on puisse expliquer d'où vient cette force. Le génie, précise Kant, se caractérise par son caractère singulier et original – le génie crée ce qui n'existait pas avant lui. Investi d'un don miraculeux, le génie créerait facilement et librement, comme une nature incarnée dans un homme, et sans que l'on sache pourquoi tel homme, et non tel autre, est investi de ce don.

[Transition] Pourtant, comment démontrer l'existence de « génies » ? En toute rigueur, peut-on rendre compte de la genèse de l'œuvre d'art par ce qui ne peut qu'être l'objet d'une croyance ?

3. La création artistique est un travail que l'on veut ignorer

A. Le génie est l'objet d'une croyance

C'est là le sens de la critique nietzschéenne de la notion de « génie » : comment expliquer la genèse d'une œuvre indépendamment d'un travail ? Autrement dit, comment rendre compte rationnellement de la notion de génie ? En tant que telle, dit Nietzsche, il s'agit là d'une notion qui ne peut être expliquée – car pourquoi certains hommes seraient-ils investis d'un don, et pas d'autres ? Et si nous ne pouvons pas l'expliquer, pourquoi devrions-nous accepter de croire à l'idée de « génie » ? Selon Nietzsche, le génie ne correspond à aucune réalité, et il faut chercher l'origine de cette croyance en se demandant à quel besoin elle répond – car toute croyance, suppose-t-il, a pour origine un besoin.

L'AUTEUR
Friedrich Nietzsche (1844-1900).

L'œuvre de Nietzsche est fondée sur une critique de la métaphysique, c'est-à-dire de tout discours prétendant accéder par la raison à des réalités immatérielles, qu'il s'agisse de dieu, de l'âme ou du génie.

B. Cette croyance nous rassure

Qu'est-ce qui justifie notre croyance au génie ? Tout d'abord, dit Nietzsche, il est rassurant, pour des hommes fondamentalement médiocres et paresseux, de croire qu'il existe, au-delà de cette humanité moyenne, une humanité supérieure, quasi divine, élue sans que l'on sache pourquoi ni comment. Car ces « élus » inspirés que seraient les génies ne sont donc pas à notre portée, mais distincts de nous par nature : ce qui rend inutiles nos efforts pour les rejoindre, et nous dispense de les jalouser. Par conséquent, croire que l'œuvre d'art provient d'un naturel génial et non d'un travail, nous conforte dans notre refus de l'effort.

C. Nous prenons plaisir à croire aux miracles

Par ailleurs, croire au génie nous procure un plaisir enfantin : c'est que, d'après Nietzsche, nous aimons croire aux miracles, c'est-à-dire aux faits qui se produisent sans qu'on puisse leur assigner de cause. Ainsi, nous préférons croire que la création artistique est facile et engendrée spontanément par le génie, plutôt que d'envisager l'art dans sa dimension laborieuse. Mais derrière la perfection de l'œuvre, dit Nietzsche, ce que nous ne voulons pas voir, comme des enfants refusant de voir le mécanisme à l'intérieur d'un pantin, c'est la genèse de l'œuvre : l'effort, l'échec, le tri opéré par l'artiste au sein des techniques et des matériaux, et, finalement, le labeur nécessaire à la réalisation de l'œuvre.

Conclusion

En définitive, la création artistique est bien un travail, travail spécifique puisque visant l'expression d'une singularité, mais qui reste de l'ordre de l'effort, de la pénibilité et, en même temps, du plaisir lié à la réalisation de soi à travers l'œuvre. Séparer la création artistique du travail, c'est finalement nier le processus de réalisation de l'œuvre pour se réfugier dans une conception miraculeuse de l'art que rien ne saurait justifier.

2 AUTRES SUJETS POUR S'ENTRAÎNER

- Une société peut-elle se passer d'art ?
- Explication d'un extrait de l'*Esthétique*, de Hegel

▶ Retrouvez les corrigés sur annabac.com

4 Explication de texte

Arendt, *La Crise de la culture*

4 heures
20 points

INTÉRÊT DU SUJET • Pour quelles raisons *La Joconde* nous fascine-t-elle à ce point ? Au-delà de la dimension historique et esthétique de l'œuvre, ce que nous entrevoyons dans le regard de Mona Lisa, n'est-ce pas l'éternité d'une œuvre qui subsistera bien longtemps après notre mort ?

Expliquez le texte suivant :

Parmi les choses qu'on ne rencontre pas dans la nature, mais seulement dans le monde fabriqué par l'homme, on distingue entre objets d'usage et œuvres d'art ; tous deux possèdent une certaine permanence qui va de la durée ordinaire à une immortalité potentielle dans le cas de l'œuvre d'art. En tant que tels, ils se distinguent d'une part des produits de consommation, dont la durée au monde excède à peine le temps nécessaire à les préparer, et d'autre part, des produits de l'action, comme les événements, les actes et les mots, tous en eux-mêmes si transitoires qu'ils survivraient à peine à l'heure ou au jour où ils apparaissent au monde, s'ils n'étaient conservés d'abord par la mémoire de l'homme, qui les tisse en récits, et puis par ses facultés de fabrication. Du point de vue de la durée pure, les œuvres d'art sont clairement supérieures à toutes les autres choses ; comme elles durent plus longtemps au monde que n'importe quoi d'autre, elles sont les plus mondaines des choses. Davantage, elles sont les seules choses à n'avoir aucune fonction dans le processus vital de la société ; à proprement parler, elles ne sont pas fabriquées pour les hommes, mais pour le monde, qui est destiné à survivre à la vie limitée des mortels, au va-et-vient des générations. Non seulement elles ne sont pas consommées comme des biens de consommation, ni usées comme des objets d'usage : mais elles sont délibérément écartées des procès de consommation et d'utilisation, et isolées loin de la sphère des nécessités de la vie humaine.

Hannah Arendt, *La Crise de la culture*, 1968.

La connaissance de la doctrine de l'auteur n'est pas requise. Il faut et il suffit que l'explication rende compte, par la compréhension précise du texte, du problème dont il est question.

LES CLÉS DU SUJET

Repérer le thème et la thèse

- Hannah Arendt s'interroge ici sur la spécificité de l'œuvre d'art.
- Elle démontre que la singularité et la supériorité de l'œuvre d'art tiennent à ce qu'elle incarne une forme de défi humain adressé au temps, en raison même de son inutilité.

Dégager la problématique

Problématique
- On pourrait penser que l'œuvre d'art est un objet artificiel comme les autres, issu des techniques et du travail humain.
- Mais n'est-elle pas le seul objet artificiel qui résiste au passage du temps ? Et comment expliquer cela ?

Repérer les étapes de l'argumentation

1. La spécificité de l'œuvre d'art parmi les objets artificiels (l. 1 à l. 11)	• Arendt établit d'abord la singularité de l'œuvre d'art, en répartissant les objets produits par l'homme en quatre catégories correspondant à quatre types d'inscriptions dans le temps : l'œuvre d'art se distingue de l'« objet d'usage », mais aussi des « produits de consommation » et des « produits de l'action ». • Mais comment expliquer que l'œuvre d'art soit plus durable que n'importe quel objet ?
2. La supériorité de l'œuvre d'art (l. 11 à l. 22)	De là, elle établit la supériorité essentielle de l'œuvre d'art, en énonçant les raisons pour lesquelles elle est plus durable que tout autre objet : c'est, dit Arendt, que l'œuvre d'art est inutile dans la perspective de notre survie comme de notre vie pratique. Étrangère au monde du besoin, elle ne s'épuise pas dans la satisfaction qu'elle procure.

4 CORRIGÉ GUIDÉ

Les titres en couleurs et les indications entre crochets servent à guider la lecture mais ne doivent en aucun cas figurer sur la copie.

Introduction

[Question abordée] Dans cet extrait de *La Crise de la culture*, Arendt s'interroge sur la spécificité de l'œuvre d'art. En tant que produit de l'art humain – *ars*, en latin, signifie technique –, on pourrait penser que l'œuvre d'art est un objet artificiel comme un autre, dont la spécificité tiendrait simplement à sa vocation esthétique.

> **DÉFINITION**
> L'**art** désigne au sens large l'ensemble des productions humaines. L'œuvre d'art, plus spécialement, est l'œuvre propre aux beaux-arts, c'est-à-dire aux créations marquées par leur vocation esthétique.

[Problématique] Mais n'est-elle pas le seul objet artificiel qui résiste au passage du temps ? Et comment expliquer cela ? [Thèse] Arendt démontre que ce qui fait la supériorité de l'œuvre d'art tient à son inscription dans le temps : elle incarne un défi humain adressé au temps. Cela s'explique par son inutilité, à savoir son détachement essentiel vis-à-vis du monde du besoin et des nécessités de la vie. [Annonce du plan] Pour démontrer cela, Arendt part d'un examen des objets artificiels, répartis en quatre genres correspondant à quatre types d'inscriptions dans le temps. Mais comment expliquer que l'œuvre d'art soit plus durable que n'importe quel objet ? De là, Arendt établit la supériorité de l'œuvre d'art. C'est, dit-elle, que l'œuvre d'art est inutile dans la perspective de notre survie comme de notre vie pratique. Étrangère au monde du besoin, elle ne s'épuise pas dans la satisfaction qu'elle procure.

1. La spécificité de l'œuvre d'art parmi les objets artificiels

A. Œuvres d'art et objets d'usage

• Qu'est-ce qui fait la spécificité de l'œuvre d'art ? Arendt ouvre sa démonstration sur une analyse large du champ des objets artificiels auquel appartient l'œuvre d'art, c'est-à-dire de ces objets issus des techniques et savoir-faire humains. À ceux-ci s'opposent les objets naturels, à savoir l'ensemble des objets non produits et non modifiés par l'homme. Parmi les objets artificiels, observe-t-elle, deux objets sont marqués par une certaine « permanence », autrement dit, par une inscription durable dans le temps. Les « objets d'usage », dont on se sert pour des besoins pratiques – une chaise, un vêtement –, disposent en effet d'une certaine durée : ils ne disparaissent pas lorsque nous nous en servons, mais, comme leur nom l'indique, ils s'usent, c'est-à-dire qu'ils offrent une résistance durable bien que passagère au temps, puisqu'il faudra des mois ou des années avant qu'ils deviennent impropres à remplir leur fonction.

- De cette « durée ordinaire » des objets à vocation pratique, Arendt distingue cependant l'« immortalité potentielle » auxquelles tendent les œuvres d'art. Le terme peut sembler énigmatique, puisqu'une œuvre d'art ne vit et ne meurt pas. Cependant, cette œuvre, créée par l'homme, ne disparaît pas avec lui, et, de ce fait, peut apparaître comme une trace d'immortalité. Ce qui explique cela, c'est qu'un tableau, par exemple, n'a aucune valeur pratique : puisqu'on ne s'en sert pas, on ne peut donc l'user. Si son « immortalité » est « potentielle » (il n'est pas conçu en vue d'un certain usage, mais peut, au cours du temps, être détruit, perdu, oublié), il n'en reste pas moins que conservé, c'est-à-dire préservé de l'action érosive du temps et des hommes, il n'a en soi aucune raison de s'user, et, à terme, de disparaître.

B. Produits de consommation et produits de l'action

- Arendt distingue alors ces objets durables de deux autres types de productions humaines, marquées, *a contrario*, par leur caractère éphémère. Les « produits de consommation » ont en effet une durée d'existence très réduite, puisqu'ils sont voués à la consommation : or, consommer, c'est détruire, faire disparaître une chose.

- Les « produits de l'action », eux, ne doivent leur inscription dans le temps qu'à la faculté humaine d'en conserver la trace. Arendt donne trois exemples de ceux-ci : « les événements, les actes et les mots » disparaissent aussitôt qu'ils ont surgi. Autrement dit, ce que je dis disparaît dès que je l'ai dit, et ne doit son inscription durable qu'au fait qu'une personne l'aura écrit ou conservé d'une quelconque manière. Ce n'est ainsi que ressaisi dans le discours de l'historien qu'un événement historique pourra trouver une forme de permanence.

[Transition] En établissant une distinction entre les objets artificiels susceptibles de durer et ceux qui en tant que tels ne durent pas, Arendt met en évidence une hiérarchie des productions humaines selon une perspective temporelle. De fait, l'œuvre d'art est le seul objet artificiel qui prétend s'éterniser. Mais comment expliquer cela ?

> **▶ Le conseil de méthode**
> Le correcteur évalue votre capacité à mettre en évidence la progression du raisonnement : il faut donc faire des transitions pour montrer quelle question reste en suspens à ce point de l'argumentation.

2. La supériorité de l'œuvre d'art

A. L'œuvre d'art s'adresse au monde

• C'est précisément à cette question qu'Arendt entreprend de répondre dans un second temps de sa démonstration. À quoi tient le fait que seule l'œuvre d'art tende à l'immortalité ? Comment expliquer sa supériorité essentielle ? À la différence quantitative établie précédemment entre l'œuvre d'art et les autres objets artificiels (sa durée est supérieure à celle des autres), Arendt ajoute alors une perspective qualitative : autrement dit, la différence entre l'œuvre d'art et toute autre production humaine n'est pas seulement de degré, mais de nature. C'est que l'œuvre d'art est, parmi elles, la seule qui s'adresse au « monde », et non aux « hommes ».

• Les œuvres d'art, dit-elle, sont « les plus mondaines des choses ». Mais que signifie cette étrange expression ? Si l'homme mondain est celui qui fréquente la bonne société, Arendt prête ici au terme une tout autre signification : dire que l'œuvre d'art tient sa supériorité du fait qu'elle est la plus « mondaine » des choses, c'est dire qu'elle ne s'adresse pas aux « hommes » – dont l'existence est très réduite dans le temps –, mais au « monde », c'est-à-dire à ce qui subsiste au-delà de la mort des hommes et des générations auxquelles ils appartiennent.

• En d'autres termes, l'artiste ne s'adresse pas avant tout aux hommes de son époque ni à ceux de la suivante, et son œuvre ne l'empêchera pas, lui, de mourir : il s'adresse à l'ensemble des générations, à ce qui subsiste par-delà les naissances et les morts. Le monde, en ce sens, est constitué par l'ensemble des œuvres qui sont la marque de l'esprit humain, et se distingue en cela de la nature, ou monde naturel.

B. L'œuvre d'art appartient à la sphère de la liberté

• Mais d'où l'œuvre d'art tient-elle cette capacité à faire monde ? Arendt rappelle alors que les œuvres d'art ne peuvent être usées, ni consommées. En d'autres termes, elles n'ont pas de fonction pratique, et ne disparaissent pas dans la satisfaction qu'elles nous procurent. Et ce qui explique cela, c'est qu'elles sont par essence étrangères à la « sphère des nécessités de la vie humaine » : elles sont inutiles en ce sens qu'elles ne nous permettent ni de survivre, ni de vivre plus facilement. Bien sûr, on peut pervertir une œuvre d'art en l'instrumentalisant, en la consommant : mais écouter de la musique pour courir, est-ce se rapporter à elle en tant qu'œuvre d'art ? Comme le remarque Bergson, c'est bien parce que l'œuvre d'art nous affranchit du

À NOTER
L'art, dit Bergson dans *Le Rire*, « n'a d'autre objet que d'écarter les symboles pratiquement utiles, les généralités socialement acceptées, enfin tout ce qui nous masque la réalité, pour nous mettre face à face avec la réalité même ».

critère de l'utile selon lequel nous découpons ordinairement le réel qu'elle modifie notre perception et nous bouleverse.

- De fait, l'œuvre d'art est en soi étrangère au monde de la nécessité qu'est le monde naturel. Ce qui est nécessaire, c'est ce sans quoi nous ne pouvons pas être : la « sphère de la nécessité » désigne ainsi celle du besoin, qui nous renvoie à notre animalité, en ce qu'elle nous inscrit dans la répétition et dans la cyclicité propres à la vie biologique. Le « monde » – fait de nos œuvres – s'élève ainsi au-delà du monde naturel dans lequel nous sommes pourtant inscrits en tant qu'hommes, rivés à la nécessité de satisfaire leurs besoins, de consommer pour produire. Et c'est bien notre capacité à créer des œuvres d'art qui nous émancipe de ce cycle permanent du besoin, et signe notre liberté, comprise comme pouvoir de nous affranchir de la nécessité ou de la seule vie biologique.

Conclusion

Ainsi, c'est par l'œuvre d'art que se constitue un monde proprement humain : c'est par elle que nous nous détachons de notre seule vie biologique, à laquelle toutes nos autres productions, aussi ingénieuses soient-elles, nous relient. Et c'est bien en cela qu'elle apparaît comme un défi adressé au passage du temps : si elle n'empêche personne de mourir, elle est du moins le signe d'une permanence des hommes au travers des cycles de la vie. Dès lors, c'est bien l'inutilité de nos œuvres d'art qui en fait la valeur.

4 AUTRES SUJETS POUR S'ENTRAÎNER

- En quel sens peut-on parler d'un travail de l'artiste ?
- Les œuvres d'art éduquent-elles notre perception ?
- À quoi bon expliquer une œuvre d'art ?
- L'art n'est-il pas qu'un divertissement ?

▶ Retrouvez les corrigés sur annabac.com

Doit-on tout faire pour être heureux ?

4 heures
20 points

INTÉRÊT DU SUJET • Mes études exigent parfois que je renonce à mon plaisir immédiat. Je sais bien, alors, que je ne me sacrifie pas, mais que je résiste à de petits plaisirs en vue d'obtenir un plus grand bonheur. Mais pourquoi la quête du bonheur devrait-elle l'emporter sur tout le reste ?

LES CLÉS DU SUJET

Définir les termes du sujet

Devoir

« Doit-on ? » peut signifier « a-t-on le devoir ? » ou « est-il bon de ? ». Cela suppose qu'on ait le choix : il s'agit donc d'une question morale, qui implique que l'on justifie ce choix.

Tout faire

• « Tout faire » signifie « faire tout ce qu'il nous est possible de faire, en vertu de nos forces et de nos capacités ».

• Cela peut également signifier « faire n'importe quoi ». En ce sens, la question signifie : doit-on employer tous les moyens, quels qu'ils soient, pour parvenir à cette fin ?

Bonheur

• Étymologiquement, bonheur vient de *augurium*, qui en latin signifie « chance » : le bonheur nous adviendrait par hasard, indépendamment de notre volonté ou de nos mérites.

• S'il est impossible de définir les conditions du bonheur, puisque les mêmes choses ne nous rendent pas tous heureux, on peut en revanche définir le bonheur comme un sentiment de satisfaction durable, distinct, en cela, du bien-être qui ne désigne que la sensation de satisfaction ponctuelle du corps.

Dégager la problématique

Problématique

A priori, il semble paradoxal de faire de la quête du bonheur un impératif. N'avons-nous pas naturellement tendance à tout faire pour être heureux ?

Pourtant, la fin – le bonheur – justifie-t-elle les moyens – tout ce que nous pourrions faire en vue de l'obtenir ?

Construire un plan

1. On ne doit pas tout faire pour être heureux	La quête du bonheur ne peut faire l'objet d'un impératif : cet impératif serait vain et par ailleurs absurde, puisque le bonheur ne dépend pas de nous et que son contenu est variable.
2. On ne doit pas faire n'importe quoi pour être heureux	Pourtant, agir sans règle, en nous livrant aveuglément à nos passions et à nos impulsions immédiates, nous détourne du bonheur. Il est donc bon pour nous d'adopter des principes de conduites nous permettant de l'obtenir.
3. On doit faire tout ce qui est en notre pouvoir pour être heureux	Nous devons donc faire tout ce qui est en notre pouvoir pour réguler nos conduites en vue d'obtenir cette fin ultime qu'est le bonheur : agir de cette manière, c'est être fidèle à soi.

5 CORRIGÉ GUIDÉ

Les titres en couleurs servent à guider la lecture et ne doivent en aucun cas figurer sur la copie.

Introduction

[Reformulation du sujet] Il s'agit ici de se demander s'il est impératif d'ordonner notre vie à la visée du bonheur. *A priori*, il peut sembler paradoxal de faire de la quête du bonheur un impératif : ne le recherchons-nous pas naturellement ? [Définition des termes du sujet] « Doit-on ? » peut signifier : « a-t-on le devoir ? », ou « est-il bon de ? ». « Tout faire » signifie : « faire tout ce qu'il nous est possible de faire, en vertu de nos forces et de nos capacités », ou encore « faire n'importe quoi ». Le bonheur est un sentiment de satisfaction durable, distinct en cela du bien-être, qui ne désigne, lui, que la sensation de satisfaction ponctuelle du corps. Ce terme vient du latin *augurium*, qui signifie

« chance » : le bonheur – comme le malheur, d'ailleurs – nous adviendrait par hasard, indépendamment de notre volonté. [Problématique] Mais alors, ne serait-il pas absurde de tout faire pour devenir heureux ? Et, à supposer que nous puissions faire notre propre bonheur, sa poursuite justifie-t-elle toutes les actions entreprises en vue de l'obtenir ? [Annonce du plan] Nous verrons d'abord qu'on ne doit pas tout faire pour être heureux dans la mesure où la quête du bonheur ne peut faire l'objet d'un impératif. Mais si la poursuite du bonheur ne peut pas justifier tous nos actes, si en ce sens nous ne devons pas faire n'importe quoi pour être heureux, pourtant ne devons-nous pas faire tout notre possible pour l'être ?

1. On ne doit pas tout faire pour être heureux

A. Le bonheur ne dépend pas de nous

• Dans un premier temps, on pourrait penser qu'on ne doit pas tout faire pour être heureux dans la mesure où ordonner toutes nos actions à la poursuite du bonheur pourrait sembler absurde.

• En effet, si, comme son étymologie l'indique, le bonheur ne dépend pas de nous, s'il ne dépend pas de nos efforts ni de notre volonté, mais du hasard et de la chance, alors tout ce que nous ferions en vue de l'obtenir serait vain. Si le bonheur nous advient de façon accidentelle, sans résulter de nos efforts ni de notre vertu, alors il ne saurait devenir le but de notre vie, auquel nous devrions ordonner tous nos actes.

B. Le bonheur ne doit pas être le but de notre vie

• C'est précisément ce que remarque Kant : le bonheur nous advient ou non, indépendamment de ce que nous faisons. De fait, nous pouvons être vicieux et heureux, comme vertueux et malheureux. Par conséquent, le bonheur ne saurait être le but de notre vie et le principe de nos actions, puisque la poursuite du bonheur peut nous incliner indifféremment au vice comme à la vertu.

• Si « tout faire », c'est faire le bien comme le mal, alors nous ne pouvons en aucun cas avoir l'obligation morale de tout faire pour être heureux. Un devoir est en effet une obligation morale, et aucun impératif moral ne pourrait nous prescrire, sans contradiction, de faire le bien comme le mal.

• La seule chose que nous *devons* faire, dit Kant, ce qu'il est en notre pouvoir de faire et ce qui peut être une obligation morale pour nous, c'est d'écouter notre raison, faculté morale propre à l'homme, afin de réaliser notre humanité en devenant vertueux. Par conséquent, nous devons tout faire pour être vertueux, y compris sacrifier, si besoin est, notre bonheur à cette quête morale.

À NOTER
Nous deviendrons alors, pour reprendre l'expression de Kant, « digne d'être heureux » : autrement dit, si l'homme vertueux n'est pas nécessairement heureux, il aura du moins la certitude, qu'il soit heureux ou non, de mériter le bonheur.

[Transition] Pourtant, le bonheur ne peut-il en aucun cas être un but pour nous ? N'y a-t-il aucun moyen de l'obtenir, ne dépend-il pas du tout de nos efforts ? Et, finalement, est-il si sûr que la poursuite du bonheur nous incline nécessairement à faire n'importe quoi ?

2. On ne doit pas faire n'importe quoi pour être heureux

A. Le vice rend malheureux

• Dans un second temps, on peut pourtant se demander s'il est vrai que le bonheur advient indépendamment de nos efforts, et s'il est certain que le vice comme la vertu puissent nous conduire au bonheur. Que l'on ne doive pas faire « tout et n'importe quoi », c'est-à-dire que l'on ne doive pas emprunter les chemins du vice pour parvenir au bonheur, c'est précisément ce que démontre Rousseau dans la *Lettre à M. d'Offreville*, en établissant le caractère fallacieux de l'idée d'un bonheur obtenu par le vice.

• S'il n'est pas suffisant, dit Rousseau, de faire le bien pour être heureux – le bonheur dépendant pour une bonne part de l'obtention de biens qui ne dépend pas de notre conduite morale –, faire le bien procure pourtant une satisfaction, condition nécessaire d'accès au bonheur. Celui qui fait le mal, dit Rousseau, ne peut jouir que d'un faux bonheur et se trouve incapable de supporter les maux. En ce sens, on peut donc dire qu'il est insensé de faire n'importe quoi si l'on veut être heureux : ce que nous interdit le vice, c'est la possibilité même de jouir d'un vrai bonheur.

B. La poursuite du bonheur implique d'être vertueux

• Que la poursuite du bonheur ne doive pas nous porter à faire n'importe quoi, c'est encore ce que démontre Spinoza, en définissant la vertu comme le fait de se conformer à ce que veut notre nature, et le vice comme le fait de tourner le dos à ce que veut notre nature. Mais que veut notre nature ?

• Notre nature veut que nous conservions et développions notre être, dit Spinoza. Or, le bonheur, dit-il, « consiste pour l'homme à pouvoir conserver son être ». Ainsi, pour obtenir le bonheur, nous devons nous écarter des passions tristes, qui diminuent notre puissance d'agir. Si la nature nous pousse à chercher le bonheur, elle nous pousse à chercher notre utile propre, qui coïncide avec celui d'autrui : pour devenir heureux, il est donc nécessaire d'adopter des principes moraux qui ne sont pas contraignants mais nécessaires pour réaliser notre bonheur.

[Transition] Mais alors, si nous voyons ce qu'il nous faut éviter pour devenir heureux, savons-nous aussi ce qu'il faut faire ? Que nous est-il possible de faire pour obtenir le bonheur ? Est-il si certain qu'il ne soit pas entièrement en notre pouvoir ?

3. On doit faire tout ce qui est en notre pouvoir pour être heureux

> **▶ Le secret de fabrication**
> Les deux dernières parties s'appuient sur le double sens de la formule « tout faire », qui signifie à la fois « faire n'importe quoi » (y compris le mal) et « faire ce qui est en notre pouvoir ». Selon le sens retenu, la réponse à la question s'inverse.

A. Le bonheur est le but de notre vie

• S'il est faux de croire que faire tout et n'importe quoi, y compris le mal, nous procurera le bonheur, il est en revanche tout à fait justifié de mettre toutes nos forces au service de cette quête.

• C'est en particulier ce qu'indique Épicure : nous devons tout mettre en œuvre pour devenir heureux, d'une part parce que le bonheur est l'ultime fin, le plus grand bien pour nous, ce que nous indique la nature en nous poussant spontanément à le rechercher. D'autre part parce que nous pouvons tous devenir heureux, à condition, précisément, de ne pas céder aux diverses passions liées à notre ignorance.

L'AUTEUR
Épicure
(341 av. J.-C. –270 av. J.-C.).

Fondateur du Jardin, Épicure affirme que le bonheur est le souverain bien, et que toute connaissance est subordonnée à l'éthique, qui est le moyen de l'obtenir.

B. Il existe une méthode du bonheur

• Dans la *Lettre à Ménécée*, Épicure développe ainsi une méthode du bonheur, nommée *tetrapharmakos* (quadruple remède), qui entend nous apprendre à accéder à un bonheur défini comme *ataraxie*, c'est-à-dire « absence de troubles ». Que faut-il faire pour être heureux ?

• La première condition d'accès au bonheur, dit-il, est de combattre les craintes qui nous empêchent de bien vivre. Ces craintes fondamentales (des dieux, de la mort) reposent en premier lieu sur une ignorance à laquelle il est possible de remédier par la philosophie, entendue comme « soin de l'âme », médecine qui s'appuie sur la connaissance pour nous délivrer des troubles. Une fois débarrassés des craintes, nous pourrons combattre l'illimitation du désir (qui nous jette bien souvent dans de faux plaisirs et nous voue à la souffrance) et notre incapacité à endurer la douleur. Enfin, nous pourrons apprendre à agir selon un calcul des plaisirs et des peines, en vue d'obtenir le plus grand bonheur.

• Ainsi, il est bon de faire tout ce qu'il nous est possible de faire pour être heureux, non seulement parce que le bonheur est ce pour quoi nous sommes faits, mais parce qu'il est en notre pouvoir d'apprendre à devenir heureux.

Conclusion

En définitive, on peut dire que si la poursuite du bonheur ne peut pas faire l'objet d'un devoir au sens d'obligation morale, elle apparaît pourtant comme une quête légitime. Il est faux de dire qu'il faille faire tout et n'importe quoi pourvu qu'on atteigne le bonheur, puisque la conduite déréglée, l'action sans principe, nous plonge dans l'incertitude et le malheur. En revanche, il convient de mettre toutes nos forces au service de la recherche du bonheur, en ce qu'il est la fin ultime que la nature nous donne les moyens d'atteindre.

2 AUTRES SUJETS POUR S'ENTRAÎNER

- Peut-on se tromper en se croyant heureux ?
- Explication d'un extrait du *Discours sur l'origine et les fondements de l'inégalité parmi les hommes*, de Rousseau

▶ Retrouvez les corrigés sur annabac.com

6 Dissertation

Dépend-il de nous d'être heureux ?

4 heures
20 points

INTÉRÊT DU SUJET • À travers de nouvelles sciences telles que la psychologie positive, notre société moderne nous pousse à atteindre le bonheur à tout prix. Mais pouvons-nous faire par nous-mêmes notre propre bonheur, ou sommes-nous condamnés à subir les aléas du sort, espérant être heureux, mais demeurant impuissants ?

LES CLÉS DU SUJET

Définir les termes du sujet

Dépendre

Quand on dit qu'une chose dépend de nous, cela signifie que notre action ou notre intervention peuvent la modifier. Dès lors, nous pouvons être tenus pour responsables de cette altération.

Être heureux

Le bonheur désigne un état durable de complète satisfaction. Tous les hommes cherchent à être heureux mais la nature du bonheur et les moyens d'y parvenir sont complexes.

Dégager la problématique

Problématique

- Tous les hommes veulent être heureux. Mais cela ne signifie pas pour autant que l'on soit capable d'être heureux. Si le bonheur ne dépendait que de nous, comment alors expliquer l'existence du malheur ?
- Le bonheur peut en partie dépendre de nous, mais il est difficile de nier qu'un certain nombre de facteurs extérieurs pèsent sur nous et qu'ils peuvent constituer autant d'obstacles à notre bonheur.

Construire un plan

1. Le bonheur : un état matériel qui dépend des circonstances	• Montrez que de nombreux facteurs extérieurs, qui ne dépendent pas de nous, participent à notre bonheur. • Quelles sont les conséquences négatives de cette thèse ?
2. Le bonheur ne dépend que de nous	• Si le bonheur dépend de nous, comment pouvons-nous faire notre propre bonheur ? • Trouvez des exemples.
3. La recherche du bonheur implique un risque	• Intéressez-vous à la notion de chance : existe-t-elle indépendamment d'un effort pour saisir sa chance ? • Comment concilier l'effort individuel pour être heureux et le poids des circonstances extérieures ?

6 CORRIGÉ GUIDÉ

Les titres en couleurs et les indications entre crochets servent à guider la lecture mais ne doivent en aucun cas figurer sur la copie.

Introduction

[Accroche] Dans *Gatsby le Magnifique,* le personnage de Gatsby a beau tout faire pour reconquérir le cœur de Daisy, son projet échoue. Il amasse les richesses, organise des fêtes incroyables, séduit Daisy, mais celle-ci préfère finalement rester avec son mari qu'elle n'aime pourtant plus.

▶ Le conseil de méthode

L'accroche doit présenter un exemple qui rend patent le problème dont il est question. Il ne s'agit pas de parler du bonheur en général, mais de montrer comment le problème peut se poser concrètement.

[Reformulation du sujet] Cet exemple illustre un constat amer : nous pouvons tout faire pour être heureux et néanmoins échouer. Le bonheur ne dépendrait pas de nous, mais bien plutôt de circonstances que nous ne maîtrisons jamais absolument. [Problématique] Dire que le bonheur dépend de nous signifie qu'il suffit de vouloir être heureux pour l'être. Cette thèse optimiste ne rend pas compte de l'expérience du malheur : pourquoi le malheur existe-t-il s'il suffit de vouloir être heureux pour l'être ? [Annonce du plan] Nous commencerons par mettre en évidence les facteurs extérieurs qui participent à notre bonheur. Puis, nous montrerons que l'individu garde néanmoins la maîtrise de son bonheur, qu'il peut faire par ses actions ou par ses idées. Enfin, nous verrons que toute recherche du bonheur implique un risque et des circonstances qu'il faut apprendre à dompter.

1. Le bonheur : un état matériel qui dépend des circonstances

A. Le poids des circonstances extérieures

• Même si nous cherchons à être la cause de notre propre bonheur, il paraît difficile de nier l'importance des circonstances extérieures. Selon le milieu social dans lequel nous vivons, les rencontres que nous faisons, notre état de santé, il paraît plus ou moins facile d'être heureux.

• L'étymologie du mot – « heur » signifie le hasard – semble confirmer cette thèse : le bonheur serait avant tout une question de chance. D'un côté, les chanceux rencontreraient par hasard le bonheur ; de l'autre, les malchanceux devraient se résigner au malheur. Vouloir être heureux ne suffit pas à l'être.

• Le personnage de Priam, roi de Troie dans l'*Iliade*, illustre le poids de ces circonstances : il a beau être entouré d'une famille nombreuse, avoir du pouvoir et de la richesse, être en bonne santé, la prise de Troie par les Grecs vient ruiner tous ses efforts pour être heureux.

> ▶ **Le secret de fabrication**
>
> On pourrait interroger le lien entre bonheur et politique : les hommes cherchent à se prémunir contre les aléas du sort par la constitution d'un État qui les protège et leur offre des garanties. Le « nous » du sujet n'est plus alors l'individu singulier qui cherche son propre bonheur, mais la collectivité tout entière qui s'assure contre la fortune.

B. Une remise en question de la liberté humaine

• Cette première approche du sujet conduit à une conception tragique de l'existence : quoiqu'il fasse, l'homme est déterminé par des circonstances qui ne dépendent pas de lui. Il ne serait donc pas libre mais au contraire condamné à l'impuissance.

• Or, quelle que soit la situation qui pèse sur lui, il semble que l'homme possède toujours la possibilité d'un choix. S'il est malade par exemple, il peut s'avouer vaincu par la maladie ou se battre pour sa guérison. En ce sens, l'homme est libre et ses réactions dépendent de lui.

> **À NOTER**
>
> Le handisport et les performances dont sont capables certains sportifs en situation de handicap montrent ainsi que ce n'est pas le handicap en lui-même qui empêche le bonheur.

• Sartre insiste sur le fait que rien ne peut supprimer le libre arbitre humain. L'homme a toujours un choix à faire devant les situations qu'il rencontre. Il est radicalement libre. Bien plus, Sartre appelle « mauvaise foi » l'attitude qui consiste à faire comme si nous n'étions pas libres. Dire que le bonheur ne dépend pas de nous peut être une façon subtile de ne pas assumer la responsabilité qui nous incombe de donner forme à notre propre existence.

[Transition] Ainsi, sans nier le poids des circonstances extérieures qui peuvent faciliter ou entraver la recherche du bonheur, il convient d'affirmer la liberté de l'homme qui tente bon gré mal gré d'être la cause de son bonheur.

2. Le bonheur ne dépend que de nous

A. Le bonheur dépend de nos actions

• Nous pouvons agir pour faire notre bonheur. En ce sens, il dépend de nous d'être heureux. Nos actions peuvent en effet avoir des conséquences sur la situation dans laquelle nous vivons.

• Alain va plus loin en affirmant paradoxalement que « chacun a ce qu'il veut ». Cette thèse paraît d'abord étonnante, car nous faisons souvent l'expérience de ce que nous n'obtenons pas ce que nous voulons. Le problème vient pour Alain de ce que nous ne savons pas toujours clairement ce que nous voulons et confondons caprice et volonté.

• Ainsi, si certains sont malheureux, ce n'est pas qu'ils sont condamnés par le sort à l'être, c'est par ignorance des moyens qui rendent effectivement heureux, ou bien parce qu'ils ne veulent pas l'être véritablement et préfèrent les passions tristes.

B. Le bonheur dépend de notre état d'esprit

• Mais le résultat de nos actions ne dépend pas toujours de notre bonne volonté. Pour les stoïciens, seuls nos jugements dépendent absolument de nous. Il faut donc être maître de ses jugements, de ses désirs pour être heureux. Ce n'est pas la pauvreté qui me rend malheureux, mais mon jugement sur la pauvreté. En changeant mon rapport aux choses, je peux être heureux.

• Dans *De la vie heureuse*, Sénèque montre que le bonheur implique de « donner son assentiment à la nature », c'est-à-dire d'accepter les choses telles qu'elles sont. Le bonheur consiste en l'indifférence à l'égard de ce qui ne dépend pas absolument de nous. Toute situation implique des inconvénients : il faut en prendre acte et ne pas désirer l'impossible.

À NOTER
Pour les stoïciens, cet assentiment n'est pas synonyme de résignation. Il permet au contraire de vivre pleinement les choses, en ayant conscience de leur valeur relative. Il ne s'agit pas de rejeter par exemple toute amitié, mais de mesurer sa fragilité, pour mieux en profiter.

[Transition] Ainsi, si l'homme n'est pas tout-puissant, il est néanmoins libre et peut agir pour faire son propre bonheur.

3. La recherche du bonheur implique un risque

A. Deux écueils contraires

• Le sujet nous invite à rejeter deux thèses caricaturales : d'un côté, croire que l'homme ne peut rien faire pour être heureux ; de l'autre, croire qu'il est l'unique cause de son bonheur. Ni totalement impuissant, ni tout-puissant, l'homme doit viser un bonheur qui n'est jamais donné mais toujours à faire.

• Ricœur parle d'une tension « qui travaille l'agir humain » entre notre finitude (nos capacités physiques et notre caractère singulier) et « l'infinitude du bonheur ». Toute recherche du bonheur implique un risque à prendre, auquel l'homme ne peut se dérober sans aussitôt tomber dans la tristesse.

B. Saisir sa chance

• Dans *Le Prince*, Machiavel propose la comparaison suivante : si, quand le fleuve est en crue, il est trop tard pour éviter l'inondation, on peut néanmoins anticiper la catastrophe naturelle et construire des digues. De même, l'homme n'est pas condamné à supporter la fortune : il peut chercher à la dompter, en cultivant une disposition qui lui permette de s'adapter aux événements.

• Ainsi, si le bonheur est une question de chance, il convient de rappeler que la chance n'existe pas toute faite. On dit en ce sens que « la chance sourit aux audacieux ». Être heureux suppose de savoir prendre des risques.

Conclusion

Dire que le bonheur dépend de nous, ce n'est pas nier le poids des circonstances qui pèsent sur nous et affirmer la toute-puissance de l'être humain. C'est considérer que toute existence implique des risques à prendre, et que le bonheur est à faire bien plus qu'il n'est donné. Le bonheur se joue ainsi dans l'affirmation de la liberté humaine.

3 AUTRES SUJETS POUR S'ENTRAÎNER

• Peut-on être heureux sans le savoir ?

• Explication d'un extrait de *Du progrès et de la promotion des savoirs*, de Bacon

• Explication d'un extrait de *La Conquête du bonheur*, de Russell

▶ Retrouvez les corrigés sur annabac.com

Saint Augustin, *Les Confessions*

4 heures
20 points

INTÉRÊT DU SUJET • Si l'on demande à deux hommes s'ils veulent être soldats, que l'un répond oui et l'autre non, sommes-nous amenés à en conclure que leur bonheur n'est pas le même ? « À chacun son bonheur », dit le proverbe : pourtant, n'avons-nous pas tous la même idée de ce qu'est le bonheur ?

Expliquez le texte suivant :

Tous sans exception, nous voulons être heureux ! Et cela, si nous ne le connaissions pas d'une connaissance déterminée, nous ne le voudrions pas d'une volonté si déterminée.

Mais qu'est ceci ? Que l'on demande à deux hommes s'ils veulent être soldats, et il peut se faire que l'un réponde oui, l'autre non ; mais qu'on leur demande s'ils veulent être heureux, et tous les deux aussitôt sans la moindre hésitation disent qu'ils le souhaitent, et même, le seul but que poursuive le premier en voulant être soldat, le seul but que poursuive le second en ne le voulant pas, c'est d'être heureux. Serait-ce donc que l'on prend sa joie, l'un ici, l'autre là ? Oui, tous les hommes s'accordent pour déclarer qu'ils veulent être heureux, comme s'ils s'accorderaient pour déclarer, si on le leur demandait, qu'ils veulent se réjouir, et c'est la joie elle-même qu'ils appellent vie heureuse. Et même si l'un passe ici, l'autre là pour l'atteindre, il n'y a pourtant qu'un seul but où tous s'efforcent de parvenir : la joie. Et puisque c'est une chose dont personne ne peut se dire sans expérience, on retrouve donc la vie heureuse dans la mémoire, et on la reconnaît dès qu'on entend le mot.

Saint Augustin, *Les Confessions*, 354-430.

La connaissance de la doctrine de l'auteur n'est pas requise. Il faut et il suffit que l'explication rende compte, par la compréhension précise du texte, du problème dont il est question.

LES CLÉS DU SUJET

Repérer le thème et la thèse

• Augustin aborde ici la question du bonheur. De toute évidence, les mêmes choses ne nous rendent pas tous heureux : mais alors, chacun d'entre nous a-t-il une conception du bonheur qui lui est propre ?
• Il démontre que nous avons tous la même idée du bonheur, même si nous n'y accédons pas tous par les mêmes moyens.

Dégager la problématique

Problématique

- Il semble *a priori* impossible de s'accorder sur une définition du bonheur, dans la mesure où son contenu est subjectif, c'est-à-dire que ce qui fait notre bonheur dépend de ce que nous sommes.
- Mais comment pourrions-nous tous rechercher le bonheur, si nous n'en avions pas une idée claire ?

Repérer les étapes de l'argumentation

1. Nous recherchons tous le bonheur (l. 1 à l. 3)	Augustin pose le rapport de départ entre la connaissance et la volonté : si vouloir suppose que l'on connaisse ce que l'on veut, alors, puisque nous voulons tous être heureux, il semble que nous sachions tous ce qu'est le bonheur.
2. Nous savons tous ce qu'est la joie (l. 4 à l. 13)	Il se demande ensuite s'il est possible de définir le bonheur, en s'appuyant sur l'exemple de deux hommes à qui l'on demande s'ils veulent être soldats, puis s'ils veulent être heureux. Si l'objet de leur volonté diffère, dit-il, tous les deux cherchent pourtant le bonheur. Si les moyens du bonheur sont divers, le but reste le même, à savoir le bonheur, expérimenté ici comme une joie.
3. On connaît le bonheur par l'expérience de la joie (l. 13 à l. 17)	Augustin tire les conséquences de sa démonstration : puisque le contenu de notre bonheur reste indéterminé, le bonheur ne peut faire l'objet que d'une connaissance qui repose sur l'expérience de la joie.

7 CORRIGÉ GUIDÉ

Les titres en couleurs servent à guider la lecture et ne doivent en aucun cas figurer sur la copie.

Introduction

> **▶ Le secret de fabrication**
> L'introduction doit formuler la question abordée par l'auteur, expliquer en quoi cette question pose problème, formuler la thèse de l'auteur, et annoncer les principales étapes de la démonstration, sans entrer dans le détail du texte.

[Question abordée] Il semble que nous voulions tous être heureux. Mais, quand nous le voulons, que voulons-nous ? [Problématique] On aurait tendance à définir le bonheur par son contenu : être heureux, ce serait avoir du temps pour soi, de l'amour, une famille, de l'argent, etc. Cette définition n'en est pourtant pas une. Il s'agit seulement d'une description des moyens d'accès au bonheur, qui sont nécessairement subjectifs. Mais est-il possible de vouloir, et de façon si universelle, une chose dont nous n'avons pas d'idée commune ? [Thèse] Augustin démontre ici qu'au-delà de la diversité de nos goûts, de nos idées et de nos vies, nous avons tous la même idée claire de ce qu'est le bonheur. [Annonce du plan] Dans un premier temps, il établit que l'on ne peut viser que ce que l'on connaît. Mais que sait-on de l'idée du bonheur, dès lors que les mêmes choses ne nous rendent pas heureux ? En réalité, conclut-il, le bonheur fait l'objet d'une connaissance qui repose sur l'expérience et le souvenir de la joie.

1. Nous recherchons tous le bonheur

A. Le bonheur est l'objet d'une quête universelle

Dans un premier temps, Augustin énonce un présupposé : nous voulons tous être heureux, « sans exception », précise-t-il. Autrement dit, le bonheur est l'objet d'une quête universelle. Cette première affirmation semble relever de l'évidence, dans la mesure où il serait difficile de soutenir que l'on veut, au contraire, être malheureux. Le malheur, de fait, apparaît comme l'échec d'une quête du bonheur : il ne semble pas pouvoir être choisi, ni voulu. Ainsi, le bonheur serait l'objet

> **À NOTER**
> Est **universel** ce qui est valable partout et toujours, est **particulier** ce qui n'est valable que dans certains cas. La distinction universel/général/particulier/singulier est un repère de votre programme.

d'une volonté universelle, et non d'une volonté particulière, c'est-à-dire d'une volonté qui ne serait propre qu'à certains.

B. On ne veut que ce qu'on connaît

• Dans cette mesure, on est en droit de penser qu'il existe une connaissance universelle du bonheur. Si nous tendons universellement vers un objet, en effet, on peut supposer que nous savons ce qu'est cet objet.

• C'est ce que souligne Augustin en établissant une symétrie entre la nature de notre volonté (elle est « déterminée », c'est-à-dire que son but est précis et qu'elle met donc tout en œuvre pour le rejoindre), et la nature de cette connaissance (elle aussi est « déterminée », c'est-à-dire qu'il ne s'agit pas de la connaissance vague d'un objet). Il semble donc que nous ayons tous la même idée du bonheur, et qu'il puisse être un concept, un objet que nous pouvons saisir par l'entendement dont nous disposons tous.

[Transition] Mais s'il apparaît alors que nous devons tous savoir ce qu'est le bonheur puisque nous le cherchons tous, comment le définir ?

2. Nous savons tous ce qu'est la joie

A. Le bonheur n'est pas définissable par son contenu

> **▶ Le conseil de méthode**
>
> Même si le terme n'apparaît pas explicitement dans le texte, vous devez être capable de mobiliser dans vos devoirs certains repères du programme, ici la distinction objectif/subjectif. C'est en partie ce travail conceptuel qui vous permet de ne pas décrire le texte, mais de l'expliquer.

À ce moment de l'argumentation, la question est donc la suivante : nous devons être capables de nous accorder sur une définition objective du bonheur, mais laquelle ? Augustin développe alors l'exemple de deux hommes à qui l'on demande s'ils veulent être soldats, puis s'ils veulent être heureux. S'il est évident que tous deux répondront qu'ils veulent le bonheur (c'est ce qu'ils visent, comme nous tous, à travers leurs actions), pourtant, l'un veut être soldat, l'autre non. Autrement dit, ces deux hommes divergent quant au moyen (être ou non soldat) d'obtenir un même bonheur. Être soldat peut donc apparaître comme une condition du bonheur, mais une condition subjective seulement. Car peut-on dire pour autant que ces deux hommes n'ont pas le même bonheur, ou que l'un veut le bonheur, tandis que l'autre le refuse ? Il serait absurde de soutenir que l'un de ces hommes ne veut pas le bonheur : on l'a vu, Augustin tient le bonheur pour l'objet d'une volonté universelle. Mais n'est-il pas moins absurde de penser que ces deux hommes n'ont pas le même bonheur, et, par conséquent, qu'il y aurait différents bonheurs, plusieurs bonheurs, ce qui nous interdirait d'y voir un concept ?

B. L'expérience subjective de la joie

• À partir de là apparaît la difficulté de la définition du bonheur : est-il seulement possible de le définir, de dire ce qu'il est pour nous tous, au-delà d'un but qui nous est commun ? En réalité, si nous savons tous ce qu'est le bonheur, c'est que nous l'expérimentons sous la forme de cette joie que les hommes, dit Augustin, « appellent vie heureuse ».

• La joie est une satisfaction immédiate, qui dépend étroitement des dispositions et des particularités d'un individu : il s'agit d'une satisfaction subjective. En ce sens, ce qui me rend joyeux, ce qui comble mon désir, n'est pas nécessairement ce qui rend l'autre joyeux, puisqu'il ne dispose pas des mêmes particularités et donc des mêmes désirs que moi. Ainsi, être soldat peut produire une joie, comme ne pas la produire.

[Transition] Pourtant, si la joie est subjective, le bonheur l'est-il aussi ?

3. On connaît le bonheur par l'expérience de la joie

A. Nous avons tous fait un jour l'expérience de la joie

• Du lien posé entre le bonheur et la joie découle alors cette conséquence, sur laquelle Augustin clôt son raisonnement : si le bonheur pouvait nous apparaître comme un concept *a priori* difficilement saisissable, la joie, elle, nous semble plus facile à saisir. La joie, dit Augustin, est « une chose dont personne ne peut se dire sans expérience ».

• En d'autres termes, s'il est possible de dire que nous ne savons pas pleinement ce qu'est le bonheur (nous n'avons jamais été tout à fait heureux, certaines personnes ne le sont jamais, etc.), il est impossible de dire que nous n'avons jamais éprouvé cette forme de satisfaction immédiate, et *a priori* plus modeste, qu'est la joie.

À NOTER
Kant, lui, définit le bonheur comme un « idéal, non de la raison, mais de l'imagination », dans la mesure où il correspond à l'idée d'un maximum de satisfaction, présente et future, dont il est impossible de faire l'expérience. Ainsi, le concept de bonheur est un « concept indéterminé ».

B. Nous connaissons le bonheur par le souvenir de nos joies

La question de départ peut alors se résoudre : puisque l'expérience du bonheur sous la forme de la joie est universelle (tout le monde a un jour éprouvé une joie), alors nous connaissons tous le bonheur. Ainsi, nous en avons tous une trace en nous, un souvenir, et le « mot » même de bonheur rappelle à nous le souvenir de cette joie. Par conséquent, c'est cette faculté intellectuelle qu'est la mémoire qui nous permet de savoir ce qu'est le bonheur.

LE BONHEUR

Conclusion

En définitive, s'il est impossible de définir le bonheur par ses conditions de possibilités, ou par ses voies d'accès, le bonheur est pourtant l'objet d'une connaissance, dans la mesure où le terme même de bonheur nous renvoie tous au souvenir d'une expérience joyeuse. Loin d'être une réalité subjective, le bonheur s'objective en nous par le souvenir de cette joie à laquelle nous tendons à l'identifier. En somme, nous savons ce qu'est le bonheur parce que nous l'avons tous expérimenté un jour sous la forme de la joie.

3 AUTRES SUJETS POUR S'ENTRAÎNER

- Faut-il préférer la vérité au bonheur ?
- A-t-on le devoir d'être heureux ?
- Explication d'un extrait de l'*Éthique à Nicomaque*, d'Aristote

▶ Retrouvez les corrigés sur annabac.com

8 Dissertation

La conscience de l'individu n'est-elle que le reflet de la société à laquelle il appartient ?

4 heures
20 points

INTÉRÊT DU SUJET • Nos goûts musicaux nous semblent relever du domaine de l'intime ; la sociologie met pourtant en évidence la corrélation étroite entre ces goûts et nos qualités sociales. Faut-il alors admettre que notre conscience est entièrement déterminée par la société qui nous entoure ?

LES CLÉS DU SUJET

Définir les termes du sujet

La conscience

• Étymologiquement, conscience vient du latin *cum scientia*, qui signifie « avec savoir ». On distingue deux types de consciences.

• La conscience psychologique est la faculté que nous avons de connaître nos actes et de nous rapporter à nous-mêmes. En elle, on distingue la conscience immédiate, par laquelle nous sommes simplement présents à nous-mêmes (attentifs à nos actes, sensations et pensées), de la conscience réfléchie, ou conscience de soi, qui correspond au pouvoir de faire retour sur nos pensées ou actions et de les juger.

• La conscience morale, elle, se définit comme la faculté par laquelle nous distinguons le bien du mal.

Le reflet

Un reflet est une image qui reproduit fidèlement une autre image.

La société

La société (du latin *socius*, qui signifie « associé ») désigne un ensemble d'individus interdépendants et unis par une culture, une langue, des règles et des lois communes. Son organisation est régie par des institutions qui peuvent connaître des bouleversements.

Dégager la problématique

Problématique

- Le problème est de savoir comment notre intériorité peut être façonnée par la société qui nous entoure : dans quelle mesure notre conscience est-elle déterminée par ce qui nous est pourtant extérieur ?
- Et si au contraire notre conscience ne se borne pas à reproduire fidèlement nos rapports sociaux, alors, que peut-elle contenir d'autre ?

Construire un plan

1. La conscience de l'individu n'est pas seulement le reflet de la société	Il est insuffisant de définir notre conscience comme un pur reflet de notre société : la conscience est avant tout le lieu de notre intériorité. Subjective, elle est propre à chaque individu et le distingue précisément des autres.
2. La conscience de l'individu est modelée par ses rapports sociaux	Pourtant, notre conscience n'est pas séparée du monde social : l'ensemble de notre psychisme est modelé par nos relations aux autres, et la société s'imprime en nous jusque dans nos représentations morales.
3. La conscience de l'individu reflète la société	Notre conscience est essentiellement produite par nos conditions d'existence. Notre conscience n'est pas seulement modelée par le milieu social dans lequel nous évoluons : elle en est le produit et l'image fidèle.

8 CORRIGÉ GUIDÉ

Les titres en couleurs servent à guider la lecture et ne doivent en aucun cas figurer sur la copie.

Introduction

[Reformulation du sujet] Il s'agit de savoir si notre conscience est seulement produite par ce qui nous entoure, ou si elle dispose d'une certaine autonomie : il semble que la société influence notre conscience, mais dans quelle mesure ? *A priori*, on pourrait penser que notre conscience désigne notre intériorité : en quoi pourrait-elle être modelée par une société extérieure à nous ? [Définition des termes du sujet] Étymologiquement, conscience signifie « savoir ensemble » (du latin *cum* et *scientia*). Notre conscience est à la fois psychologique (pouvoir que j'ai de rapporter mes actes, mes pensées, à moi-même comme en étant le centre) et morale (capacité que j'ai à distinguer le bien du mal). Un reflet est une image qui reproduit fidèlement un objet ou une autre image. La société est un ensemble d'individus liés par une langue, une culture, des valeurs, des règles et des institutions communes et dont l'organisation peut connaître des bouleversements. [Problématique] La question est donc de savoir dans quelle mesure la société à laquelle j'appartiens modèle mon intériorité. Ma conscience n'est-elle donc pas libre, mais entièrement déterminée par ce qui m'entoure ? Et si ma conscience ne se borne pas à reproduire ce qui m'est extérieur, que peut-elle faire d'autre ?

[Plan] Dans un premier temps, nous verrons que la conscience est avant tout le lieu de notre intériorité. Nous verrons ensuite comment la société pèse sur notre conscience : mais alors, n'est-elle pas essentiellement produite par nos conditions d'existence ?

1. La conscience de l'individu n'est pas seulement le reflet de la société

> **▶ Le conseil de méthode**
> Le sujet présuppose que la conscience est le reflet de la société : on vous demande si elle « n'est que » cela. Ce présupposé peut être remis en cause dans la troisième partie, mais pas avant.

A. La conscience est le lieu de notre intériorité

Dans un premier temps, on pourrait penser que la conscience n'est pas seulement le produit de la société à laquelle nous appartenons, en distinguant en particulier une conscience psychologique, lieu de notre intériorité, d'une conscience morale qui subirait, elle, une influence sociale. Descartes pose ainsi la conscience comme lieu de l'intériorité, « substance pensante » ou chose séparée du monde : le sentiment d'identité que me procure ma conscience n'a rien à voir avec le monde qui m'entoure. L'expérience que fait Descartes, dans le *Discours de la méthode*, en découvrant l'évidence du sujet, conscient de lui-même et de sa propre existence, témoigne de cela : ma conscience ne reflète pas le monde extérieur, elle ne renvoie qu'à mon intériorité. En d'autres termes, mon sentiment d'identité ne doit rien à ce qui m'entoure.

B. Nos consciences sont subjectives

Par ailleurs, même quand elle porte vers le monde et non plus sur moi-même, ma conscience est singulière : je perçois le monde, je l'expérimente, d'un point de vue qui n'est pas celui des autres, et qui n'a pas l'uniformité d'un point de vue social. Ainsi, ma conscience est bien « conscience de l'individu », c'est-à-dire propre à chacun, différente d'un individu à l'autre. Dans la *Phénoménologie de la perception*, Merleau-Ponty explique ainsi comment nos consciences sont irréductiblement subjectives, liées à nos corps plus qu'au monde ou à la société à laquelle nous appartenons. Dire que nos consciences sont subjectives semble impliquer une relative autonomie des consciences, qui ne pourraient dès lors être pensées comme les produits d'une extériorité collective.

[Transition] Pourtant, si la conscience est individuelle, si elle n'est donc pas l'image fidèle de la société, peut-elle pour autant en être radicalement séparée ? La société et les rapports intersubjectifs ne pèsent-ils pas sur les représentations de notre conscience ?

2. La conscience de l'individu est modelée par ses rapports sociaux

A. Notre conscience est modelée par nos rapports aux autres

- Sommes-nous une conscience séparée du monde, y compris du monde social ? Freud montre, dans sa seconde topique, comment le psychisme se structure en trois pôles dynamiques : les rapports du ça, du moi et du surmoi détermineraient, dit-il, nos représentations conscientes et inconscientes. En conséquence, on peut dire que notre intériorité est loin d'être étanche au monde, en ce sens qu'elle est travaillée par la société, ne serait-ce qu'au travers des interdits sociaux progressivement intériorisés dans le surmoi. Si mon psychisme intériorise des interdits initialement sociaux pour les reprendre à son compte, et si cette vie psychique inconsciente pèse sur mes représentations conscientes, on peut dire que nos consciences individuelles sont modelées et construites par la société dans laquelle nous sommes inscrits : qu'il s'agisse de la société déterminée dans laquelle nous naissons, ou, de façon générale, de nos rapports aux autres, en particulier de nos rapports familiaux et de notre histoire.

À NOTER
La seconde topique est une image du fonctionnement de notre psychisme. Freud y détaille en particulier le rôle du surmoi, instance morale constituée d'interdits sociaux progressivement intériorisés et dont le rôle essentiel est de soumettre les pulsions à sa critique.

- Ainsi, il est impossible de concevoir nos consciences indépendamment des rapports sociaux qui la constituent.

B. La morale résulte d'une conscience collective

• Que nos représentations conscientes soient travaillées par nos rapports sociaux, c'est également ce qu'établit Durkheim dans *L'Éducation morale*, en montrant que la morale n'est pas le produit d'une conscience individuelle, le résultat d'une action de l'individu, mais le produit d'une conscience collective. La source de la morale est donc collective : c'est tout un peuple, toute une époque, qui décline très lentement les valeurs propres à un système moral.

L'AUTEUR
Émile Durkheim (1858-1917).

Durkheim est le fondateur de la sociologie moderne, science des faits sociaux centrée sur l'idée d'une indépendance entre la société et les individus qui la composent.

• Cette distinction posée par Émile Durkheim entre conscience collective et conscience individuelle implique que nous soyons, en tant qu'individus, passifs par rapport à la morale. Autrement dit, nous recevons la morale propre à notre époque, en particulier à travers notre éducation, qui nous transmet un ensemble de valeurs dont nous n'avons pas décidé, dont nous ne sommes pas les auteurs, et que nous devons pourtant reconnaître comme étant les nôtres.

[Transition] Mais alors, si nos consciences individuelles sont façonnées par nos rapports sociaux, ne peut-on pas aller jusqu'à dire que la conscience d'un individu n'est rien d'autre que ce que la société a mis en elle ? Nos consciences ne sont-elles pas le pur miroir de la société ?

3. La conscience de l'individu reflète la société

A. Notre conscience est déterminée par la société

> ▶ **Le conseil de méthode**
> La troisième partie peut ici apparaître comme une radicalisation de la deuxième partie : après avoir examiné en quoi nos consciences individuelles sont liées à diverses influences (famille, éducation, milieu, etc.), il s'agit là de montrer en quoi nos consciences sont immédiatement sociales.

• En réalité, dès lors que nos consciences apparaissent construites et en cela déterminées par nos rapports familiaux, les valeurs propres à notre société, ou notre éducation, il semble difficile de soutenir l'indépendance de nos consciences à l'égard de la société : car la famille, l'éducation relèvent de la société à laquelle nous appartenons, si bien que l'on peut dire que notre conscience reflète la société dans la mesure où la société la produit.

LA CONSCIENCE

• C'est ainsi ce qu'établit Karl Marx en montrant que la conscience n'est pas première dans la constitution du sujet : elle résulte en réalité, selon lui, d'influences extérieures, d'un ensemble de déterminations extérieures à elles. Comme Spinoza montre les illusions d'une conscience qui se croit libre parce qu'elle n'accède pas à ce qui la détermine (son corps, les autres), Marx montre en quoi notre conscience s'aveugle en se croyant libre : elle n'est que le produit de l'influence sociale. En effet, selon Marx, l'infrastructure (les rapports de production et les forces productives) détermine la superstructure (les formes juridiques et politiques, l'art, la pensée, la morale, la religion, etc.). Le contenu de notre conscience, qui nous apparaît illusoirement libre et produit par nous-même, n'est donc que la surface apparente d'un ensemble de facteurs matériels qui la déterminent en profondeur. « Le mode de production de la vie matérielle, d'après Marx, domine en général le développement de la vie sociale, politique et intellectuelle. Ce n'est pas la conscience des hommes qui détermine leur existence, c'est au contraire leur existence sociale qui détermine leur conscience. »

• Ainsi, comme notre inconscient, selon Freud, détermine une bonne partie de nos représentations conscientes, notre inscription sociale détermine, pour Marx, l'essentiel de nos représentations.

B. Notre conscience est le reflet de notre classe sociale

• Plus précisément, l'individu, selon Marx, n'appartient pas seulement à une société mais aussi à une « classe » au sein d'une société. Et c'est cette classe, sociale, économique, matérielle, qui détermine toutes les productions de la pensée, la conscience, les valeurs, les goûts, les représentations. En ce sens, notre conscience n'est pas seulement orientée par la société qui nous entoure : elle n'en est que le reflet, l'image superficielle, la reproduction fidèle.

• De fait, si les forces productives déterminent notre manière de penser et de nous penser, alors se pose la question de la marge d'action de notre conscience. « Est-il besoin, écrivent Marx et Engels, d'une grande perspicacité pour comprendre que les idées, les conceptions et les notions des hommes, en un mot leur conscience change avec tout changement survenu dans leurs conditions de vie, leurs relations sociales, leur existence sociale ? Que démontre l'histoire des idées, si ce n'est que la production intellectuelle se transforme avec la production matérielle ? Les idées dominantes d'une époque n'ont jamais été que les idées de la classe dominante. »

• En dernier ressort, la conscience de l'individu n'est pas réductible à la société à laquelle il appartient, à la seule condition qu'il puisse prendre connaissance de ce qui détermine sa conscience, à savoir de ces forces productives (outils, machines) et des rapports de production (classe, salariat, domination, etc.) qui se reflètent en lui sous forme d'idées.

Conclusion

En définitive, il semble difficile de penser la conscience des individus comme une simple chose isolée de leurs rapports sociaux. Modelée par la société, construite par elle, il apparaît que la conscience est comme l'image superficielle qui reproduit passivement une réalité sociale dans laquelle se trouve pris l'individu. On peut aller jusqu'à se demander si la conscience dite individuelle n'est pas immédiatement sociale. Reste à savoir si l'individu peut se réapproprier sa conscience en apprenant à connaître ce qui la détermine.

2 AUTRES SUJETS POUR S'ENTRAÎNER

- Choisit-on d'être celui qu'on est ?
- Explication d'un extrait de *L'Énergie spirituelle*, de Bergson

▶ Retrouvez les corrigés sur annabac.com

Puis-je savoir qui je suis ?

4 heures
20 points

INTÉRÊT DU SUJET • « Connais-toi toi-même », c'est en se référant à cette maxime de Delphes que Socrate invitait à réfléchir sur soi. Mais qui suis-je véritablement ? Puis-je vraiment le savoir ? On s'interroge ici sur ce qui fait l'unité du moi, mais surtout sur la capacité de la conscience à être lucide sur elle-même.

LES CLÉS DU SUJET

Définir les termes du sujet

Puis-je

Cette formule interroge à la fois la possibilité matérielle et les capacités du sujet : en a-t-il les moyens ? Mais la tournure interrogative sous-entend que ce n'est pas évident : quels sont les obstacles et les difficultés à une telle connaissance ? Il est intéressant de distinguer trois degrés de difficulté : je peux immédiatement le savoir ; je peux le savoir progressivement ; je ne peux pas du tout le savoir.

Savoir

Que signifie « savoir » qui je suis ? Est-ce une intuition, une perception, un raisonnement, ou une connaissance détaillée de la totalité du moi ?

Qui je suis

De quel « je » s'agit-il ? « Qui je suis » renvoie-t-il au moi apparent, à mon apparence physique ? Ou à ma personnalité profonde ? Ou à ce qui fait mon identité, mon « âme » ?

Dégager la problématique

Les enjeux de la question sont de trois ordres : épistémologique (qui est la condition de mes connaissances ?), moral (suis-je responsable de mes pensées et de mes actes ?) et métaphysique (l'unité et l'identité du moi, ainsi que la possibilité d'un sujet conscient et maître de lui).

Problématique

Savoir qui je suis paraît évident. Mais suis-je le mieux placé pour me connaître ? Suis-je objectif vis-à-vis de moi-même ?

En effet, je peux croire me connaître et me faire des illusions ou ignorer un aspect caché de ma personne. Quelle part du je puis-je connaître et quelle part reste obscure pour moi ?

Construire un plan

1. Je peux savoir qui je suis	• Comment les autres savent-ils qui je suis ? • Trouvez des exemples qui attestent de votre identité. • Comment savoir qui je suis à travers les changements d'une vie ?
2. Les illusions et les profondeurs cachées de ma personnalité m'échappent	• Quelles illusions puis-je nourrir à mon propre sujet ? • Pourquoi certains aspects de ma personnalité me sont-ils cachés ? • Quand j'écris qu'au fond, j'ignore qui je suis, de quel « fond » s'agit-il ?
3. Savoir qui je suis est l'expérience d'une vie	• Le moi n'est-il qu'illusion ? • Comment puis-je apprendre à mieux me connaître et à combattre mes illusions ? • Savoir qui je suis, est-ce une donnée évidente ou le résultat d'un travail sur soi ?

9 CORRIGÉ FLASH

Introduction

[Reformulation du sujet] La question semble saugrenue, voire provocatrice, tant il est évident que chacun sait qui il est, sauf peut-être les fous et les nourrissons. Pourtant, savoir qui l'on est ne peut se réduire à un nom, une date de naissance et des papiers d'identité. Et si l'on approfondit ce qu'on entend par « je » et par « savoir », la réponse ne va plus tellement de soi. [Définition des termes du sujet] « Je est un autre », disait Rimbaud, et il est vrai que le moi peut être changeant, à multiples facettes, apparent ou caché, et que je peux me demander parfois qui je suis vraiment, au-delà des apparences. Savoir qui je suis va bien plus loin que la simple déclinaison de mon identité. Savoir qui je suis, c'est me demander comment se construit mon identité, si elle est une ou multiple, ce que j'ai en commun avec l'enfant que j'ai été et le vieillard que je serai, ce qu'il y a de commun entre ma vie privée et mon personnage public et professionnel ; c'est enfin interpréter les profondeurs cachées du moi, mes rêves et mes désirs, mes obsessions, mes traumatismes et mes actes manqués, bref, mon *je* inconscient. [Problématique] L'unité du moi est ici en question : à première vue, il s'agit de savoir si je peux me connaître, et si oui par quels moyens, ou si des obstacles m'en empêchent. Plus profondément, on demande si ce *je* existe vraiment, si cet objet que je prétends connaître a une consistance, s'il est un objet accessible ou une simple illusion. [Annonce du plan] Cela engage non seulement les conditions de possibilité de nos connaissances, leurs limites, mais plus largement la connaissance et même l'existence d'un sujet conscient et maître de lui-même.

1. Je peux savoir qui je suis : ma conscience est transparente et fiable

A. La société assure mon identité vérifiable

- Les supports objectifs donnés par l'état civil, les papiers d'identité, le témoignage de la famille constituent autant d'éléments qui permettent à un amnésique de retrouver qui il est.

- Les institutions m'aident à savoir qui je suis comme citoyen, propriétaire, père/mère ou chômeur. Car je ne suis pas isolé sur une île, mais intégré à une société qui, dès l'enfance, me fait savoir quelle place j'occupe et qui je suis, à travers différents statuts.

B. Sauf amnésie, ma mémoire conserve l'unité de ma vie

Les photos d'enfance, les souvenirs de famille, les petites anecdotes et les grands événements aident ma mémoire à tisser le lien entre les âges de ma vie, faisant de moi la même personne de la naissance à la mort.

C. Plus profondément, l'introspection me fait savoir qui je suis

Je peux faire honnêtement un examen de conscience, explorer mes désirs cachés, mes secrets, mes regrets et mes remords, mes projets inavoués. Je sais mieux que quiconque quelle est ma personnalité profonde derrière les apparences sociales.

[Transition] Mais attention : l'introspection n'est pas gage d'objectivité. Je peux me faire des illusions sur moi, voire me mentir sur ce que je suis. Car la conscience n'est pas aussi transparente à elle-même que le cogito cartésien. Le moi, bien qu'il soit l'objet le plus intime, ou parce qu'il l'est justement, est sans doute ce qui est le plus difficile à connaître.

2. Les illusions et les profondeurs cachées de ma personnalité m'échappent

A. Ma mémoire est souvent défaillante ou reconstituée

Je crois avoir une vie cohérente et être une personnalité logique, mais la mémoire est souvent trafiquée, arrangée, interprétée pour fabriquer artificiellement une cohérence. Ainsi, la mémoire ne me dit pas qui je suis, mais qui j'aimerais être, en omettant ou en déguisant certains épisodes de ma vie. Ma mémoire fabrique un autre moi-même.

B. L'hypothèse de l'inconscient me rend étranger à moi-même

Par le rêve, le mot d'esprit, l'acte manqué, mais aussi des maladies mentales plus graves, Freud explique que nous ne sommes pas ce que nous croyons être consciemment, que le moi est comme « l'ambassadeur » vers le monde extérieur de la vraie puissance intérieure qu'est l'inconscient. Ce que je crois être consciemment n'est qu'une apparence trompeuse qui cache des pulsions refoulées inavouables.

C. La mauvaise foi me fait me mentir sur moi-même

Je suis persuadé que je suis victime d'une société injuste, alors que ce n'est qu'une lâche excuse pour me cacher à moi-même ma paresse. Pour Sartre, la mauvaise foi est une ruse cachant le refus d'assumer sa liberté et sa responsabilité absolue dans ses choix de vie et permettant de rejeter la faute sur d'autres. Ainsi, je m'ignore comme liberté radicale et je crois me connaître comme objet manipulé ou persécuté, comme victime.

[Transition] Bien des expériences prouvent que la conscience n'est pas aussi transparente que nous le voudrions, que nous trichons ou dissimulons ce que nous sommes vraiment.

3. Savoir qui je suis est l'expérience d'une vie

A. Si le moi recèle une part d'ombre, il n'est pas que mensonge

L'éducation aide à former l'unité d'un sujet qui, dès le « stade du miroir » théorisé par Lacan, peut se reconnaître et s'identifier comme distinct de sa mère et des autres. La conscience est bien séparation, mais aussi recueil de soi par soi, réflexivité sur soi.

B. Je peux travailler à mieux me connaître

Les défaillances de ma mémoire peuvent être corrigées par un recoupement de souvenirs, de témoignages et de preuves qui restituent mon passé. La mauvaise foi peut être combattue par un effort de lucidité sur les véritables motifs de mes actes.

> **À NOTER**
> La part inconsciente du moi peut être rendue consciente en partie par une psychanalyse à partir des symptômes (rêves, phobies, etc.).

C. Savoir qui je suis profondément est l'entreprise d'une vie

Socrate reprenait la maxime de Delphes : « Connais-toi toi-même ! » Ces mots m'invitent non seulement à connaître mes limites, à intégrer que je ne suis ni une bête ni un dieu, mais aussi à explorer mes profondeurs, mes passions et ma raison, ce qui fait que je suis moi, différent des autres. En somme, cette maxime incite à mener un travail d'introspection. Mais la conscience de soi n'est-elle pas une histoire, comme chez Hegel, une lente prise de conscience contradictoire, toujours en butte aux forces obscures qui nous cachent à nous-mêmes ?

Conclusion

Je peux savoir qui je suis, mais jamais complètement, ni définitivement. Se connaître soi-même suppose de s'en donner les moyens, en commençant par la conscience de tout ce qui obscurcit la conscience. Ce travail exige la lucidité quant à ce qui me trompe et me ment, en commençant par les ruses entre moi et moi. Ne pas me mentir, c'est commencer à savoir qui je suis. Mais je dois aussi renoncer à un idéal de maîtrise et de transparence totale, admettre que ma liberté et mon désir me rendent imprévisible et incompréhensible. Nietzsche n'écrivait-il pas qu'« il faut savoir se perdre pour un temps si l'on veut apprendre quelque chose des êtres que nous ne sommes pas nous-mêmes » ? Au fond, savoir qui je suis est peut-être la quête même qui fait l'unité de ma conscience et de ma vie.

3 AUTRES SUJETS POUR S'ENTRAÎNER

- Pourquoi chercher à se connaître soi-même ?
- Suffit-il de prendre conscience de ce qui nous détermine pour nous en libérer ?
- Explication d'un extrait des *Causeries*, de Merleau-Ponty

▶ Retrouvez les corrigés sur annabac.com

Kant, *Critique de la raison pure*

4 heures
20 points

INTÉRÊT DU SUJET • La conscience est le propre de l'homme. Elle fonde l'unité de la pensée et de la vie d'un individu. Elle fait de chacun de nous un sujet qui peut dire « je », un sujet responsable de sa pensée et de ses actes.

Expliquez le texte suivant :

Le : *je pense* doit nécessairement *pouvoir* accompagner toutes mes représentations ; car, si tel n'était pas le cas, quelque chose serait représenté en moi qui ne pourrait aucunement être pensé – ce qui équivaut à dire que la représentation ou bien serait impossible, ou bien ne serait du moins rien pour moi. La représentation qui peut être donnée avant toute pensée s'appelle intuition. Donc, tout le divers de l'intuition entretient une relation au : *je pense,* dans le *même sujet* où ce divers se rencontre.

[…] Je l'appelle l'*aperception pure* pour la distinguer de l'aperception empirique, ou encore l'*aperception originaire* parce qu'elle est cette conscience de soi qui, en produisant la représentation : *je pense*, laquelle doit pouvoir accompagner toutes les autres et est une et identique dans toute conscience, ne peut être accompagnée d'aucune autre.

Emmanuel Kant, *Critique de la raison pure*, I, 2,
trad. Alain Renaut, Flammarion, 2006.

La connaissance de la doctrine de l'auteur n'est pas requise. Il faut et il suffit que l'explication rende compte, par la compréhension précise du texte, du problème dont il est question.

LES CLÉS DU SUJET

Repérer le thème et la thèse

- Identifiez l'**opposition entre le vocabulaire de l'expérience sensible** (« représentations », « intuition », « divers », « empirique ») **et celui de la conscience** (« je pense », « aperception », « pour moi », « même sujet »,

« pure », « originaire », « une et identique »). Les mots mis en italique par l'auteur vous aideront beaucoup.

• Les termes « intuition », « aperception empirique » ou « représentation » sont l'équivalent des perceptions sensibles immédiates données aux sens avant la conscience.

• Dans quelle mesure faut-il **distinguer l'aperception pure de l'aperception empirique** ? Les perceptions se suffisent-elles à elles-mêmes ou supposent-elles autre chose pour les unifier ? D'où vient la conscience et pourquoi est-elle nécessaire ?

• Il faut veiller à ne pas confondre « perceptions » et « aperception » : les perceptions sont multiples, sensibles et dispersées ; l'aperception est une, *a priori,* et unificatrice. L'aperception est la manière de saisir les perceptions d'un point de vue unifiant.

Dégager la problématique

Problématique

- Kant interroge le rapport entre conscience et perceptions sensibles, entre unité du sujet et diversité des perceptions. Que se passerait-il s'il n'y avait pas d'unité des perceptions ?
- Comment unifier notre connaissance au-delà de la dispersion des sensations ? En supposant une unité d'aperception préalable à l'expérience, l'auteur s'oppose à l'empirisme de Hume.

Repérer les étapes de l'argumentation

1. Sans un « je pense », aucune pensée n'est possible (l. 1 à l. 6)	• Si l'on raisonnait par l'absurde, que se passerait-il si les représentations sensibles (couleurs, goûts, formes) étaient seules, livrées à elles-mêmes ? • Repérez les implications et les conséquences absurdes de cette hypothèse.
2. Le « je pense » est la condition de notre connaissance (l. 6 à l. 7)	• Repérez le connecteur logique qui annonce la thèse. • En quoi cette thèse apparaît-elle comme le résultat d'une démonstration ? • Quel rapport entre le divers sensible et le « je pense » est affirmé ?
3. L'aperception pure conditionne l'aperception empirique (l. 8 à l. 12)	• Expliquez le vocabulaire technique utilisé : « aperception pure », « originaire »... • Quel est le rôle du « je pense » et que signifie ici le verbe « accompagner » ?

10 CORRIGÉ GUIDÉ

Les titres en couleurs et les indications entre crochets servent à guider la lecture mais ne doivent en aucun cas figurer sur la copie.

Introduction

[Accroche] Nous disons couramment « je pense » ou « je parle », mais qui est ce « je » et d'où vient-il ? [Problématique] Le présent texte soulève la question de la formation de notre esprit pensant, des conditions de notre pensée et de notre connaissance, et de l'unité du sujet : comment sais-je que c'est *moi* qui pense, et non que *ça* pense ? [Thèse] Contre l'empirisme, qui défend que notre esprit se réduit à nos seules perceptions, Kant soutient que le sujet conscient précède l'expérience comme « aperception pure » et « originaire », afin d'assurer l'unité du divers sensible. Cela pose la question des conditions de notre connaissance, ainsi que celle du rapport entre pensée et expérience. Tandis que pour Hume le sujet pensant dérive de l'expérience, pour Kant le « je pense » précède et conditionne l'expérience. [Annonce du plan] Le texte se déroule en trois étapes : l'auteur commence par réfuter la thèse adverse ; il présente ensuite sa thèse qui fait du « je pense » la condition de l'expérience ; enfin, il développe sa définition du « je pense ».

1. Sans un « je pense », aucune pensée n'est possible

> **▶ Le secret de fabrication**
> Généralement, un texte philosophique démontre une thèse, avant de réfuter une thèse contraire. Ici, l'auteur procède en sens inverse : il commence par approfondir la thèse à laquelle il s'oppose. Et cette réfutation revêt la forme d'un raisonnement par l'absurde : si A est faux, alors B est vrai.

A. La thèse de l'auteur : le « je pense » est nécessaire

- L'auteur affirme sa thèse d'emblée, en une proposition simple : « Le *je pense* doit nécessairement *pouvoir* accompagner toutes mes représentations. »
- Les représentations désignent ici les perceptions sensibles, comme celles d'une couleur, d'une odeur ou d'un objet. Le terme « représentation » suggère que ce n'est pas l'objet lui-même, mais un double sensible ou imaginaire que reçoivent nos sens en provenance de l'objet perçu. Or « se représenter » est une façon de penser, qui suppose un support ou un sujet.

LA CONSCIENCE

• La formulation « doit nécessairement *pouvoir* » indique ici une nécessité logique et annonce la réfutation qui suit. Enfin, le verbe « accompagner » indique un redoublement réflexif du *je* : le sujet s'approprie la représentation et la fait sienne.

B. La thèse empirique adverse : l'expérience suffit

• À peine cette thèse brièvement énoncée, l'auteur démontre l'absurdité de la thèse empiriste adverse (« car, si tel n'était pas le cas »), selon laquelle l'expérience se suffit à elle-même. Il en souligne les implications et les conséquences absurdes. Sans le « je pense » :

– je n'aurais absolument pas conscience des perceptions, je ne saurais donc pas qu'elles existent ;

– les représentations n'existeraient pas, puisqu'il n'y aurait personne pour se les « re-présenter », elles ne seraient que des présentations dans le vide ;

– les perceptions ne seraient pas miennes, mais elles seraient dispersées de façon anonyme. Pouvoir dire « mes perceptions » ou « je perçois » suppose l'existence préalable d'un *je*.

• Dans le *Traité de la nature humaine*, Hume considère que notre esprit est comme un flux de perceptions dont l'unité se forme peu à peu par associations. C'est ce que réfute Kant : le « je pense » n'est pas le résultat, mais la condition transcendantale de mon expérience sensible.

[Transition] Ayant réfuté la thèse adverse, l'auteur peut désormais réaffirmer sa thèse sur la nécessité du « je pense ».

2. Le « je pense » est la condition de notre connaissance

▶ Le secret de fabrication

Cette deuxième étape étant très brève et synthétique (une phrase !), il faut veiller à donner une explication très détaillée de tous les termes.

A. L'intuition sensible doit être unifiée

Le divers de l'expérience sensible, ou « intuition », doit être unifié pour pouvoir être pensé. On ne peut se représenter des sensations disparates. Kant contredit ici la théorie sensualiste de Condillac, pour qui toute l'activité de l'esprit est contenue dans la sensation. Dans le *Traité des sensations*, ce dernier imagine une statue « animée d'un esprit dépourvu de toute espèce d'idée », qui respire l'odeur d'une rose et dont la conscience s'identifie à l'odeur de rose.

DÉFINITION

L'**intuition** est ce qui m'est donné par les sens. Le terme « empirique » renvoie à ce qui vient de l'expérience sensible.

B. Le « je pense » unifie l'intuition

• Chaque perception en moi est accompagnée du même « je pense ». L'esprit humain ne peut percevoir sans recueillir et rassembler ses perceptions dans une forme unifiante.

• Comparons cette idée au point de fuite, en perspective : ce point n'existe pas « en soi », mais il est nécessaire de le supposer pour avoir une vision cohérente. Si l'on regarde un tableau de la Renaissance, ce qu'il représente fait un ensemble cohérent si l'on adopte le point de vue du spectateur à l'origine de la perspective.

C. Le « je pense » assure donc l'unité du sujet

Il est la condition *a priori* ou transcendantale de toute expérience. Le « je pense » n'est pas lui-même connu par expérience, car l'expérience ne nous donne que des perceptions éparses et en désordre. Il est supposé comme condition nécessaire pour que cela devienne *mon* expérience unifiée.

> DÉFINITION
> ***A priori*** **ou transcendantal** désigne, chez Kant, ce qui précède l'expérience sensible et la rend possible.

[Transition] Dans un troisième et dernier mouvement, le texte explicite ce pouvoir d'unification en précisant les concepts qui servent à le désigner.

3. L'aperception pure conditionne l'aperception empirique

> ▶ **Le secret de fabrication**
> Cette dernière étape explicite la thèse que l'auteur reformule au moyen d'un vocabulaire plus technique qu'il faut s'efforcer de comprendre et de définir.

A. L'aperception précède la perception

L'aperception se distingue de la perception dans la mesure où elle désigne le pouvoir d'accueil et de synthèse des perceptions diverses. Le terme d'« aperception » a été créé par Leibniz, chez qui il désigne simplement une perception accompagnée de réflexion et de conscience. Kant y ajoute le pouvoir d'unification constitutif du sujet et de l'esprit.

B. « Aperception pure » *vs* « aperception empirique »

• Tous nos actes de perception font intervenir un pouvoir intellectuel qui n'en dérive pas. L'« aperception pure » est dite encore « originaire » pour signifier qu'elle précède nos perceptions.

• L'« aperception empirique » est notre pouvoir de recevoir des données sensibles, lequel réside dans les sens et non dans la pensée.

C. L'unité d'aperception fonde le « je pense » et la conscience

L'ensemble de ces définitions nous conduit à voir dans l'« aperception originaire », ou dans le « je pense » transcendantal, le sujet conscient. L'on revient ici au sens latin de la conscience : *cum-scire* (« savoir avec ») implique de faire quelque chose en le sachant et en le rassemblant.

Conclusion

Dans ce texte, Kant soutient une conception rationaliste de la conscience et du sujet, irréductibles à la seule perception. Cette idée suppose un dédoublement de l'esprit réflexif qui, tout en même temps, perçoit le monde et se sait le percevoir. Cette conscience est propre à l'homme, qu'elle rend responsable de sa connaissance (science) et de ses actes (morale). Elle explique comment notre esprit unifie notre expérience et constitue l'unité du *je*. Cette définition de la conscience s'oppose au cogito cartésien, auquel le formalisme de Kant et de Husserl reproche son caractère « substantiel » : la conscience n'est pas une *chose* parmi d'autres existants, mais la *forme* qui unifie les objets perçus.

Peut-on être moral par intérêt ?

4 heures
20 points

INTÉRÊT DU SUJET • Si une vieille dame entre dans le bus et que je lui cède ma place, il s'agit d'une bonne action, faite contre mon intérêt immédiat qui aurait été de rester assis. Mais ne me suis-je pas levé en espérant sa reconnaissance, celle des autres voyageurs, ou simplement pour éviter de me faire rabrouer ?

LES CLÉS DU SUJET

Définir les termes du sujet

Peut-on

« Peut-on ? » signifie ici « est-il possible ? » : la question est celle de la compatibilité de la morale et de l'intérêt.

Être moral

Au sens large, « être moral » signifie respecter les règles de vie et les valeurs propres à un groupe d'individus, se conformer à leurs mœurs. La philosophie morale développe une réflexion portant sur ce qui doit guider nos actions : ainsi, pour les morales eudémonistes, bien agir, c'est agir en vue d'être heureux, alors que des morales plus formelles définissent l'action morale comme une action faite par devoir.

Par intérêt

L'intérêt est ce qui nous avantage. Agir par intérêt, c'est agir parce que nous escomptons un profit de cette action. À cette action, dont la valeur tient à ce qu'elle nous apporte, s'oppose l'action désintéressée, dont la valeur est intrinsèque.

Dégager la problématique

Problématique

- Quand notre bonne action est faite en vue d'une récompense ou d'un plaisir, n'est-elle pas au fond une action intéressée, faite dans le but d'en tirer profit ?
- Mais si faire le bien nous procure du plaisir, en quoi cela rendrait-il notre action immorale ?

Construire un plan

1. Une action morale ne peut pas être faite par intérêt	On ne peut pas être moral par intérêt car la morale est incompatible avec la logique égoïste de l'intérêt. Une action morale est une action désintéressée.
2. L'action morale procure une satisfaction	Il est néanmoins possible de trouver un avantage à être moral : le fait de bien agir ne nous procure-t-il pas une forme de satisfaction ?
3. On ne peut être moral que par souci de soi	Être moral n'est pas se sacrifier, mais au contraire se soucier de soi, c'est-à-dire veiller à vivre à la hauteur de nos potentialités.

11 CORRIGÉ GUIDÉ

Les titres en couleurs et les indications entre crochets servent à guider la lecture mais ne doivent en aucun cas figurer sur la copie.

Introduction

▶ Le conseil de méthode

Une introduction de dissertation contient la définition des termes du sujet et une problématique qui montre que vous comprenez la tension qui existe entre les deux réponses possibles.

[Reformulation du sujet] Il s'agit ici de savoir si une bonne action faite en vue d'un bénéfice peut être tenue pour morale. *A priori*, on aurait tendance à opposer l'action vertueuse à l'action intéressée. Mais en quoi le fait de tirer profit de mon action la rendrait-elle immorale ? [Définition des termes du sujet] Être moral signifie d'abord respecter les règles de vie et les valeurs propres à un groupe d'individus, se conformer à leurs mœurs. De façon plus précise, être moral c'est bien agir, c'est-à-dire agir par pur devoir ou encore agir selon certains principes visant à obtenir le bonheur. Agir par intérêt, c'est être poussé à agir par la recherche d'un gain, au terme d'un calcul soupesant les avantages et inconvénients d'une action. [Problématique et plan] Il s'agira donc de se demander si une action morale peut résulter d'un calcul d'intérêts, ou si au contraire elle se définit par son caractère désintéressé, voire sacrificiel. Mais si faire le bien me satisfait, alors, ce plaisir rend-il pour autant mon action immorale ? Et finalement, n'est-ce pas toujours pour moi que je fais le bien ?

1. Une action morale ne peut pas être faite par intérêt

A. On ne peut pas faire le bien par égoïsme

• Dans un premier temps, on pourrait penser qu'il est impossible qu'une action soit morale si elle est faite dans la perspective d'un avantage personnel. Il semble que la logique calculatrice et égoïste de l'intérêt, selon laquelle je pèse les avantages et les inconvénients pour moi d'une conduite, soit incompatible avec une action communément perçue comme spontanée et altruiste, par laquelle je me montre justement capable de renoncer à la poursuite de mon avantage.

• Pourtant, suffit-il de faire du bien aux autres pour être moral ? Celui qui aide les autres dans l'espoir d'un gain à venir – obtenir une récompense, aller au paradis – n'agit-il pas par intérêt ?

B. Une action morale est une action désintéressée

• C'est précisément parce qu'une telle vertu conditionnée, et en ce sens instrumentale (je fais le bien en échange d'une récompense possible), pose problème que Kant propose un tout autre critère de moralité de nos actions : mon action n'est morale, affirme-t-il, qu'à condition d'être désintéressée.

• Autrement dit, l'altruisme ne suffit pas à définir l'action morale : pour qu'elle soit morale, mon action doit être faite sans aucune considération d'intérêt – ni le mien, ni celui des autres –, mais seulement parce que je sais qu'elle correspond à ce que je dois faire. On ne peut pas être moral en agissant « conformément au devoir », c'est-à-dire qu'il ne suffit pas de faire le bien pour être moral : encore faut-il le faire sans autre but que de faire le bien. Telle est l'action faite « par devoir » : action dont l'intention désintéressée seule garantit la moralité.

À NOTER
Dans les *Fondements de la métaphysique des mœurs*, Kant éclaire cette distinction par l'exemple du « marchand avisé » : l'action honnête du marchand est-elle une action morale ? Non, répond Kant, dès lors que son honnêteté est le moyen de garder sa clientèle, et non une fin en soi.

C. Celui qui fait le bien par plaisir n'agit pas moralement

• Mais alors, celui qui prend plaisir à faire du bien aux autres est-il immoral ? L'action du philanthrope, dit Kant, ne peut être tenue pour morale dans la mesure où elle ne trouve pas sa source dans sa raison, prescriptrice de la loi morale, mais dans ses inclinations. Autrement dit, s'il fait le bien par plaisir, alors ce qui le motive à le faire est toujours la poursuite de son intérêt. *A contrario*, l'homme vertueux agit selon sa seule raison, qui lui prescrit de soumettre ses actions à l'épreuve de l'« impératif catégorique » (« Agis uniquement d'après la maxime qui fait que tu puisses vouloir en même temps qu'elle devienne une loi universelle. »).

• De ce fait, le philanthrope est hétéronome, c'est-à-dire que son principe d'action est pathologique, et non autonome comme celui qui trouve seulement dans sa raison le principe de ses actions. À moins d'imaginer un cas dans lequel ce philanthrope serait empêché de prendre plaisir à sa bonne action et agirait par devoir, son action, en apparence morale, ne l'est donc pas. Reste pourtant à savoir, comme Kant le reconnaît lui-même, si une action affranchie de tout intérêt et de toute satisfaction est humainement possible.

[Transition] De fait, le problème qui se pose est celui de la possibilité même de l'acte moral. Nos actions ne sont-elles pas toujours guidées par la recherche d'une satisfaction quelconque ?

2. L'action morale procure une satisfaction

A. Une action désintéressée est humainement impossible

• Dans *Le Fondement de la morale*, Arthur Schopenhauer remarque que Kant lui-même ne peut faire abstraction de la logique de l'intérêt qui est à l'œuvre en chacun d'entre nous, en nous permettant d'espérer que nos actions morales seront peut-être récompensées plus tard par un « souverain bien » consistant en une coïncidence de la vertu et du bonheur.

• Par ailleurs, Kant n'évoque-t-il pas un calcul de notre raison (je ne dois pas mentir parce que personne ne me ferait plus confiance ; je dois être secourable parce que je voudrais qu'on me porte secours, etc.) ? De fait, dit Schopenhauer, penser une action accomplie sans intérêt est impossible : « Qu'est-ce dès lors qu'un intérêt, sinon l'action d'un motif sur la volonté ? Là où il y a un motif pour mettre en jeu la volonté, il y a un intérêt ; et s'il n'y a pas de motif, elle ne peut pas plus agir, qu'une pierre ne peut, sans être poussée ni tirée, changer de place. »

À NOTER
Dans les *Éléments métaphysiques de la doctrine de la vertu*, Kant explique que « chacun désire qu'on lui vienne en aide. Or, si un homme laissait voir que sa maxime est de ne pas vouloir aider les autres, alors chacun serait autorisé à lui refuser tout secours. Ainsi, la maxime de l'égoïste combat contre elle-même. »

B. L'action morale est celle qui nous rend heureux

Autrement dit, comment le devoir pourrait-il être pour nous un motif d'action ? Et si ce n'est notre intérêt, qu'est-ce qui peut être assez puissant pour infléchir notre volonté ? Les morales eudémonistes placent au cœur de la définition de l'acte moral la perspective du bonheur : bien agir, dit ainsi Épicure, c'est œuvrer en vue du bonheur conçu comme absence de troubles. Ce motif d'action est assez puissant pour agir sur ma volonté, et assez universel pour servir de fondement à une éthique. Dès lors que ce qui est bien, c'est ce qui me fait du bien, la recherche de la satisfaction fait partie intégrante de l'action morale, et ne s'ajoute pas à elle comme un objet extérieur.

[Transition] Si la poursuite de la satisfaction et la moralité de nos actions ne sont pas incompatibles, peut-on dire alors qu'on n'est moral que par calcul ?

3. On ne peut être moral que par souci de soi

A. L'action morale est faite par compassion

Si être moral me satisfait, est-ce pour autant par intérêt que je le suis ? En réalité, si nous pouvons être moraux, dit Rousseau dans le *Discours sur l'origine et les fondements des inégalités parmi les hommes*, c'est précisément parce que le principe d'action qui nous porte à agir par intérêt et qu'il nomme « amour de soi » se trouve modéré par cet autre principe d'action qu'est la pitié. Ainsi, je ne suis pas poussé à agir moralement par calcul, mais par ce « sentiment naturel » qui, comme le souligne Schopenhauer, repose sur une identification aux autres : « Dès que cette pitié s'éveille, le bien et le mal d'autrui me tiennent au cœur aussi directement que peut y tenir d'ordinaire mon propre bien, sinon avec la même force : entre cet autre et moi, donc, plus de différence absolue. » Autrement dit, par la pitié, je suis capable d'éprouver comme mienne la souffrance de l'autre, et par conséquent son intérêt comme étant le mien. C'est ainsi par pitié que j'agis moralement : loin de me sacrifier, je comprends par cette expérience troublante que je ne suis pas distinct des autres, et que la justice est désirable.

L'AUTEUR
Jean-Jacques Rousseau (1712-1778).
Contre une tradition qui fait de la raison le centre de notre être, la philosophie de Rousseau affirme le pouvoir du sentiment, source de la morale comme de la politique.

B. L'action morale implique une exigence vis-à-vis de soi

- Par conséquent, ce n'est ni par devoir, ni par sacrifice, ni par calcul d'intérêt que j'agis moralement, mais bien par souci de moi-même. C'est par négligence et ignorance de moi-même que je peux au contraire faire le mal : ce qu'indique Socrate en réinvestissant la parole delphique, puisque « connais-toi toi-même » est la formule qui me rappelle qu'être vertueux s'ancre avant tout dans un rapport à soi.
- L'attitude morale implique une exigence vis-à-vis de soi, un effort de formation de soi-même. Autrement dit, il ne s'agit pas de se conformer à des règles morales pour être moral : ce qui définit ma moralité est le rapport que j'entretiens à moi-même. Comme le rappelle Michel Foucault, se soucier de soi ne signifie pas s'intéresser à soi ni défendre ses intérêts particuliers, mais faire de soi son œuvre propre.

Conclusion

Il apparaît alors que si l'action morale ne peut se donner pour une action faite par intérêt au sens où cette action n'aurait d'autre raison d'être que la poursuite de ce qui m'avantage, elle ne peut non plus être comprise comme une action désintéressée ou sacrificielle. Ce qui me pousse à vouloir bien agir, c'est avant tout le souci que j'ai de moi-même, c'est-à-dire de m'améliorer.

3 AUTRES SUJETS POUR S'ENTRAÎNER

- Respecter tout être vivant, est-ce un devoir moral ?
- Explication d'un extrait de *Émile ou De l'éducation*, de Rousseau
- Explication d'un extrait de la *Lettre à Élisabeth*, de Descartes

▶ Retrouvez les corrigés sur annabac.com

12 Explication de texte

Kant, *Leçons d'éthique*

4 heures
20 points

INTÉRÊT DU SUJET • Socrate, qui exalte la vertu, était-il irréprochable dans sa vie ? Certains moquent ces philosophes qui voudraient que nous soyons tous vertueux, alors qu'ils sont des hommes, et non des saints. Mais les lois morales doivent-elles être relatives, souples, et admettre des exceptions ?

Expliquer le texte suivant :

Il suffit par exemple qu'un malheureux nous aborde pour que nous ressentions de la compassion pour lui et lui venions en aide, ce qui toutefois ne se serait pas produit s'il nous avait implorés par écrit. De même un voyageur de passage qui aperçoit des miséreux étendus sur son chemin et leur porte secours, n'est pas poussé à agir ainsi pour en retirer des honneurs ou un avantage personnel, car bientôt il aura quitté ces lieux, mais parce que cette action est bonne en elle-même. Il y a donc dans notre cœur quelque chose de moralement pur, bien que sa force d'impulsion ne suffise pas complètement pour faire contrepoids à nos impulsions sensibles. Mais le jugement sur la pureté morale attire à lui, par association, de nombreux motifs de pureté, aiguillonnant ainsi nos actions, jusqu'au point où cela devient chez nous une habitude. On ne doit donc pas persister à chercher les taches et les faiblesses chez les hommes, ou dans la vie d'un Socrate par exemple, car cela n'est d'aucune utilité, plus encore, c'est là une pratique nuisible. En accumulant ainsi les exemples d'imperfection morale, on finit par se flatter soi-même de sa propre imperfection. Cette avidité à trouver des défauts chez les autres trahit une forme de méchanceté, mais aussi d'envie devant la moralité que l'on voit briller chez autrui, et dont on est soi-même dépourvu. Le principe que nous tirons de la faiblesse de la nature humaine est le suivant : les lois morales ne doivent jamais s'ajuster aux faiblesses de l'homme, mais doivent être présentées dans leur sainteté et dans leur pureté parfaites, quelle que soit la constitution de la nature humaine.

Emmanuel Kant, *Leçons d'éthique*, 1780.

La connaissance de la doctrine de l'auteur n'est pas requise. Il faut et il suffit que l'explication rende compte, par la compréhension précise du texte, du problème dont il est question.

LES CLÉS DU SUJET

Repérer le thème et la thèse

• Kant se demande si la morale doit tenir compte de l'imperfection de la nature humaine.
• Il démontre ici qu'il existe en nous une aptitude au désintéressement, et que partir de nos imperfections pour définir les lois morales ruinerait la morale : on doit donc définir les lois morales sans se demander s'il nous est possible de leur obéir.

Dégager la problématique

Problématique
- Sommes-nous capables, nous qui sommes sujets aux passions, d'agir de façon désintéressée ?
- Et si nous n'en sommes pas capables, l'éthique ne doit-elle pas s'adapter à nos faiblesses et renoncer à édicter des règles trop rigides ?

Repérer les étapes de l'argumentation

1. Il y a en nous des indices d'une pureté morale (l. 1 à l. 7)	Le texte s'ouvre sur deux exemples montrant notre capacité à agir de façon désintéressée : il y a en nous des indices de pureté morale.
2. Nous résistons à nos penchants grâce à notre raison (l. 7 à l. 12)	Mais nous résistons à nos impulsions sensibles plus sûrement par notre raison : Kant distingue alors cette bonté spontanée du jugement moral par lequel notre raison résiste à nos penchants.
3. De notre faiblesse, il faut conclure à la nécessité de lois morales rigoureuses (l. 12 à l. 23)	De notre faiblesse, il ne faut donc pas conclure à l'inutilité des lois morales parfaites : le constat de notre faiblesse doit déboucher sur une éthique rigoureuse, qui ne prend pas pour point de départ ce qu'il nous est possible de faire.

12 CORRIGÉ GUIDÉ

Les titres en couleurs et les indications entre crochets servent à guider la lecture mais ne doivent en aucun cas figurer sur la copie.

Introduction

[Question abordée] Sommes-nous capables, nous qui sommes sujets aux inclinations sensibles, d'agir de façon désintéressée ? Et sinon, à quoi bon se référer à des lois morales impératives auxquelles nous serons incapables d'obéir ? [Problématique] On pourrait penser que la constitution d'une éthique doit se fonder sur l'observation de la nature humaine : étant faillibles, nous ne pourrions adopter que des règles d'action souples et relatives. Pourtant, faut-il partir de nos défaillances pour déterminer les règles d'une éthique ? Kant démontre dans ce texte que l'on doit définir des lois morales indépendamment de la considération de ce qu'il nous est possible de faire. [Annonce du plan] Il ouvre sa démonstration par deux exemples indiquant notre capacité à être désintéressés. Puis il distingue cette bonté spontanée, mais fragile, du jugement moral, par lequel notre raison résiste à nos penchants. Par conséquent, le constat de notre faiblesse ne doit pas déboucher sur une éthique adaptée à ce que nous pouvons faire, mais sur une éthique rigoureuse, centrée sur ce que nous devons faire.

1. Il y a en nous des indices d'une pureté morale

A. Nous éprouvons de la compassion

La démonstration s'ouvre sur deux exemples prouvant qu'il nous est possible de vouloir agir sans y avoir intérêt. Le premier souligne la spontanéité d'une action guidée par la compassion. La compassion (de *cum*, avec, et *patior*, souffrir) est le sentiment par lequel je fais mienne la souffrance de l'autre : le motif de mon action est sentimental, ce qui explique sa spontanéité. La compassion ne résulte pas d'une réflexion mais est immédiatement éprouvée au contact de la détresse d'autrui, ce que Kant souligne en distinguant le cas du malheureux qui nous « aborde » et la suscite en nous de celui qui, nous implorant « par écrit », échoue à la produire. La médiation de l'écrit éloigne alors cette détresse à laquelle nous devons nous identifier pour compatir.

> **DÉFINITION**
> Est **médiat** ce qui suppose un intermédiaire, un détour. Ce qui est **immédiat** est atteint directement : au sens courant, **immédiat** signifie instantané, spontané. En philosophie, ce terme désigne ce qui est donné ou connu avec évidence.

LE DEVOIR

B. Nous sommes capables de désintéressement

Tempéré par cette distinction qui souligne à la fois notre spontanéité morale et ses limites, ce premier exemple est alors redoublé par un second exemple soulignant le désintéressement de certaines conduites. Celui qui vient en secours à des hommes en détresse n'agit pas « pour en retirer des honneurs ou un avantage personnel », c'est-à-dire par intérêt, mais « parce que cette action est bonne en elle-même », autrement dit par devoir. Or, ce qui définit l'acte moral est son désintéressement : ce qui me pousse à agir n'est pas la logique calculatrice de l'intérêt, par laquelle je pèse les avantages et inconvénients qui résulteront pour moi de ma conduite, mais la seule volonté de bien agir.

À NOTER
Dans les *Fondements de la métaphysique des mœurs*, Kant distingue l'« impératif catégorique » selon lequel une action apparaît « nécessaire pour elle-même, et sans rapport à un autre but », de l'« impératif hypothétique » selon lequel « l'action n'est bonne que comme moyen pour quelque autre chose ».

[Transition] De là, faut-il conclure que notre capacité à bien agir est, comme le soutient en particulier Rousseau, d'origine purement sentimentale ?

2. Nous résistons à nos penchants grâce à notre raison

A. Notre sentiment résiste mal à nos penchants

- On pourrait croire que ces exemples suffisent à établir notre pouvoir d'agir indépendamment des inclinations sensibles qui nous portent à chercher notre satisfaction propre. Kant les ramène pourtant à leur limite. Ce qu'ils montrent, dit-il, c'est seulement qu'il y a « dans notre cœur quelque chose de moralement pur ». Autrement dit, ils sont autant d'indices de notre pureté morale : ils établissent qu'il est humainement possible d'agir avec désintéressement.

- Cependant, ils ne permettent pas d'affirmer que nous sommes capables, par la compassion ou la volonté de faire le bien, de lutter contre nos « impulsions sensibles ». Apparaît alors une comparaison des forces : la force de nos « impulsions sensibles » serait supérieure à celle de notre « cœur », c'est-à-dire à la force de notre compassion ou de notre volonté de bien agir.

B. C'est notre raison qui nous permet de lutter contre nos penchants

- Mais sommes-nous donc incapables d'agir moralement dans le cas où cette action s'oppose à nos intérêts et à nos penchants ? Kant distingue alors la force de notre cœur de la force du « jugement sur la pureté morale », qui, lui, serait un appui solide dans cette lutte contre nos penchants, en ce qu'il est un jugement objectif produit par notre raison.

• Un tel jugement, dit-il, peut ainsi « aiguillonner » nos actions, à savoir leur fournir un principe suffisamment objectif et contraignant pour que nous puissions lutter contre l'habitude que nous avons d'agir pour satisfaire nos penchants. À cette tendance naturelle, nous pouvons opposer ce jugement solide, stable, indépendant des variations du cœur, auquel nous prendrons l'habitude de référer nos actions.

> ▶ **Le conseil de méthode**
> Votre commentaire suit le fil de l'argumentation : vous devez donc faire des transitions entre les parties, dans lesquelles vous formulez la question qui se pose encore à ce point du raisonnement. Ces transitions témoignent de votre compréhension de la structure de l'argumentation.

[Transition] Mais alors, si nous avons en nous de quoi lutter efficacement contre nos penchants, pourquoi faudrait-il adapter l'éthique à notre nature ?

3. De notre faiblesse, il faut conclure à la nécessité de lois morales rigoureuses

A. Souligner les faiblesses de la nature humaine est nuisible

• Enfin, Kant tire les conséquences de sa démonstration, en établissant à la fois notre faiblesse et la nécessité d'une morale faite d'impératifs catégoriques, c'est-à-dire d'impératifs universels et n'autorisant aucune exception. Notre faiblesse, dit-il, est un fait : aucun homme, pas même ce modèle de sagesse qu'est Socrate, ne peut prétendre à la perfection morale.

• Pourtant, se repaître des imperfections d'un Socrate est, dit-il, vain et même « nuisible », puisque ce qui est à l'œuvre dans notre tendance à jeter le soupçon sur le désintéressement des plus purs, c'est, dit Kant, l'« envie ». Autrement dit, nous voudrions être cet homme pur, mais, au lieu de le prendre pour modèle, nous faisons de lui l'épouvantail de la nature humaine par lequel nous nous dédouanons.

B. Les impératifs moraux doivent être catégoriques

Reprocher aux lois morales catégoriques leur caractère inhumain en se fondant sur le spectacle de nos imperfections serait donc le reflet d'une passion malsaine, voire d'une impuissance. Du constat selon lequel la nature humaine est imparfaite, nous ne devons en réalité pas conclure à la nécessité d'une éthique aux règles relatives et souples auxquelles il serait possible de déroger, mais au contraire à la nécessité de commandements moraux catégoriques, dont le caractère objectif et contraignant nous armera contre les errements de nos penchants.

Conclusion

En définitive, Kant justifie dans ce texte la nécessité d'une morale impérative et catégorique. La constitution d'une éthique ne doit pas partir de la question de ce qu'il nous est possible de faire, mais de ce que nous devons faire : en somme, l'éthique doit se constituer indépendamment de toute considération portant sur la nature humaine.

2 AUTRES SUJETS POUR S'ENTRAÎNER

- Travailler est-il un devoir ?
- Explication d'un extrait de « Leçons de morale », du *Cours II*, de Bergson

▶ Retrouvez les corrigés sur annabac.com

13 Dissertation

Que devons-nous à l'État ?

4 heures
20 points

INTÉRÊT DU SUJET • Le discours patriotique affirme que nous devons tout à la « patrie ». Si nous ne nous reconnaissons pas toujours une patrie, du moins sommes-nous membres d'un État : mais en quoi serait-il notre créancier ?

LES CLÉS DU SUJET

Définir les termes du sujet

Devoir

- « Devoir à » signifie en un premier sens « avoir une dette », « être débiteur envers quelqu'un ». En ce sens, il s'agit de se demander en quoi l'État pourrait être notre créancier, c'est-à-dire ce qu'il nous apporte, ce qu'il nous garantit.
- Devoir signifie également avoir une obligation, un devoir envers quelqu'un. Il s'agit alors de savoir ce que l'État est en droit de nous réclamer.

État

- L'État se définit comme l'autorité politique souveraine, qui produit et applique les lois propres à une société donnée, à un moment spécifique de son histoire.
- En ce sens, on distingue l'État, corps politique constitué de citoyens, de la société civile, simple association d'individus mus par leur intérêt privé.

Dégager la problématique

Problématique

- Il s'agit de savoir pour quelles raisons nous devons être reconnaissants à l'État, et de quoi. Que nous apporte et que nous garantit l'État ?
- Et inversement, que nous demande-t-il en échange, et au nom de quoi ? Est-il si sûr que nous lui devions quelque chose ?

Construire un plan

1. Nous devons obéissance aux lois	Nous avons le devoir d'obéir à l'État en nous pliant aux lois et en cherchant à être conforme à l'intérêt général.
2. Nous devons à l'État notre liberté	En effet, nous devons à l'État notre liberté : hors de lui, serait-elle même possible ?
3. Nous ne sommes pas les débiteurs de l'État	Notre rapport à l'État ne doit pas nécessairement se poser en termes de dette et d'obligation.

13 CORRIGÉ GUIDÉ

Les titres en couleurs servent à guider la lecture et ne doivent en aucun cas figurer sur la copie.

Introduction

[Reformulation du sujet] Se demander ce que nous devons à l'État, c'est présupposer que nous lui devons quelque chose, et se demander quelle dette et quelle obligation nous aurions envers lui. [Définition des termes du sujet] Car devoir signifie bien en un premier sens avoir une dette, être débiteur envers quelqu'un. En ce sens, il s'agit de se demander en quoi l'État est notre créancier, c'est-à-dire ce qu'il nous apporte, ce qu'il nous garantit. Mais devoir signifie également avoir une obligation envers quelqu'un. L'État se définit comme l'autorité politique souveraine, qui produit et applique les lois propres à une société donnée. [Problématique] Le problème posé par le sujet réside dans l'ambiguïté de l'expression « devoir à », qui renvoie à la fois à l'idée d'une dette que nous aurions vis-à-vis de l'État, et à l'obligation que nous avons envers lui. Mais comment pouvons-nous être à la fois ceux qui doivent une chose à l'État et ceux à qui l'État doit quelque chose ? Quel est le sens du contrat que nous avons avec l'État, et quels sont les termes de ce contrat ? La question est bien celle d'une réciprocité, puisqu'il s'agit de nous demander pour quelles raisons nous devons être reconnaissants à l'État, et de quoi. Que nous garantit l'État ? Que nous demande-t-il en échange ? Et d'ailleurs, est-il si sûr que nous devions une chose à l'État ? [Annonce du plan] Dans un premier temps, nous nous demanderons quels sont nos devoirs envers l'État : en quoi peut-on dire que nous lui devons obéissance ? Mais ce devoir n'est-il pas conditionné par ce que nous attendons de l'État, ce qu'il nous garantit ? Enfin, nous nous demanderons si notre rapport à l'État doit nécessairement se poser en termes de dette et d'obligation.

1. Nous devons obéissance aux lois

A. Le premier devoir du citoyen est de se soumettre à l'État

On pourrait penser que ce que nous devons à l'État, c'est l'obéissance. C'est ce que dit Hobbes dans le *Léviathan*, en définissant le pacte qui est à l'origine de la formation de l'État comme un pacte entre les individus, au profit du souverain. Dès lors, les sujets doivent exclusivement au Léviathan – c'est-à-dire à l'État symbolisé comme un corps formé par le peuple et une tête formée par le roi – une soumission complète, à laquelle Hobbes autorise seulement certaines exceptions liées au droit à la vie.

B. L'État n'a pas à exiger notre soumission

Mais si nous devons obéissance à l'État, est-ce nécessairement sous la forme de ce contrat par lequel nous renonçons à l'exercice de nos volontés particulières ? C'est le problème qu'envisage Rousseau, en redéfinissant dans *Le Contrat social* le contrat qui est au fondement de l'État comme celui par lequel chaque citoyen s'engage vis-à-vis de l'État qui, en retour, s'engage vis-à-vis de chaque citoyen. Chaque citoyen, étant auteur de la loi, ne doit plus soumission, mais obéissance à l'État. Autrement dit, ce que je dois à l'État, c'est une obéissance aux lois issues de ma volonté générale.

> **DÉFINITION**
> La « volonté générale » ne désigne pas la simple addition des volontés particulières, mais la capacité qu'a chacun d'entre nous de vouloir ce qui est conforme à l'intérêt général.

[Transition] Si nous devons obéissance aux lois, ce n'est alors qu'en vertu d'un contrat par lequel l'État nous garantit quelque chose. Mais quelle est cette chose que nous attendons en retour comme un dû ?

2. Nous devons à l'État notre liberté

A. L'État nous permet de survivre

• En premier lieu, on pourrait dire que l'État nous garantit, en échange de notre obéissance aux lois, la sécurité. La nécessité de l'État provient en effet de la nécessité de sortir du rapport de force et de l'instabilité de rapports de pouvoir établis sur la force.

• Si j'accepte d'obéir aux lois, c'est dans la mesure où l'État exerce l'autorité qui me garantit, en retour, qu'il sanctionnera ceux qui enfreignent ces lois. Le libéralisme, doctrine politique centrée sur l'idée selon laquelle prévaut la liberté des individus, fait ainsi de la sécurité la prérogative essentielle de l'État. Celui-ci est pensé comme un État de droit, c'est-à-dire garant d'un ensemble de libertés individuelles qui le précèdent et sur lesquelles il ne doit pas intervenir.

B. L'État est la condition de possibilité de notre liberté

• Mais cette sécurité dont nous pouvons être redevables à l'État n'est-elle pas simplement la condition de possibilité de notre liberté ? C'est ce que souligne Rousseau, en établissant que les lois ne sont jamais que le moyen de nous rendre libres. S'il perd la liberté naturelle de subvenir à ses besoins, en vertu des forces dont il dispose, le citoyen gagne, par l'association politique, la liberté sociale, définie comme jouissance de droits garantis par la loi qu'il s'est donnée à lui-même.

• Par conséquent, ce que je dois à l'État, ce sont les droits qu'à travers lui je me donne, et qu'il me garantit : je suis membre de cet État qui n'est rien, sans moi. Autrement dit, si je peux être redevable à l'État, c'est dans la mesure où il me protège du jeu des intérêts particuliers, en n'étant pas seulement une structure d'autorité, mais également un ensemble d'institutions (administratives, scolaires, juridiques, etc.) qui harmonisent les rapports entre les individus et concourent à la justice sociale.

[Transition] Mais finalement, pouvons-nous seulement définir notre rapport à l'État en termes de dette et d'obligation ? Qu'implique cette définition ?

3. Nous ne sommes pas les débiteurs de l'État

> ▶ **Le conseil de méthode**
>
> Le sujet semble présupposer que nous devons quelque chose à l'État : il s'agit du point de départ de la réflexion, mais cela ne vous empêche pas de le remettre en cause dans une dernière partie.

A. C'est l'État qui se représente à nous comme notre créancier

• La question « que devons-nous à l'État ? » peut finalement être entendue comme une question rhétorique, par laquelle se trouve remise en cause la représentation selon laquelle nous serions les débiteurs de l'État.

• Dans *L'Idéologie allemande,* Marx définit ainsi l'État comme une communauté fictive dont le pouvoir d'abstraction compense le défaut réel de communauté dans les relations entre les individus. L'État, dit-il, n'est que cette forme de pouvoir qui s'efforce de maintenir en nous un sens du devoir. Pour cela, il produit sans cesse de nouvelles abstractions, destinées à permettre à chacun d'éprouver son appartenance à cette communauté fictive. La patrie, par exemple, est l'une de ces entités fictives qui nous maintient dans l'idée selon laquelle nous serions débiteurs de l'État, comme les fils le sont de leurs pères – du latin *pater*, le père, la patrie signifie : le pays de nos pères. Par la construction de cette abstraction, dit Marx, par les sentiments qu'elle est destinée à produire en nous, l'État peut continuer à poser notre rapport à lui en termes de dette plutôt que d'obligation.

B. L'État n'est qu'une limite à ma liberté

On peut ainsi se demander en quoi nous serions redevables à l'État de notre liberté. C'est la question que pose Bakounine, en affirmant dans *Dieu et l'État* que « la liberté d'autrui, loin d'être une limite ou la négation de ma liberté, en est au contraire la condition nécessaire et la confirmation ». Ce que remet en cause Bakounine, comme le faisait Marx, c'est la définition de la liberté par la loi. En somme, je ne dois rien d'autre à l'État qu'une aliénation de ma liberté, celle-ci étant immédiatement sociale, et non produite par l'État, comme celui-ci le prétend. Mais comment, alors, penser que l'État puisse être mis un jour au service de l'intérêt commun ?

L'AUTEUR
Mikhaïl Bakounine (1814-1876). Philosophe et théoricien de l'anarchisme, Bakounine centre sa réflexion sur la liberté, pensée comme une réalité immédiatement sociale que nous confisquent différentes autorités nous appelant à en faire une réalité individuelle.

Conclusion

En définitive, on peut se demander si notre rapport à l'État se pose en termes de dette et d'obligation. Cette représentation d'un citoyen débiteur n'est-elle pas produite par l'État dans le seul but de lui permettre de maintenir son emprise sur nous ? Si nous sommes l'État, lui devons-nous seulement quelque chose ?

Spinoza, *Traité théologico-politique*

4 heures
20 points

INTÉRÊT DU SUJET • En démocratie, chaque citoyen est un homme politique : le peuple exerce la souveraineté. Sommes-nous alors capables d'exercer cette souveraineté, ou bien faut-il s'en remettre à des experts, des professionnels éclairés qui sauraient ce que nous ne savons pas ?

Expliquez le texte suivant :

Dans un État démocratique, des ordres absurdes ne sont guère à craindre, car il est presque impossible que la majorité d'une grande assemblée se mette d'accord sur une seule et même absurdité. Cela est peu à craindre, également, à raison du fondement et de la fin de la démocratie, qui n'est autre que de soustraire les hommes à la domination absurde de l'appétit[1] et à les maintenir, autant qu'il est possible, dans les limites de la raison, pour qu'ils vivent dans la concorde et dans la paix. Ôté ce fondement, tout l'édifice s'écroule aisément. Au seul souverain, donc, il appartient d'y pourvoir ; aux sujets, il appartient d'exécuter ses commandements et de ne reconnaître comme droit que ce que le souverain déclare être le droit.

Peut-être pensera-t-on que, par ce principe, nous faisons des sujets des esclaves ; on pense en effet que l'esclave est celui qui agit par commandement et l'homme libre celui qui agit selon son caprice. Cela cependant n'est pas absolument vrai ; car en réalité, celui qui est captif de son plaisir, incapable de voir et de faire ce qui lui est utile, est le plus grand des esclaves, et seul est libre celui qui vit, de toute son âme, sous la seule conduite de la raison.

Baruch Spinoza, *Traité théologico-politique*, 1670.

1. Appétit : ce qui nous porte à désirer quelque chose.

La connaissance de la doctrine de l'auteur n'est pas requise. Il faut et il suffit que l'explication rende compte, par la compréhension précise du texte, du problème dont il est question.

LES CLÉS DU SUJET

Repérer le thème et la thèse

- Dans ce texte, Spinoza répond à une objection commune adressée à la démocratie : la démocratie (du grec *demos*, le peuple, et *kratos*, le pouvoir) attribue la souveraineté au peuple, mais celui-ci est-il capable de se gouverner lui-même ?
- Il démontre ici que la démocratie rend le peuple capable de dépasser le jeu de ses intérêts individuels, et en cela le libère.

Dégager la problématique

Problématique

- Donner le pouvoir au peuple, n'est-ce pas le confier à un ensemble d'individus mus par la passion et, par là, aveugles à toute forme d'intérêt commun ?
- Mais la démocratie ne porte-t-elle pas en son cœur la possibilité de se prémunir de l'ignorance et des désirs aveugles ?

Repérer les étapes de l'argumentation

1. L'État démocratique veut la paix et limite les passions (l. 1 à l. 11)	Spinoza répond à l'objection selon laquelle la démocratie serait minée par l'ignorance et les passions des individus : il expose en quoi la démocratie apparaît précisément comme un rempart aux conduites capricieuses des individus.
2. L'État démocratique rend libre (l. 12 à l. 18)	• Spinoza répond ensuite à une objection qui pourrait être opposée à son raisonnement : si le peuple, en démocratie, doit obéissance aux lois, alors, n'est-il pas esclave ? • En réalité, le citoyen n'est libre que par les lois, qui expriment la raison.

L'ÉTAT

14 CORRIGÉ GUIDÉ

Les titres en couleurs servent à guider la lecture et ne doivent en aucun cas figurer sur la copie.

Introduction

[Thème] La démocratie est-elle un bon régime politique ? Ne faut-il pas craindre que le peuple ne sache pas se gouverner ? [Problématique] C'est précisément cette question qu'aborde Spinoza dans ce texte, affrontant ainsi une objection commune adressée à la démocratie. Si la démocratie (du grec *demos*, le peuple, et *kratos*, le pouvoir) se définit comme le régime politique qui attribue la souveraineté au peuple, elle repose donc sur l'idée selon laquelle tout membre de ce peuple aurait la capacité d'être citoyen. Or, le peuple n'est-il pas formé d'un ensemble d'individus aux intérêts divergents, mus par la passion, fondamentalement ignorants, irrationnels, et par là aveugles à toute forme de justice ou d'intérêt commun ? [Thèse] À cette méfiance traditionnelle à l'égard du peuple, Spinoza oppose la thèse suivante : la démocratie est un bon régime politique en ce qu'elle permet de dépasser l'irrationalité et le caractère passionnel des individus, dont l'obéissance aux lois et à la raison conditionne la liberté. [Annonce du plan] Spinoza examine d'abord l'objection selon laquelle la démocratie serait minée par l'ignorance et les passions des individus : il expose en quoi la démocratie apparaît précisément comme un rempart aux conduites capricieuses des individus. Puis il répond à une objection qui pourrait être opposée à son raisonnement : mais alors si le peuple, en démocratie, doit obéissance aux lois, n'est-il pas esclave ? En réalité, selon Spinoza, le citoyen n'est libre que par les lois, qui expriment la raison.

> **À NOTER**
> C'est là l'objection adressée par Platon à la démocratie : le peuple serait incapable de se gouverner, car il est en proie à l'illusion et à l'ignorance. D'où sa défense d'un régime aristocratique où le philosophe, figure du savoir et de la raison, règne.

1. L'État démocratique veut la paix et limite les passions

A. L'irrationalité du peuple n'est pas à craindre

• Dans une première partie, Spinoza entend répondre à l'objection commune faite à la démocratie, objection selon laquelle donner la souveraineté au peuple serait méconnaître l'irrationalité des individus : de ces individus irrationnels et passionnels ne pourraient émaner que des « ordres absurdes ».

• À cela, Spinoza répond en deux temps. Son premier argument repose sur le nombre : de la « majorité d'une grande assemblée », dit-il, ne peut sortir « une seule et même absurdité ». Autrement dit, l'argument est logique : s'il est possible que d'un individu sorte une décision absurde, il est moins probable qu'un grand nombre d'individus prenne une décision absurde ou contraire à leurs intérêts. En démocratie, la décision étant prise à la majorité, il est peu probable que la majorité des citoyens se prononce en faveur d'une décision irrationnelle. Ce qui préserve d'abord les lois démocratiques du caprice ou de l'irrationalité individuelle, c'est donc que ces lois sont adoptées à la majorité : en somme, il faudrait supposer une raison commune, une sorte de bon sens qui serait majoritaire, soit une rationalité collective.

> **À NOTER**
> Cette idée d'une **rationalité collective**, résultant de l'addition des rationalités individuelles, est déjà ce qui fonde la défense de la démocratie chez Aristote, supposant qu'en chacun existe la même faculté à raisonner.

• Le second argument repose sur une définition précise de la démocratie : son « fondement » et sa « fin », c'est-à-dire ce pour quoi elle est faite, ce qui explique son existence et ce qu'elle vise, c'est la « paix ». Or, dire que la démocratie est faite pour établir la paix, c'est dire que sa raison d'être et sa fin sont justement d'imposer les « limites de la raison » à la « domination absurde de l'appétit » qui, lui, nous pousse au conflit.

• En d'autres termes, la démocratie, loin de permettre aux individus d'exprimer leur irrationalité à travers les lois, est faite pour contenir ces désirs qui, nés de leur caractère passionnel, conduisent les individus à s'affronter.

B. Le souverain garantit la paix, le peuple obéit aux lois

• De là, Spinoza tire une conclusion portant sur les devoirs du « souverain » et ceux des « sujets ». Si le souverain est garant de cette paix qui ne s'obtient que par le combat de la raison contre les caprices individuels, les sujets d'une démocratie, eux, doivent obéissance aux lois. Il leur revient, dit-il, « de ne reconnaître comme droit que ce que le souverain déclare être le droit ».

> **À NOTER**
> Par **souverain**, Spinoza entend celui qui incarne la souveraineté du peuple et par **sujets** il entend les citoyens.

• Spinoza évoque ici le contrat social par lequel s'établissent des devoirs réciproques : en échange de la garantie qu'ils vivront en paix, les citoyens s'engagent à obéir aux lois. Le souverain – l'individu ou la collectivité – qui incarne la souveraineté du peuple, n'est donc pas la figure autoritaire qui exerce son pouvoir de façon verticale sur des sujets, mais celle qui les représente et est liée à eux par un contrat.

[Transition] Mais si le devoir des citoyens est d'obéir aux lois édictées par le souverain, ne lui sont-ils pas soumis ?

2. L'État démocratique rend libre

A. Formulation de l'objection : le peuple est-il alors esclave ?

• Dans un deuxième temps, Spinoza formule une objection que l'on pourrait lui opposer à ce point de son raisonnement : dire que le devoir des sujets d'une démocratie consiste en une obéissance à la loi, n'est-ce pas dire que la démocratie reproduit ce dont elle entendait s'émanciper, à savoir de la relation de pouvoir verticale ? L'obéissance aux lois n'est-elle pas soumission ? En réalité, d'après Spinoza, cette objection repose sur une erreur quant à la définition de l'« esclave » et de l'« homme libre ». À l'esclave, défini comme « celui qui agit par commandement », on tend communément à opposer un homme libre, défini comme « celui qui agit selon son caprice ». Être libre signifierait disposer du pouvoir d'agir sans entraves, et toute règle, tout principe apparaîtrait comme une limite à cette liberté.

• Cette définition commune de la liberté, selon laquelle être libre c'est faire ce qui me plaît, s'accorde mal en effet avec l'obéissance à la loi, présentée comme premier devoir du sujet démocratique. Mais alors, la démocratie ne fait-elle de nous que des hommes entravés par les lois ?

B. Il n'y a de liberté que par la loi issue de la raison

• L'erreur, d'après Spinoza, tient précisément à cette définition spontanée de la liberté, qu'il examine alors. En réalité, celui qui fait ce qui lui plaît est « captif de son plaisir, incapable de voir et de faire ce qui lui est utile ». Si être libre, c'est faire ce que je veux, la question est la suivante : qu'est-ce que je veux ? Je ne veux que suivre mes désirs et m'y soumettre aveuglément. En ce sens, l'homme qui suit ses désirs est « le plus grand des esclaves ». Il est donc moins libre encore que l'esclave soumis par un maître, puisqu'on pourrait dire que celui qui se laisse guider par ses caprices consent à son esclavage : il veut obéir à ses désirs. À cet homme qui se laisse gouverner par ses caprices s'oppose l'homme libre, défini par Spinoza comme « celui qui vit, de toute son âme, sous la conduite de la raison ».

• Ainsi, à l'homme esclave défini par ce principe d'action individuel et instable qu'est le caprice s'oppose l'homme libre, dont le principe d'action, stable, partagé avec les autres hommes, est cette raison l'arrachant à ses conduites irrationnelles et capricieuses.

Conclusion

▶ Le conseil de méthode

La conclusion doit rappeler le problème abordé dans le texte, les principaux éléments de la thèse, et surtout faire apparaître l'enjeu du texte. L'enjeu, ici, est de savoir quel type de régime politique est le mieux adapté à ce que sont les hommes.

En définitive, Spinoza s'attache dans ce texte à déconstruire le fondement de la critique de la démocratie, selon laquelle celle-ci serait le règne des décisions absurdes. Si cette critique légitime la structure verticale du pouvoir par l'ignorance et la versatilité de l'individu, Spinoza démontre ici que la démocratie offre de ce point de vue une garantie imparable : si les lois résultent de la majorité des voix et que la démocratie n'a d'autre raison d'être que de viser la paix en contenant les caprices individuels, c'est elle seule qui protège et libère les individus de leurs comportements passionnels et de ces désirs changeants qui les opposent et leur nuisent. L'homme démocratique, qui obéit à la loi issue de la raison, est ainsi le véritable homme libre, en ce qu'il vit à hauteur de ses potentialités humaines.

5 AUTRES SUJETS POUR S'ENTRAÎNER

- La fonction de l'État est-elle de nous protéger ?
- L'autorité de l'État s'oppose-t-elle à la liberté des individus ?
- Explication d'un extrait du *Contrat social*, de Rousseau
- Explication d'un extrait de *L'État et la société civile*, de Durkheim
- Explication d'un extrait du *Léviathan*, de Hobbes

▶ Retrouvez les corrigés sur annabac.com

15 Dissertation

Suis-je l'esclave de mon inconscient ?

4 heures
20 points

INTÉRÊT DU SUJET • Le marketing sensoriel consiste à utiliser des stimuli sensoriels pour influencer notre comportement. Une musique rapide, par exemple, nous pousserait à acheter davantage. Si une partie cachée de nous dirige nos vies, ne sommes-nous pas esclaves de notre inconscient ?

LES CLÉS DU SUJET

Définir les termes du sujet

Inconscient

Composé du suffixe *in-* (« privé de ») et du mot « conscience » (« accompagné d'un savoir »), ce terme désigne une activité cachée de l'esprit, qui se passe en nous, mais sans que nous le sachions.

Esclave

Dans son sens premier, l'esclave désigne dans l'Antiquité un homme qui a un statut inférieur à celui du maître et qui ne peut ni s'exprimer ni agir librement, parce qu'il est sous le joug d'un autre.

Dégager la problématique

Ce sujet revêt des enjeux éthiques et judiciaires, dans la mesure où il questionne la liberté humaine, et donc la responsabilité.

Problématique

- Il s'agit de s'interroger sur le statut de la conscience. Est-elle au cœur de notre être ou existe-t-il une partie de nous qui nous échappe, mais qui nous détermine à notre insu ?
- Si l'homme n'est pas libre mais qu'il est esclave de son inconscient, il ne peut alors pas être considéré comme pleinement responsable de ses actes.

Construire un plan

1. Mon inconscient dirige mes actes à mon insu	• Renseignez-vous sur la conception de l'inconscient chez Leibniz et trouvez un exemple capable de l'illustrer. • Réfléchissez au statut de l'esclave dans l'Antiquité. Que ne peut-il pas faire ? • À partir de là, demandez-vous dans quelle mesure l'inconscient réduit l'homme au statut d'esclave.
2. Je peux m'affranchir de mon inconscient	• Faites des recherches sur la théorie freudienne de l'inconscient et citez un exemple capable de l'illustrer. • Demandez-vous dans quelle mesure le fait de prendre conscience de votre inconscient peut vous libérer de sa tutelle.
3. Mon inconscient me permet de fuir l'angoisse de la liberté	• Interrogez-vous sur les problèmes posés par la conception freudienne. • Trouvez des cas dans lesquels la conscience humaine peut être tentée de se croire l'esclave d'un inconscient.

15 CORRIGÉ GUIDÉ

Les titres en couleurs servent à guider la lecture et ne doivent en aucun cas figurer sur la copie.

Introduction

[Accroche] Les personnes victimes d'un traumatisme ressentent souvent un malaise lorsqu'elles sont placées dans une situation qui leur rappelle l'événement en question. C'est ce qu'on appelle le stress post-traumatique. Dans la mesure où la conscience ne parvient pas à contrôler ce phénomène, nous pouvons y voir l'expression d'une partie de nous qui nous échappe : notre inconscient. [Reformulation du sujet] Est-il possible que nous ne soyons pas maîtres de nos pensées et de nos actions, mais que celles-ci soient contrôlées par notre inconscient ? [Problématique] Si l'inconscient désigne une activité cachée de l'esprit humain, cela signifie qu'une partie de nous échappe à notre connaissance et à notre contrôle. Nous pouvons donc penser que nous sommes esclaves de notre inconscient. Mais si nous définissons l'inconscient comme une entité psychique distincte de la conscience, n'est-il pas possible de décrypter son fonctionnement propre et de nous affranchir de sa tutelle ? [Annonce du plan] Il s'agira d'abord de montrer que l'inconscient fait de nous des esclaves, car il contrôle nos pensées et nos actes.

Nous expliquerons ensuite qu'il est néanmoins possible de nous affranchir de la domination de l'inconscient, dès lors que nous pouvons comprendre son mode de fonctionnement pour nous en rendre maîtres. Nous finirons par nous demander si ce n'est pas la conscience elle-même qui feint d'être esclave de l'inconscient pour fuir sa liberté.

1. Mon inconscient dirige mes actes à mon insu

▶ Le secret de fabrication

Il s'agit de montrer que l'inconscient, conçu comme un ensemble de perceptions impossibles à distinguer, met en cause la liberté du sujet : en contrôlant ses actes, il le réduit au statut d'esclave.

A. Mon inconscient est formé d'une multitude de perceptions

• On peut concevoir l'inconscient comme un ensemble de perceptions infraconscientes, c'est-à-dire que l'on ne perçoit pas, car elles ne franchissent pas le seuil de la conscience. C'est ainsi que Leibniz le définit dans les *Nouveaux essais sur l'entendement humain*. Il explique que nos perceptions conscientes sont formées d'une infinité de perceptions qui sont trop petites, unies et nombreuses pour que nous puissions les distinguer. Nous n'en prenons dès lors conscience que quand elles s'additionnent les unes aux autres pour former une perception globale consciente.

• Leibniz illustre son propos par l'exemple du bruit de la mer : il se compose d'une multitude de perceptions, comme le bruit de gouttes d'eau ou de grains de sable qui s'entrechoquent, lesquelles, additionnées les unes aux autres, forment un bruit que nous percevons bien. Ces informations, captées par l'inconscient, peuvent diriger nos actes sans que nous nous en apercevions.

B. Mon inconscient influence mes décisions à mon insu

Ces perceptions inconscientes remettent en cause la liberté conçue comme libre-arbitre ou comme capacité à être la cause consciente de ses actes. Par exemple, Leibniz affirme que lorsque nous nous croyons libres de tourner à gauche ou à droite, cela relève de l'illusion, puisqu'en réalité des petites perceptions dont nous n'avons pas conscience nous incitent à choisir une direction plutôt qu'une autre, sans même que nous nous en apercevions. Dans cette perspective, je suis bien l'esclave de mon inconscient, car ce dernier dirige mes actes à mon insu.

[Transition] Cependant, cette définition de l'inconscient peut sembler réductrice. En effet, l'inconscient n'est pas seulement ce qui n'est pas perçu, il peut être aussi une entité distincte de la conscience, ayant un mode de fonctionnement propre, qu'il est possible de connaître. Dès lors, si je suis bien l'esclave de mon inconscient, ne puis-je pas m'en affranchir en prenant conscience de l'action qu'il exerce sur moi ?

2. Je peux m'affranchir de mon inconscient

▶ Le secret de fabrication

Il s'agit de montrer que l'inconscient – redéfini comme une entité distincte de la conscience ayant son propre mode de fonctionnement – n'est pas incompatible avec la liberté. En effet, il rend possible une forme de liberté, conçue comme un processus de libération, une prise de conscience des causes qui nous font agir en vue de moins les subir.

A. Certes, mon inconscient dirige mes pensées et mes actes

• Freud envisage l'inconscient comme une entité psychique distincte de la conscience. À côté de la partie consciente du sujet, qu'il appelle le « moi », il existe deux instances inconscientes : le « ça » correspond à l'ensemble des pulsions cherchant à être satisfaites. Celles-ci sont filtrées par le « surmoi », que Freud définit comme l'intériorisation par le sujet des interdits sociaux. C'est une instance de contrôle qui empêche les pulsions du ça non conformes aux normes sociales de pénétrer dans la conscience. Ainsi, « le moi n'est pas maître dans sa propre maison ».

• Cet inconscient dicte nos conduites. En effet, les pulsions censurées, que Freud nomme « les désirs refoulés », cherchent à s'exprimer de manière détournée, non seulement à travers les rêves, mais également par le biais de lapsus ou d'actes manqués. À travers ces manifestations, le ça contourne la censure du surmoi : il fait passer pour une chose acceptable – une simple erreur – un désir qui ne l'est pas. Ainsi, c'est bien mon inconscient qui s'exprime malgré moi. Freud développe ici une conception déterministe, selon laquelle nos actes conscients sont le résultat de processus inconscients.

DÉFINITION
Un **acte manqué** est un acte qui a manqué son objectif conscient. Par exemple, le fait de se tromper d'adresse peut être un acte manqué, dès lors que le sujet n'avait pas l'intention consciente de le faire.

B. Mais l'inconscient ne supprime pas totalement ma liberté

Même si certains de ses choix sont influencés par son inconscient, l'homme reste capable de faire des choix conscients, d'effectuer des délibérations, de trancher entre plusieurs actions, contrairement à l'esclave qui est dans une attitude de pure soumission. Par exemple, il est possible que l'inconscient influence la vie sentimentale d'une personne, sans pour autant influer sur ses choix politiques.

C. Je peux m'affranchir de la tutelle de l'inconscient

• En prenant conscience de nos pulsions inconscientes lors de la cure psychanalytique, nous pouvons devenir davantage maîtres de nous-mêmes.

• En effet, nous pouvons choisir, consciemment, d'assouvir ou de rejeter ces pulsions inconscientes : nous cessons donc d'en être les esclaves, puisque nous pouvons les soumettre à notre volonté.

> **DÉFINITION**
> La **psychanalyse** est une thérapie inventée par Freud, qui vise à aider le patient à découvrir ses désirs refoulés à l'origine de maladies psychiques. Les troubles cessent, du moins pour un temps, une fois la pulsion devenue consciente.

[Transition] Toutefois, cette conception pose un problème en termes de responsabilité : n'est-il pas impossible de juger une personne dès lors qu'elle n'est pas initialement libre ? Ne faut-il pas suspecter l'hypothèse de l'inconscient d'être une excuse que nous nous donnons pour fuir notre liberté ?

3. L'inconscient me permet de fuir l'angoisse de la liberté

> **▶ Le secret de fabrication**
> Il s'agit de mettre en doute l'existence de déterminismes inconscients pour montrer que c'est plutôt la conscience elle-même qui tente de nier sa propre liberté en se croyant esclave d'un inconscient.

A. Croire que je suis l'esclave de mon inconscient me rassure

• L'homme est doté d'une conscience libre, qui lui offre la possibilité de faire des choix : je suis donc le maître de ma vie, dont je suis totalement responsable. Tel est le fondement de l'existentialisme de Sartre.

• Or cette responsabilité est angoissante, puisque l'homme n'a alors plus d'excuse pour justifier ses échecs. C'est pourquoi il invente des stratagèmes pour se cacher sa liberté, comme l'existence d'un déterminisme inconscient. Dès lors, je ne suis pas l'esclave de mon inconscient mais j'aime le croire, car cela apaise mon angoisse devant ma liberté. Sartre appelle mauvaise foi ce mensonge fait à soi-même.

> **DÉFINITION**
> **L'existentialisme** est une conception philosophique qui nie l'existence d'une nature ou d'une essence humaine. Elle affirme que l'homme a une conscience libre et qu'il se définit lui-même en agissant.

B. Si je suis esclave, ce ne peut être que de moi-même

Pour Sartre, l'inconscient freudien est un leurre. Ce qui est inconscient chez l'homme n'est pas le produit d'une instance soumettant sa conscience, c'est bien plutôt ce que sa conscience a décidé de mettre de côté. Ce que nous choisissons d'oublier et de connaître est conscient.

Pour illustrer la mauvaise foi, Sartre prend l'exemple d'un homme qui n'a pas trouvé l'amour. Cet homme fait preuve de mauvaise foi s'il accuse les circonstances ou les autres de son échec. En réalité, lui seul est responsable : il ne tenait qu'à lui de se donner les moyens de trouver l'amour.

Conclusion

Si nous ne sommes pas les esclaves de notre inconscient, c'est moins parce que nous avons la capacité de nous en affranchir en le connaissant, que parce que nous nous rendons nous-mêmes esclaves de croyances fictives qui nous rassurent. La difficulté de réagir face au réchauffement climatique est sans doute l'exemple le plus actuel d'une stratégie d'évitement, par laquelle l'homme tente de se protéger d'une réalité qui l'effraie.

16 Explication de texte

Schopenhauer, *Le Monde comme volonté et comme représentation*

4 heures
20 points

INTÉRÊT DU SUJET • Attendre avec impatience une fête de famille et se réjouir soudain de ne pas pouvoir s'y rendre : cette joie inavouable est le signe de la satisfaction d'un désir dont on n'était pas conscient jusqu'à présent. Est-ce à dire que notre conscience ne saisit qu'une partie de nos volontés ?

Expliquez le texte suivant :

Souvent nous ne savons pas ce que nous souhaitons ou ce que nous craignons. Nous pouvons caresser un souhait pendant des années entières, sans nous l'avouer, sans même en prendre clairement conscience ; c'est que l'intellect n'en doit rien savoir, c'est qu'une révélation nous semble dangereuse pour notre amour-propre, pour la bonne opinion que nous tenons à avoir de nous-mêmes ; mais quand ce souhait vient à se réaliser, notre propre joie nous apprend, non sans nous causer une certaine confusion, que nous appelions cet événement de tous nos vœux ; tel est le cas de la mort d'un proche parent dont nous héritons.

Et quant à ce que nous craignons, nous ne le savons souvent pas, parce que nous n'avons pas le courage d'en prendre clairement conscience. Souvent même nous nous trompons entièrement sur le motif véritable de notre action ou de notre abstention, jusqu'à ce qu'un hasard nous dévoile le mystère. Nous apprenons alors que nous nous étions mépris sur le motif véritable, que nous n'osions pas nous l'avouer, parce qu'il ne répondait nullement à la bonne opinion que nous avons de nous-mêmes. Ainsi, nous nous abstenons d'une certaine action, pour des raisons purement morales à notre avis ; mais après coup nous apprenons que la peur seule nous retenait, puisque, une fois tout danger disparu, nous commettons cette action.

Arthur Schopenhauer, *Le Monde comme volonté et comme représentation*, 1818.

LES CLÉS DU SUJET

Repérer le thème et la thèse

• Schopenhauer examine dans ce texte le rapport entre la conscience et la volonté.

• Il démontre que notre volonté n'est pas au service d'une conscience toute-puissante qui lui donnerait des ordres : souvent, nous éprouvons des désirs et des craintes qui échappent à notre conscience ou ne lui parviennent qu'après coup.

Dégager la problématique

Problématique

- Nous avons tendance à croire que, quand nous désirons une chose ou quand nous la fuyons, nous sommes d'abord conscient de la chose, puis nous mettons en œuvre notre volonté pour l'obtenir ou la fuir. Mais connaissons-nous toujours les motifs de nos actions ?
- Et s'il arrive que nous ne prenions conscience de certains désirs qu'une fois qu'ils sont satisfaits, n'est-ce pas la preuve que notre conscience est subordonnée à notre volonté, et que nous ne connaissons ni nos désirs ni nos craintes ?

Repérer les étapes de l'argumentation

1. Nous ne savons pas ce que nous désirons (l. 1 à l. 9)

• Schopenhauer met en évidence la présence en nous de désirs inconscients et se demande pour quelles raisons ils n'accèdent pas à la conscience.

• Il développe une explication appuyée sur un exemple : ce qui nous empêche de reconnaître en nous ces désirs contraires à la morale, c'est notre amour-propre.

2. Nous ne savons pas ce que nous craignons (l. 10 à l. 20)

• De la même façon, certaines peurs inconscientes nous poussent à agir ou nous en empêchent sans que nous le sachions.

• Notre amour-propre nous aveugle. Il apparaît ainsi que notre volonté n'est pas au service de notre conscience.

16 CORRIGÉ GUIDÉ

Les titres en couleurs et les indications entre crochets servent à guider la lecture mais ne doivent pas figurer sur la copie.

Introduction

[Question abordée] Notre volonté est-elle au service de notre conscience ? *A priori*, on pourrait se représenter notre volonté comme la simple exécutante d'une conscience clairvoyante qui lui prescrit ce qu'il lui faut fuir ou poursuivre. [Thèse] C'est précisément cette subordination de la volonté à la conscience que récuse Schopenhauer dans ce texte. Il y a en nous, dit-il, des désirs inconscients et des peurs qui nous poussent à agir sans que nous le sachions : nous ne sommes donc pas identifiables à notre conscience. [Annonce du plan] Pour démontrer cela, Schopenhauer met d'abord en évidence la présence en nous de désirs inconscients et se demande pour quelles raisons ils n'accèdent pas à la conscience. Dans un second temps, il souligne l'existence en nous de peurs inconscientes qui nous retiennent d'agir sans que nous soyons capables de les reconnaître. Il apparaît alors que loin d'être au service de notre conscience, notre volonté peut la mystifier en lui cachant nos motifs d'action.

1. Nous ne savons pas ce que nous désirons

A. Le désir et la peur sont deux actes de notre volonté

• Dans un premier temps, Schopenhauer énonce une observation qui sera le point de départ de sa démonstration : « Souvent, dit-il, nous ne savons pas ce que nous souhaitons ou ce que nous craignons ». Cette observation peut sembler étonnante : que serait un désir que nous n'éprouverions pas comme tel ? Que serait une peur dont nous n'aurions pas conscience ?

• Le désir comme la peur sont des actes de notre volonté. Le désir nous porte vers certains objets, la peur nous pousse à en fuir d'autres, mais il nous semble bien en avoir conscience. Nous avons ainsi tendance à croire que quand nous désirons, nous avons conscience de ce désir, et que cette conscience va mettre en branle notre volonté dans le but de le satisfaire.

> **À NOTER**
> Schopenhauer se réfère à Augustin qui, dans *La Cité de Dieu*, définit le **désir** et la joie comme « la volonté en accord avec ce que nous voulons », et la **crainte** et la tristesse comme « la volonté en désaccord avec ce que nous ne voulons pas ».

B. Notre amour-propre nous empêche de prendre conscience de certains désirs

• Schopenhauer entreprend d'éclairer la première partie de cette observation : il nous est possible, dit-il, de vouloir une chose sans le savoir, c'est-à-dire sans que notre « intellect » – notre pouvoir de connaître – accède à ce désir.

> **À NOTER**
> Ce processus inconscient par lequel des désirs sont empêchés d'accéder à la conscience sera conceptualisé par Freud sous le nom de « refoulement ».

• Mais pour quelles raisons certains désirs échapperaient-ils à notre conscience ? Il propose alors une explication : si ces désirs nous échappent, c'est parce que notre conscience morale, ce juge intérieur qui blâme ou approuve nos conduites, nous empêche de les reconnaître en nous. Ces désirs apparaissent en effet contraires à « notre amour-propre », à « la bonne opinion que nous tenons à avoir de nous-mêmes », et c'est pour cette raison que nous refusons d'en prendre conscience. Notre intellect peut leur « refuser » l'accès à la conscience parce que nous nous jugerions immoraux.

C. Nous ne prenons conscience de ces désirs que par notre joie de les voir satisfaits

• Mais comment prouver l'existence en nous de ces désirs honteux inconsciemment refoulés ? S'ils ne nous sont pas conscients, si nous ne savons rien d'eux, existent-ils seulement ? Schopenhauer explique alors que nous éprouvons l'existence de tels désirs au moment où ceux-ci se réalisent : « notre propre joie nous apprend, non sans nous causer une certaine confusion, que nous appelions cet événement de tous nos vœux ». La preuve de l'existence de ces désirs serait ainsi le sentiment incontestable, la « joie », qui correspond à la satisfaction d'un de ces désirs.

• Par cette joie qui surprend notre intellect, nous réalisons *a posteriori* que nous désirions ce qui est advenu. Arthur Schopenhauer s'appuie sur un exemple : s'il nous semble choquant de désirer la mort d'un proche parent pour hériter de lui, il apparaît à la mort de ce proche que ce désir de mort était présent en nous. Comment expliquer, sans cela, la joie que nous éprouvons en recevant l'héritage ? Ainsi, c'est *a posteriori*, et par surprise, par ce signe de satisfaction qu'est la joie, que nous prenons conscience de certains désirs inavouables : nous faisons alors l'expérience troublante de l'indépendance de notre volonté à l'égard de notre conscience.

[Transition] Cette volonté qui nous pousse inconsciemment vers certains objets nous fait également reculer devant d'autres : de la même façon que nous ignorons certains désirs qui nous travaillent, nous ignorons, dit

Schopenhauer, que certaines craintes peuvent parfois être les vrais motifs de nos actions.

2. Nous ne savons pas ce que nous craignons

A. Nous croyons connaître les motifs de nos actions

• Schopenhauer examine alors un autre acte de notre volonté, à savoir la crainte, par laquelle nous manifestons un désaccord avec une chose que nous refusons : « Souvent… nous ne savons pas ce que nous craignons ». L'affirmation, là encore, peut surprendre : comment pourrions-nous craindre une chose sans le savoir ? Comment prouver l'existence en nous de ces peurs dont nous-mêmes ne savons rien, et comment établir qu'elles sont le motif inconscient de certaines de nos actions ?

• En réalité, de la même façon que notre désir inconscient ne pouvait nous apparaître qu'*a posteriori*, seul un « hasard », dit Schopenhauer, peut nous dévoiler le « mystère » de ces peurs inconscientes, en nous montrant que nous nous trompions sur « le motif véritable de notre action ». Notre lâcheté, dit-il, nous poussait à inventer d'autres motifs à notre action, afin de masquer cette peur. Mais pour quelles raisons ne voulons-nous pas prendre conscience de certaines peurs ?

> **▶ Le conseil de méthode**
> Vous devez veiller, dans votre commentaire de texte, à restituer la dynamique du raisonnement de l'auteur : son propos n'est pas une succession d'idées, mais une démonstration, dans laquelle les idées découlent les unes des autres. Vous pouvez donc formuler les questions qui se posent et le poussent à développer son argumentation.

B. L'amour-propre nous empêche de reconnaître que ce motif était la peur

• Là encore, ce serait notre amour-propre qui interdirait à certaines peurs d'affleurer à notre conscience parce qu'elles seraient jugées contraires à « la bonne opinion que nous avons de nous-mêmes ». Schopenhauer s'appuie alors sur un exemple qui éclaire ce « hasard » à l'occasion duquel il nous arrive de prendre conscience de nos peurs honteuses : « Ainsi, dit-il, nous nous abstenons d'une certaine action, pour des raisons purement morales à notre avis ; mais après coup nous apprenons que la peur seule nous retenait, puisque, une fois tout danger disparu, nous commettons cette action ». L'exemple n'est pas sans rappeler le discours de Glaucon qui, dans *La République* de Platon, explique que l'homme juste pense ne pas commettre l'injustice par vertu, jusqu'au moment où, ayant la possibilité de nuire aux autres sans être vu – il trouve par hasard un anneau qui le rend invisible –, il commet l'injustice, faisant alors apparaître que ce n'était pas la morale, mais la peur qui l'empêchait d'agir.

• Comme la joie faisait apparaître *a posteriori* un désir inconscient, un hasard peut ainsi faire affleurer *a posteriori* à notre conscience une peur inavouable.

Conclusion

En définitive, Schopenhauer récuse dans ce texte la primauté de notre intellect sur notre volonté. Si notre volonté est capable de mystifier notre conscience en lui cachant les motifs de nos actions, alors c'est notre intellect qui lui est subordonné. Par conséquent, ce que nous sommes vraiment, notre essence, ce n'est pas tant notre conscience ou notre intellect que cette volonté dont il dira ailleurs qu'elle est, dans son rapport à la conscience, comme « l'aveugle vigoureux qui porte sur ses épaules le paralytique qui voit clair ».

2 AUTRES SUJETS POUR S'ENTRAÎNER

• L'existence d'un inconscient fait-elle obstacle à la connaissance de soi ?

• L'hypothèse de l'inconscient psychique revient-elle à admettre un autre moi en moi ?

▶ Retrouvez les corrigés sur annabac.com

17 Dissertation

Le hors-la-loi peut-il être juste ?

4 heures
20 points

INTÉRÊT DU SUJET • Héros populaire issu de la tradition orale du Moyen Âge anglais, Robin des Bois entend violer les lois au nom de la justice, en rendant au peuple ce qui lui est volé par le roi. Mais comment peut-on prétendre, tel le brigand justicier, faire la justice en se plaçant au-dessus des lois ?

LES CLÉS DU SUJET

Définir les termes du sujet

Le hors-la-loi

Le hors-la-loi est celui qui sort du domaine de la loi juridique en enfreignant cette règle conventionnelle par laquelle une société définit ce qui est interdit à un moment donné de son histoire.

Peut-il

Sous cette tournure interrogative, il s'agit de se demander si la transgression d'une loi juridique est compatible avec la justice.

La justice

• La justice est en un premier sens une institution : elle désigne ce qui est nécessaire à l'application du droit, c'est-à-dire des lois juridiques (tribunaux, magistrats, etc.).

• Elle désigne par ailleurs une norme morale et politique qui énonce ce qui doit être. Une loi, pour être juste, doit ainsi obéir à certains critères.

• La justice est enfin une vertu : l'homme juste est celui qui n'agit pas dans son intérêt personnel, mais dans un souci d'équilibre. Selon les cas, agir de façon juste sera agir selon l'égalité (à chacun la même chose) ou selon l'équité (à chacun selon ce qui lui revient, à proportion de son besoin, de son mérite, etc.).

Dégager la problématique

Problématique

- Est-il possible que le hors-la-loi, par définition celui qui viole la loi, soit juste ? Autrement dit, peut-il transgresser une loi juridique tout en restant juste ?
- Mais la loi est-elle toujours juste ? Pour autant, est-il possible de violer les lois au nom de la morale ? Le hors-la-loi s'en prend alors à ce qui est légal, mais pas forcément à ce qui est légitime.

Construire un plan

1. Le hors-la-loi est nécessairement injuste	La loi est une règle de justice en ce qu'elle correspond à l'intérêt commun : la transgresser semble donc relever de l'injustice et de l'intérêt personnel. Le hors-la-loi agit au nom de l'utile et non du juste.
2. La loi n'est pas nécessairement juste	Pourtant, les lois sont-elles toujours justes ? La question est de savoir s'il suffit d'obéir aux lois pour être juste, mais il s'agit aussi de se demander si ce qui est légal est toujours légitime. Le droit positif n'énonce pas ce qui est absolument juste.
3. Le hors-la-loi est juste à certaines conditions	Il convient alors de s'interroger sur ce qui rend possible la justice d'un acte qui enfreint la loi juridique, et de déterminer dans quelle mesure le souci de la justice peut nous amener à désobéir aux lois.

LA JUSTICE

17 CORRIGÉ GUIDÉ

Les titres en couleurs et les indications entre crochets servent à guider la lecture mais ne doivent pas figurer sur la copie.

Introduction

[Reformulation du sujet] Est-il possible d'enfreindre la loi juridique et néanmoins d'être juste ? *A priori*, on pourrait penser que la loi étant une règle de justice, celui qui la viole est nécessairement injuste. Mais la loi est-elle toujours juste ? [Définition des termes du sujet] Le hors-la-loi est celui qui transgresse la loi juridique, cette règle relative par laquelle chaque société définit ce qui est interdit à un moment de son histoire. La justice désigne l'institution conçue pour appliquer ces lois et une norme morale et politique. En tant que vertu, elle désigne le souci de l'égalité (à chacun la même chose) ou de l'équité (à chacun selon ce qui lui revient). [Problématique] Est-il nécessairement injuste de transgresser cette règle de justice qu'est la loi, ou peut-on considérer que certaines lois sont injustes et qu'il est possible de les violer au nom de la morale ? [Annonce du plan] Nous verrons d'abord en quoi celui qui enfreint la loi peut apparaître comme mû par l'intérêt personnel. Mais ce qui est légal est-il toujours légitime ? Nous examinerons enfin les conditions auxquelles enfreindre la loi peut se faire au nom de la justice.

1. Le hors-la-loi est nécessairement injuste

A. La loi est une règle de justice

• Au premier abord, il semble évident qu'en s'affranchissant de l'obéissance aux lois juridiques, ces règles relatives par lesquelles chaque société définit ce qu'il est interdit de faire, le hors-la-loi quitte le domaine de l'intérêt commun pour agir selon son intérêt propre. Comme l'explique Rousseau, le droit positif résulte de l'expression de la « volonté générale », cette capacité de chaque citoyen à faire abstraction de son intérêt particulier pour vouloir ce qui correspond à l'intérêt commun.

• En ce sens, les lois visent cette norme politique qu'est la justice, et leur application est garantie par l'institution judiciaire. Si les lois sont des règles de justice, les violer nous rend nécessairement injustes.

B. Le hors-la-loi fait ce qui lui est utile

• De fait, le hors-la-loi est avant tout celui qui se place au-dessus des lois, et s'il le fait, c'est bien au terme d'un calcul d'intérêt par lequel sa raison pèse les avantages et les inconvénients d'un acte. Son principe d'action n'est donc pas le juste, mais l'utile.

• Bien sûr, des règles de justice peuvent prévaloir au sein même d'une communauté de brigands, admet John Locke dans l'*Essai sur l'entendement humain*. Mais le fait qu'une bande de brigands adopte des règles de justice (par exemple en distribuant équitablement leur butin) ne prouve pas que ces hommes qui sont sortis du domaine des lois soient capables de justice, et n'est pas plus l'indice de la naturalité et de l'universalité de cette vertu qu'est la justice. En réalité, dit-il, ces règles de justice « sont appliquées comme des règles utiles dans leur communauté ». En d'autres termes, s'ils sont capables d'agir selon l'équité, c'est dans le but de conserver leur communauté, qui sans cela pourrait se dissoudre.

L'AUTEUR
John Locke (1632-1704).
Locke est un théoricien du libéralisme politique. Le but de l'État est de protéger les droits naturels des individus : s'il les menace, il s'expose à leur résistance légitime.

[Transition] Mais viole-t-on toujours la loi au nom d'un intérêt personnel ? Autrement dit, la loi juridique est-elle toujours juste ?

2. La loi n'est pas nécessairement juste

A. Ce qui est légal n'est pas nécessairement légitime

• La difficulté réside ici dans le rapport de ces règles relatives que sont les lois juridiques à la justice conçue comme principe absolu. Rien ne nous garantit que dans les faits, le droit positif, c'est-à-dire l'ensemble des lois relatives instituées par une société, s'accorde au droit naturel, qui désigne, lui, un droit absolu, juste par nature, parce qu'il découlerait de la nature humaine. Autrement dit, ce qui est légal n'est pas nécessairement légitime. Le code de l'indigénat, législation d'exception appliquée aux populations des colonies françaises jusqu'en 1946, et qui autorisait déportations et procès sans défense, peut difficilement être conçu comme répondant à un principe de justice quelconque.

> **À NOTER**
> Cette distinction est un repère de votre programme. Ce qui est **légal** désigne ce qui est conforme à la loi juridique, ce qui est **légitime** désigne ce qui est conforme à la morale et à la raison.

• La relativité des lois atteste du fait qu'elles peuvent entrer en contradiction avec certains principes qui leur seraient supérieurs, ce qui, en démocratie, suppose des instruments de contrôle de ces lois, comme l'est par exemple le Conseil d'État qui, en France, vérifie leur conformité à la Constitution. Mais suffit-il qu'une loi soit conforme à la Constitution pour qu'elle soit juste ?

B. Il est possible de transgresser la loi au nom de la justice

• Quoi qu'il en soit, dès lors qu'il arrive que des lois soient injustes, il est possible de sortir du domaine de la loi au nom de la justice. Ce conflit du légal et du juste est au cœur d'*Antigone*, tragédie dans laquelle Sophocle met en scène la désobéissance d'Antigone à la loi édictée par Créon, roi de Thèbes, selon laquelle nul ne donnera de sépulture aux traîtres à la patrie. Si Antigone jette de la terre sur le corps de son frère mort au combat en affrontant l'armée du roi, ce n'est pas par intérêt personnel, mais bien, dit-elle, parce qu'à la justice particulière des hommes s'oppose une justice plus haute, faite de principes universels, comme le devoir de respecter les morts.

• L'universalité de ces lois non écrites découle de leur inscription dans notre essence : elles sont « justes par nature », dit Aristote. Être juste consiste à braver les lois par fidélité à ces lois plus hautes qui définissent notre humanité.

[Transition] Mais est-il vraiment possible de s'accorder sur des principes absolus qui légitimeraient la désobéissance aux lois ? Car peut-on légitimement désobéir à la loi pour des raisons subjectives ?

3. Le hors-la-loi est juste à certaines conditions

A. La transgression d'une loi injuste

• La question est en effet de savoir s'il est possible de s'accorder sur les principes d'un droit naturel, c'est-à-dire d'un droit inscrit dans la nature de l'homme, et supérieur en cela aux droits positifs. Comment pourrait-on objectivement les définir ? Et si cette définition se heurte au caractère nécessairement subjectif des valeurs qui sont alors en jeu, n'est-il pas possible, du moins, de s'accorder sur les conditions auxquelles nous serions légitimement fondés à désobéir à une loi injuste ?

DÉFINITION
Un discours **subjectif** reflète mes opinions, mes valeurs, mes goûts, ma sensibilité. **Objectif** signifie : qui est relatif à l'objet, qui reflète l'objet tel qu'il est.

• C'est cette question qu'aborde John Rawls dans la *Théorie de la justice*, observant que « ce que la loi demande et ce que la justice exige restent des questions distinctes », autrement dit que les lois conventionnelles peuvent être injustes. Une loi injuste, établit-il, est une loi qui viole le principe d'égale liberté pour tous ou le principe de la juste égalité des chances, ou les deux.

L'AUTEUR
John Rawls (1921-2002). Dans le contexte des luttes américaines pour les droits civiques, John Rawls développe une philosophie politique marquée par le souci d'allier les libertés individuelles à la solidarité.

B. La transgression de la loi au nom de l'intérêt commun

• Par conséquent, étant admis qu'une loi même conforme à la Constitution peut être injuste, et que l'évaluation de l'injustice d'une loi ne peut pas dépendre d'un seul individu, il est nécessaire de circonscrire les conditions d'une « désobéissance civile » raisonnable au sein de nos démocraties. La transgression légitime d'une loi conventionnelle ne peut se faire, dit-il, que sous la forme d'un « acte public, non violent, décidé en conscience, mais politique, contraire à la loi et accompli le plus souvent pour amener un changement dans la loi ou bien dans la politique du gouvernement ».

• Cette désobéissance ne peut avoir lieu qu'en dernier recours, et doit prendre une forme rationnelle, c'est-à-dire susceptible de rappeler l'ensemble des citoyens à leur devoir de justice. Dès que l'on conçoit la société comme une coopération entre égaux, souligne Rawls, les victimes d'une injustice n'ont aucune raison de l'accepter, et la désobéissance civile, même si elle est illégale et provoque un désordre apparent, est en réalité un moyen de stabiliser un système constitutionnel, de maintenir et de renforcer des institutions justes.

Conclusion

En définitive, il n'est possible de s'affranchir des lois en se revendiquant de la justice qu'à certaines conditions. S'il n'est pas possible au hors-la-loi animé par l'intérêt personnel de se revendiquer d'une justice quelconque, il est en revanche non seulement possible mais nécessaire, dans certaines circonstances, de violer une loi contraire au principe de justice, en vue de l'établissement de lois justes.

4 AUTRES SUJETS POUR S'ENTRAÎNER

- Le droit n'est-il qu'une justice par défaut ?
- La morale est-elle la meilleure des politiques ?
- Explication d'un extrait du *Léviathan,* de Hobbes
- Explication d'un extrait du *Second Traité du gouvernement civil,* de Locke

▶ Retrouvez les corrigés sur annabac.com

Nietzsche, *Humain, trop humain*

4 heures
20 points

INTÉRÊT DU SUJET • Si j'ai bien travaillé et que l'on me récompense, peut-on considérer que cela est juste ? Bien sûr, j'ai fait des efforts, mais je les ai faits parce que cela m'était possible. Alors, pourquoi me récompense-t-on pour avoir fait ce que je pouvais faire ?

Expliquez le texte suivant :

Celui qui est puni ne mérite pas la punition : on se sert de lui que comme d'un moyen d'intimidation pour empêcher à l'avenir certains actes ; celui que l'on récompense ne mérite pas davantage sa récompense : il ne pouvait en effet agir autrement qu'il n'a agi. Ainsi la récompense n'a d'autre sens que d'être un encouragement pour lui et pour les autres, elle a donc pour fin de fournir un motif à de futures actions ; on acclame celui qui est en train de courir sur la piste, non pas celui qui est au but. Ni la peine, ni la récompense ne sont choses qui reviennent à l'individu comme lui appartenant en propre ; elles lui sont données pour des raisons d'utilité, sans qu'il ait à y prétendre avec justice. Il faut dire « le sage ne récompense pas parce qu'on a bien agi » de la même manière que l'on a dit « le sage ne punit pas parce qu'on a mal agi, mais pour empêcher que l'on agisse mal ». Si peine et récompense disparaissaient, du même coup disparaîtraient les motifs les plus puissants qui détournent de certaines actions et poussent à certaines autres, l'intérêt de l'humanité en exige la perpétuation.

Friedrich Nietzsche, *Humain, trop humain*, 1878.

La connaissance de la doctrine de l'auteur n'est pas requise. Il faut et il suffit que l'explication rende compte, par la compréhension précise du texte, du problème dont il est question.

LES CLÉS DU SUJET

Repérer le thème et la thèse

• Nietzsche se demande ici ce qui justifie et ce que visent les récompenses et les peines. Ont-elles un quelconque rapport avec la justice ?

• Récompenses et punitions se donnent ordinairement pour des actes de justice : à chacun ce qui lui revient, tel est le principe central de la justice dite rétributive. Or, Nietzsche démontre dans ce texte qu'elles n'ont rien à voir avec la justice et s'ordonnent à une nécessité sociale.

Dégager la problématique

Problématique

- Quel est le but d'une sanction ? On pourrait penser que la sanction est un acte de justice, qui s'applique et s'adresse à l'individu qui la mérite.
- Mais en quoi est-il juste de faire du mal à celui qui a fait le mal ? La punition a-t-elle une utilité individuelle, ou purement sociale ?

Repérer les étapes de l'argumentation

1. Punition et récompense visent des conduites (l. 1 à l. 7)	Nietzsche réfute d'abord l'idée commune selon laquelle récompense et punition sont des actes de justice en ce qu'elles sont méritées par l'individu. En réalité, elles visent à produire des effets sur les actions futures d'un ensemble d'individus.
2. Punition et récompense ont une utilité (l. 8 à l. 16)	Nietzsche en déduit alors que les peines et les récompenses ne sont pas affaire de « justice » mais d'« utilité » : elles ont une motivation exclusivement sociale.

18 CORRIGÉ GUIDÉ

Les titres en couleur servent à guider la lecture et ne doivent en aucun cas figurer sur la copie.

Introduction

[Question abordée] Nietzsche interroge ici le principe de la justice rétributive, selon lequel il est juste de punir celui qui a mal agi et de récompenser celui qui a bien agi. Pourquoi punit-on ou récompense-t-on un individu ? Que visent les punitions et les récompenses, qu'est-ce qui les explique et quel est leur but ? On pourrait penser qu'on punit celui qui a mal agi parce qu'il est responsable de sa mauvaise action. En ce sens, il mérite d'être puni à hauteur de son acte en ce qu'il en est l'auteur : la sanction suppose ainsi qu'il est puni parce qu'il aurait pu agir autrement, et c'est en cela que la punition se donne pour un acte de justice. [Problématique] Mais celui qui a mal agi pouvait-il faire autrement ? Est-il si sûr que nous soyons comptables de nos bonnes ou mauvaises actions ? Et finalement, les peines et les récompenses ne visent-elles pas un autre but ? C'est précisément ce problème que soulève Nietzsche, en démontrant que loin d'être le moyen d'établir la justice, elles sont le moyen de préserver la société. [Annonce du plan] Dans un premier temps (l. 1-7), Nietzsche réfute l'idée commune selon laquelle récompense et punition sont des actes de justice. En réalité, elles visent à produire des effets sur les actions futures d'un ensemble d'individus. Dans un second temps (l. 8 à la fin), Nietzsche en déduit que punitions et récompenses ne sont pas affaire de justice mais de prévention et de conservation.

> **DÉFINITION**
> Selon la théorie de la justice rétributive, il est juste, c'est-à-dire équitable, de répondre à un acte réprouvé par une punition proportionnée, et à un acte valorisé par une récompense.

1. Punition et récompense visent des conduites

A. Je ne mérite ni punition ni récompense

- Dans un premier temps, Nietzsche s'interroge sur le sens de la punition et de la récompense. Qu'est-ce qui fonde l'idée selon laquelle il serait juste de punir celui qui a fait le mal, et de récompenser celui qui a fait le bien ? En réalité, ce qui fonde cette idée, c'est celle d'un « mérite » : au mal que j'ai fait répond en toute logique le mal que l'on me fait. Mais pourquoi mériterait-on une punition pour avoir fait le mal ? Ce qu'indique Nietzsche, c'est que l'idée même du mérite repose sur un présupposé. Si à mon acte doit répondre une punition, c'est que mon acte était voulu, et que je pouvais agir autrement.

• Ainsi, le raisonnement propre à la justice rétributive est le suivant : je suis libre, donc responsable de mes actes, donc susceptible d'être puni. Mais celui qui a agi, bien ou mal, était-il vraiment libre de le faire ? En réalité, « il ne pouvait, dit Nietzsche, agir autrement qu'il n'a agi ».

• Ce qui se trouve remis en cause, c'est précisément le point de départ de ce raisonnement, à savoir l'affirmation d'un libre arbitre, sur lequel reposerait l'idée même de ma responsabilité. Mais si je ne suis pas libre de mes actes, si je suis déterminé à agir, alors en quoi serais-je responsable de ces actes ?

À NOTER
La critique du libre arbitre, cette capacité à faire des choix sans y être déterminé par une chose extérieure à moi-même, est le point de départ de la démonstration.

B. Punir pour décourager des conduites, récompenser pour en encourager d'autres

• Si je ne suis pas responsable de mes actes, si j'en suis irresponsable ou, comme le dirait Nietzsche, innocent, alors les peines et les récompenses ne sont jamais méritées : je ne peux mériter une récompense que si j'ai voulu bien agir, et que j'étais libre de le faire. Mais alors, à quoi servent les punitions et les récompenses, et qui visent-elles, si elles ne s'adressent pas à l'individu ?

• En réalité, elles visent moins l'acte passé d'un individu que les actions futures d'un ensemble d'individus. Les punitions, dit Nietzsche, sont « un moyen d'intimidation pour empêcher à l'avenir certains actes » comme, à l'inverse, les récompenses sont « un encouragement pour lui et pour les autres ». L'effet voulu de la sanction et de la récompense déborde donc l'individu : par elles, on encourage l'individu à faire à nouveau le bien, et on le dissuade de faire à nouveau le mal, mais, à travers cet individu, on s'adresse à tous.

• Les peines et les récompenses sont alors exemplaires : en punissant cet individu, je cherche avant tout à indiquer aux autres ce qu'il ne faut pas faire, et ce qu'ils risquent au cas où ils le feraient. C'est en cela, d'après Nietzsche, que l'on « se sert de lui » : on trouve dans son acte l'occasion de produire un ensemble de conduites, par l'« encouragement » (récompense) ou l'« intimidation » (punition).

• Punition et récompense ont donc « pour fin de fournir un motif à de futures actions » ; elles cherchent à orienter nos conduites plus qu'à sanctionner un acte passé auquel, de toute façon, elles ne peuvent plus rien. Nietzsche fait alors intervenir une image : la preuve que la récompense encourage des conduites futures plus qu'elle ne couronne un acte passé, c'est qu'on « acclame celui qui est en train de courir sur la piste, non pas celui qui est au but ». En d'autres termes, la récompense encourage : or, il ne sert à rien d'encourager le coureur à la fin de sa course, on ne l'encourage que pendant sa course. De la même façon, on ne récompense pas un homme pour son acte passé, mais dans la perspective de ses actes futurs.

> ▶ **Le conseil de méthode**
> Les transitions doivent rendre compte de la dynamique du texte. Nietzsche vient d'établir l'absurdité des récompenses et punitions du point de vue de l'individu : reste maintenant à savoir à quoi elles servent, en envisageant leur utilité sociale.

[Transition] Mais alors, si les récompenses et les punitions portent moins sur l'acte passé d'un individu qu'elles n'orientent les conduites d'un ensemble d'individus, peut-on encore dire qu'elles établissent une justice ? Et si punir celui qui a fait le mal n'a aucun sens, alors quel est le sens du système punition/récompense ?

2. Punition et récompense ont une utilité

A. Punition et récompense ne sont pas affaire de justice

• Dans un deuxième temps, Nietzsche se pose la question suivante : si punition et récompense n'ont aucun sens par rapport à l'individu, si elles n'ont de sens que par rapport aux actions futures d'un ensemble d'individus, alors peut-on les penser comme les instruments d'une justice ?

• La justice rétributive, qui entend rétribuer l'individu à hauteur de ses actes, est-elle vraiment une forme de justice ? Est-il juste qu'on me punisse ? Est-il juste qu'on me récompense ? Nietzsche répond d'emblée : punitions et récompenses sont données à l'individu « pour des raisons d'utilité, sans qu'il ait à y prétendre avec justice ». Ce qui est utile, c'est ce qui aide à satisfaire un besoin, et c'est donc la satisfaction d'un besoin que visent les peines et les récompenses. Elles sont donc instrumentales.

• Nietzsche souligne cette dimension instrumentale en précisant le sens de la question : pourquoi me punit-on ? On pourrait penser que cette question signifie « à cause de quoi me punit-on ? », auquel cas la justice rétributive répondrait : parce que tu as mal agi. Mais, comme l'a établi Nietzsche, cette réponse apparaît absurde dans la mesure où nous ne sommes pas responsables de nos actes. Cette question signifie donc : dans quel but me punit-on ? Nietzsche répond : « le sage ne punit pas parce qu'on a mal agi, mais pour empêcher que l'on agisse mal. », comme « le sage ne récompense pas parce qu'on a bien agi », mais pour encourager à bien agir. Ainsi, il n'est pas juste qu'on me punisse, mais cette punition est utile. Cependant, à quoi sont nécessaires les sanctions et les récompenses et à quoi servent-elles ?

B. C'est l'intérêt qui les motive

- Nietzsche a établi l'utilité des récompenses et des punitions en montrant qu'elles visent à produire des conduites, en en encourageant certaines et en dissuadant d'en entreprendre d'autres. Leur utilité est donc sociale : elles sont avant tout l'instrument par lequel se protège et se défend une société.

- Afin de souligner leur caractère nécessaire, Nietzsche se place dans l'hypothèse où peines et récompenses disparaîtraient : « du même coup disparaîtraient les motifs les plus puissants qui détournent de certaines actions, et poussent à certaines autres. » Autrement dit, le désir des récompenses et la crainte des punitions sont les véritables causes de nos actions. Les peines et les récompenses ont d'abord pour but de produire en nous un désir de récompense et une peur de la punition qui détermineront nos conduites ; les supprimer mettrait finalement en danger « l'humanité » elle-même, dans la mesure où ces conduites se trouveraient alors sans orientation, sans motif stable. Aucun système moral, aucun système juridique, ne saurait se passer des récompenses et des sanctions. Ce n'est donc pas une question de justice, mais de conservation et de survie de l'homme.

Conclusion

En définitive, celui qui a bien agi n'avait pas d'autre choix que de bien agir, celui qui a mal agi n'avait pas d'autre choix que de mal agir. Par conséquent, il est absurde de rétribuer leurs actes, par une peine ou une récompense. Du point de vue de leur acte passé et de leur individu, ces rétributions n'ont aucun sens. C'est seulement dans la perspective d'un ensemble de conduites futures que ces rétributions ont une utilité. En d'autres termes, il n'est pas juste qu'un individu soit récompensé d'avoir fait le bien. En revanche, qu'il soit récompensé est de la plus haute utilité, en ce sens que le désir de la récompense – et la crainte de la punition – sont nécessaires à la conservation de l'humanité. Ainsi, la critique de Nietzsche dévoile, sous ce qui se donne pour justice, le pur souci qu'a la société de se conserver.

4 AUTRES SUJETS POUR S'ENTRAÎNER

- Défendre ses droits, est-ce défendre ses intérêts ?
- Peut-on vouloir la justice au mépris du droit ?
- Explication d'un extrait des *Principes de la philosophie du droit*, de Hegel
- Explication d'un extrait de *Propos sur les pouvoirs*, d'Alain

▶ Retrouvez les corrigés sur annabac.com

19 Dissertation

Le langage contribue-t-il à unir ou à diviser les hommes ?

4 heures
20 points

INTÉRÊT DU SUJET • On raconte que Pyrrhon d'Élis, philosophe sceptique, renonça à enseigner la philosophie pour élever des cochons et fit le choix de se taire définitivement… Faut-il voir là une méfiance vis-à-vis de la raison et du langage dont on a pourtant coutume de dire qu'ils unissent les hommes ?

LES CLÉS DU SUJET

Analyser les termes du sujet

Le langage

Au sens large, le langage désigne un système de signes permettant de transmettre une information. Au sens restreint, c'est la faculté universelle d'utiliser une langue et de pouvoir ainsi exprimer des pensées par un système de signes.

Contribuer

Contribuer, c'est apporter une part à un résultat. Le verbe « contribuer » peut désigner, en l'occurrence, un facteur d'union ou de division.

Unir

Unir est synonyme de lier, d'assembler. Il ne faudra pas confondre « union » et « uniformisation » (fait de rendre semblable) ou « unification » (fait de rendre unique).

Diviser

Diviser est synonyme de séparer. La division peut se manifester par l'indifférence, l'exploitation, le mépris ou la guerre.

Dégager la problématique

Problématique

- S'il semble, de prime abord, évident que le langage contribue à unir les hommes, pourquoi la plupart des désaccords humains prennent-ils une forme verbale ?
- À l'inverse, s'il faut dire que le langage contribue à diviser les hommes, cela signifie-t-il que les hommes ne peuvent pas partager des savoirs universels ?

Construire un plan

1. Le langage contribue à unir les hommes	• Montrez que le langage est nécessaire à la vie en société. • Y a-t-il une langue universelle scientifique ? Pourquoi ? • Dans quelle mesure le langage conditionne-t-il l'instauration d'institutions politiques ?
2. Le langage contribue à diviser les hommes	• Trouvez des exemples qui montrent les différences culturelles des langues entre elles. • Dans quelle mesure le langage scientifique peut-il être culturellement situé ? • Montrez que le langage peut être un instrument de domination.
3. Le langage comme solution à la division des hommes	• Montrez que les langues ne sont pas hermétiques. • Montrez pourquoi le langage scientifique est irréductible à une langue culturellement déterminée. • Montrez que la sociologie permet de résorber les effets de domination langagière.

LE LANGAGE

19 CORRIGÉ GUIDÉ

Les titres en couleurs et les indications entre crochets servent à guider la lecture mais ne doivent en aucun cas figurer sur la copie.

Introduction

[Accroche] Dans l'Ancien Testament, les hommes décident de construire la tour de Babel dont le sommet touche le ciel. Pour les punir de leur orgueil, Dieu invente plusieurs langues, empêchant ainsi les hommes de se comprendre les uns les autres. Cet épisode biblique présente la pluralité des langues humaines comme le résultat d'une sanction divine : Dieu divise les hommes vaniteux en divisant les langues. [Reformulation du sujet] Quels sont donc les effets réels du langage ? Est-il le vecteur d'un lien entre les hommes ? Ne signe-t-il pas plutôt leur irréductible séparation ? [Problématique] Si le langage contribue à unir les hommes, comment se fait-il que les oppositions humaines prennent souvent une forme verbale ? À l'inverse, si le langage contribue à diviser les hommes, comment comprendre l'existence de l'accord universel des esprits face aux énoncés scientifiques ? [Annonce du plan] Il semble évident, à première vue, que le langage contribue à unir les hommes. La vie en société et l'existence d'une science universelle n'en sont-elles pas la preuve ? Et pourtant, ne faut-il pas reconnaître que les langues concrètes séparent les hommes en les faisant vivre dans des mondes différents ? Quelles que soient ces différences, le langage n'est-il pas incontournable pour que puisse s'initier un processus d'union entre les hommes ?

1. Le langage contribue à unir les hommes

A. Le langage : un élément indispensable à la société

Les hommes vivent en société, or celle-ci n'est pensable que si ses membres peuvent échanger, c'est-à-dire communiquer. Comme le souligne Bergson, la fonction première du langage « est d'établir une communication en vue d'une coopération ».

B. Le langage mathématique : un vecteur de la science

Le langage unit les hommes autour de vérités rationnellement partagées. Les théories scientifiques sont des énoncés qui engendrent l'accord des esprits.

C. Le langage politique et moral : la condition même des relations humaines

Le langage humain rend possible la relation contractuelle, c'est-à-dire politique : par la parole qui promet, le langage lie les hommes et leur permet d'échapper à la violence des rapports de force.

CITATION
« Il est manifeste [...] que l'homme est un animal politique [...] Car, comme nous le disons, la nature ne fait rien en vain ; or seul parmi les animaux l'homme a un langage » (Aristote, *Les Politiques*).

[Transition] Si ces arguments montrent que le langage contribue à unir *des* hommes, cela ne signifie pas pour autant qu'il contribue à unir *les* hommes...

2. Le langage contribue à diviser les hommes

▶ Le secret de fabrication

Dans cette partie, vous devez trouver des arguments qui montrent que le langage peut contribuer à diviser les hommes. Que se passe-t-il quand des hommes qui ne parlent pas la même langue essaient de converser ? Ou lorsque des personnes de classes socio-culturelles différentes dialoguent ?

A. Les langues concrètes : des visions du monde différentes

Les langues concrètes, c'est-à-dire réellement et communément utilisées, ne sont pas simplement l'expression d'une pensée préexistante. Elles conditionnent la vision qu'ont du monde les individus qui les parlent.

À NOTER
La langue arabe contient environ six mille mots se rapportant au chameau. Les Esquimaux utilisent de nombreux mots pour différencier les aspects de la neige.

B. Le langage scientifique : une langue culturellement située

Et si l'idée de « science universelle » était infondée ? Ainsi, selon le linguiste américain Benjamin Lee Whorf, la science ne serait qu'une forme culturelle particulière. Elle unirait *des* hommes, mais pas *les* hommes.

C. Le langage concret : un instrument de domination

Les langues concrètes ne sont pas neutres. Elles sont des marqueurs de domination symbolique. Pierre Bourdieu explique ainsi que « les discours […] sont aussi des signes de richesse destinés à être évalués, appréciés et des signes d'autorité destinés à être crus et obéis ».

[Transition] Et pourtant, quand l'anthropologue Whorf ou le sociologue Bourdieu parlent, ils prétendent bien tenir un discours à valeur objective universelle. N'est-ce pas là le signe qu'un certain usage du langage peut apporter sa contribution à l'union des hommes ?

3. Le langage comme solution à la division des hommes

A. Les langues ne sont pas des carcans

- Contrairement à ce que soutient Whorf, Chomsky défend la thèse selon laquelle il existe une grammaire universelle innée : tous les hommes naissent en possédant la même structure cognitive permettant d'acquérir des compétences linguistiques.

- À supposer même que Chomsky se trompe, les langues ne sont pas des carcans indépassables. Tout d'abord parce qu'une langue peut être traduite en une autre langue. Ensuite parce que les langues peuvent être apprises et, ce faisant, l'ouverture à de multiples visions du monde est toujours possible.

B. Le langage scientifique : un vecteur d'union

Le développement de la science s'est accompagné d'une rupture avec les langages ordinaires au profit de la construction d'un langage universel. Ainsi, Galilée soutient que l'univers « est écrit dans une langue mathématique, et [que] les caractères en sont les triangles, les cercles, et d'autres figures géométriques, sans lesquelles il est humainement impossible d'en saisir le moindre mot ».

C. La sociologie : une thérapie du langage

Un des buts de la sociologie est de combler les fossés linguistiques qui séparent les hommes. Par exemple, Bourdieu défend l'idée d'une pédagogie rationnelle au sein des musées : il faut proposer davantage d'informations claires pour que les membres des classes défavorisées puissent enfin accéder à une compréhension des œuvres.

Conclusion

Alors même que le langage semble bien constituer, en première analyse, un facteur d'union des hommes, il faut reconnaître que les langues concrètes peuvent contribuer à les opposer. C'est seulement grâce à un travail réflexif sur lui-même que le langage peut réellement participer à l'union des hommes. Si la science et la philosophie sont bien quêtes de vérités universelles, ce travail de réflexion critique du langage sur lui-même ne s'impose-t-il pas comme la tâche préalable indispensable ?

20 Explication de texte

Rousseau, *Essai sur l'origine des langues*

4 heures
20 points

INTÉRÊT DU SUJET • On pourrait croire que parler, c'est communiquer. Pourtant, les discussions amoureuses ou amicales transmettent parfois peu d'informations : à travers elles, nous exprimons avant tout nos sentiments et notre sensibilité. Et n'est-ce pas pour nous permettre de le faire que notre langage est si complexe ?

Expliquez le texte suivant :

Il est donc à croire que les besoins dictèrent les premiers gestes, et que les passions arrachèrent les premières voix. En suivant avec ces distinctions la trace de faits, peut-être faudrait-il raisonner sur l'origine des langues tout autrement qu'on n'a fait jusqu'ici. Le génie des langues orientales, les plus anciennes qui nous soient connues, dément absolument la marche didactique qu'on imagine dans leur composition. Ces langues n'ont rien de méthodique et de raisonné ; elles sont vives et figurées. On nous fait du langage des premiers hommes des langues de géomètres, et nous voyons que ce furent des langues de poètes.

Cela dut être. On ne commença pas par raisonner, mais par sentir. On prétend que les hommes inventèrent la parole pour exprimer leurs besoins ; cette opinion me paraît insoutenable. L'effet naturel des premiers besoins fut d'écarter les hommes et non de les rapprocher. Il le fallait ainsi pour que l'espèce vînt à s'étendre, et que la terre se peuplât promptement ; sans quoi le genre humain se fût entassé dans un coin du monde, et tout le reste fût demeuré désert.

De cela seul il suit avec évidence que l'origine des langues n'est point due aux premiers besoins des hommes ; il serait absurde que de la cause qui les écarte vînt le moyen qui les unit. D'où peut donc venir cette origine ? Des besoins moraux, les passions. Toutes les passions rapprochent les hommes que la nécessité de chercher à vivre force à se fuir. Ce n'est

LE LANGAGE

ni la faim ni la soif, mais l'amour, la haine, la pitié, la colère, qui leur ont arraché les premières voix. Les fruits ne se dérobent point à nos mains, on peut s'en nourrir sans parler ; on poursuit en silence la proie dont on veut se repaître : mais pour émouvoir un jeune cœur, pour repousser un agresseur injuste, la nature dicte des accents, des cris, des plaintes. Voilà les plus anciens mots inventés, et voilà pourquoi les premières langues furent chantantes et passionnées avant d'être simples et méthodiques.

Jean-Jacques Rousseau, *Essai sur l'origine des langues*, 1781.

La connaissance de la doctrine de l'auteur n'est pas requise. Il faut et il suffit que l'explication rende compte, par la compréhension précise du texte, du problème dont il est question.

LES CLÉS DU SUJET

Repérer le thème et la thèse

• Rousseau envisage ici les conditions d'apparition du langage. Comment expliquer la formation de ce langage fait de signes qui est propre à tout homme ?

• Il démontre que le langage est né de la nécessité d'exprimer nos passions, établissant ainsi qu'avant d'être un moyen de communiquer, c'est-à-dire d'échanger des informations dans un but utilitaire, le langage est un moyen d'exprimer nos passions.

Dégager la problématique

Problématique

- On pourrait penser que le langage naît de la nécessité de communiquer pour satisfaire nos besoins, et donc survivre.
- Mais nous est-il plus essentiel de communiquer nos besoins ou d'exprimer nos passions ?

Repérer les étapes de l'argumentation

Étape 1 (l. 1 à l. 9)	• Rousseau envisage ce qu'était le langage primitif, en opposant au langage rationnel, un langage expressif. • Il s'appuie sur un exemple de langue ancienne.
Étape 2 (l. 10 à l. 16)	Rousseau formule l'hypothèse qu'il réfute dans le texte : si cette hypothèse ne tient pas, si le besoin n'est pas au fondement du langage, c'est en particulier parce que le besoin sépare les hommes.
Étape 3 (l. 17 à l. 28)	• Rousseau tire les conséquences de son raisonnement en développant son hypothèse : ce ne sont pas les besoins mais les passions qui rendent nécessaire l'apparition du langage. • Par conséquent, avant d'être moyen de communication, le langage est d'essence expressive.

20 CORRIGÉ GUIDÉ

Les titres en couleurs servent à guider la lecture et ne doivent en aucun cas figurer sur la copie.

Introduction

[Question abordée] Dans ce texte, Rousseau envisage le fondement du langage : il s'agit de déterminer les raisons de son apparition. [Problématique] Comment expliquer qu'un jour les hommes se soient mis à parler ? On pourrait penser que l'élaboration de ce système de signes qu'est le langage procède de la nécessité de survivre. C'est précisément cette hypothèse que rejette Rousseau : car si le langage avait pour but la survie, pourquoi l'homme seul l'aurait-il développé ? Et en quoi parler nous serait-il nécessaire pour satisfaire nos besoins ? [Thèse] Il démontre ici que le langage est né de la nécessité d'exprimer nos passions, établissant ainsi qu'avant d'être un moyen de communiquer, c'est-à-dire d'échanger des informations dans un but utilitaire, le langage est un moyen d'exprimer nos passions. [Annonce du plan] Pour démontrer cela, il envisage d'abord ce qu'était le langage primitif, en opposant au langage rationnel et instrumental un langage expressif. Rousseau formule alors l'hypothèse qu'il réfute dans le texte : si le besoin

> **DÉFINITION**
> La distinction entre **origine** et **fondement** est un repère de votre programme : l'origine d'une chose désigne son point de départ chronologique, le fondement désigne sa raison d'être.

n'est pas au fondement du langage, c'est en particulier parce que le besoin sépare les hommes. Enfin, il tire les conséquences de son raisonnement : ce ne sont pas les besoins mais les passions qui rendent nécessaire le langage.

1. On peut imaginer que le langage primitif est un langage expressif

A. Les gestes suffisent pour la communication de nos besoins

• Dans un premier temps, Rousseau imagine ce qu'était le langage primitif, en faisant une hypothèse destinée à établir la distinction qu'il propose d'emblée entre des « gestes », ayant pour fondement les « besoins », et des « voix », ayant pour fondement les « passions ». Rousseau réfute l'hypothèse selon laquelle le langage aurait été nécessaire à la communication des besoins, car les gestes suffisent à communiquer, dit-il. Les animaux communiquent, mais ne parlent pas.

• Si une nécessité est bien à l'œuvre dans l'apparition du langage, cette nécessité n'est donc pas la nécessité naturelle liée au souci de survivre, mais la nécessité d'exprimer des passions. On peut donc penser, dit-il, que celles-ci « arrachèrent les premières voix » : c'est la nécessité d'exprimer les passions qui explique l'apparition du langage.

B. Le fondement du langage n'est donc pas rationnel

• Rousseau appuie alors cette distinction sur une hypothèse formulée à partir de ce qui apparaît comme une enquête : si on suit « la trace des faits », dit-il, c'est-à-dire si on examine les plus anciennes langues connues pour imaginer à partir d'elles un langage des origines, alors on obtient la preuve que le fondement du langage n'est pas le besoin.

• Les langues orientales, dit-il, sont la preuve que ce qui a poussé à parler et à développer le langage n'a pas été le besoin, puisque si tel avait été le cas, ces langues se seraient développées de façon « didactique », logique, en fonction de ce seul but. Or, ces langues apparaissent comme des « langues de poètes », des langues « vives et figurées », c'est-à-dire des langues expressives. Ce ne sont pas des « langues de géomètres », empreintes de logique, de méthode et de raison, qui auraient pour but de communiquer des besoins.

[Transition] Mais alors, si les premières langues sont expressives, peut-on encore admettre que le besoin explique l'apparition du langage ?

2. L'hypothèse selon laquelle le langage naît de la nécessité de survivre est fausse

A. C'est la singularité de nos passions que le langage exprime

Rousseau conclut de cet exemple factuel que le fondement du langage n'est pas dans la raison, mais dans le sentiment : l'apparition du langage s'explique par la nécessité d'exprimer la singularité de nos sentiments, de nos sensations, de nos affections, et non la généralité du besoin. Rousseau formule alors l'hypothèse qu'il réfute, en énonçant une objection : si ce n'est pas le besoin qui explique l'apparition du langage, c'est en particulier parce que le besoin « sépare » les hommes.

DÉFINITION
Ce qui est **singulier**, c'est ce qui est unique, ce qui diffère de toute autre chose. Ce qui est **général**, c'est ce qui est valable pour un groupe d'individus ou de situations. Il s'agit d'un repère du programme.

B. Le besoin sépare les hommes

Si le langage crée des liens entre nous, s'il nous permet d'échanger, s'il nous rapproche, il ne peut avoir été créé en vertu d'un besoin dont l'« effet naturel », dit Rousseau, est « d'écarter les hommes ». La logique du besoin, en effet, amène l'espèce humaine à se séparer et à se répandre, et non à s'unir : on peut penser que la logique du besoin est celle de l'intérêt, qui nous sépare et nous pousse à chercher ailleurs ce qui peut nous satisfaire. Or, si la poursuite du besoin vital nous sépare, il serait contradictoire, selon Rousseau, de dire à la fois que le besoin nous sépare et nous pousse à parler, à échanger : ce serait dire qu'il nous sépare et nous unit en même temps.

[Transition] Mais si le langage ne naît pas de la nécessité de survivre, qu'est-ce qui le rend nécessaire ?

3. Ce sont les passions qui rendent nécessaire l'apparition du langage

A. Le besoin nous pousse à envisager des objets

> **▶ Le conseil de méthode**
> Il est essentiel ici de s'interroger sur cette expression « besoins moraux », dans la mesure où elle renvoie à la nécessité de la vie passionnelle, mais à une nécessité qui n'est pas celle du besoin vital. Vous devez veiller à analyser le texte, en faisant l'effort d'interpréter ce genre d'expressions dont le sens n'a rien d'évident.

• Rousseau conclut sa démonstration en proposant une tout autre hypothèse : ce qui a rendu nécessaire le langage, ce sont les « besoins moraux, les passions ». Il s'agit donc bien d'une nécessité, d'un « besoin », mais d'un

LE LANGAGE

besoin spécifique, puisqu'il ne s'agit pas de celui dont la satisfaction conditionne notre survie : les passions nous sont essentielles, sans pour autant engager notre survie.

• Rousseau s'appuie alors sur des exemples de besoins vitaux : la faim, la soif nous poussent à cueillir des « fruits », à poursuivre des « proies », sans que les autres nous soient nécessaires et sans qu'il soit nécessaire de parler. En somme, satisfaire nos besoins vitaux n'exige pas l'élaboration préalable de ce langage complexe, fait de signes, qui nous est propre.

B. La passion nous pousse à envisager l'autre en tant que sujet

• En revanche, explique Rousseau, en opposant à ces exemples-là des exemples de passions, quand nous sommes face à d'autres hommes (et non à ces objets que sont les « fruits » ou les « proies », par lesquels nous satisfaisons nos besoins), quand nous avons à envisager d'autres sujets, et qu'un dialogue se noue d'intériorité à intériorité, il nous est nécessaire de parler.

• Autrement dit, si la satisfaction des besoins peut exiger une communication, c'est bien la passion qui exige le langage, puisque nous ne pouvons exprimer notre intériorité par des gestes : c'est la singularité propre à notre vie intérieure et la force qui nous pousse à exprimer cette singularité qui expliquent ainsi l'apparition du langage. Les nuances singulières de nos passions ne peuvent se traduire que dans un langage musical, qui excède par ses nuances la simple logique.

Conclusion

En définitive, Rousseau réfute dans ce texte l'idée selon laquelle le langage est avant tout un outil destiné à communiquer nos besoins. S'il y a bien une nécessité qui a poussé les hommes à développer un langage, s'il y a bien là la marque d'une nature nous ayant poussés à le faire, cette nécessité n'est pas celle du besoin, mais de la passion. Autrement dit, le fondement du langage est la passion, et il est par essence un langage expressif, musical, à savoir un langage ayant pour but d'exprimer la singularité des passions.

2 AUTRES SUJETS POUR S'ENTRAÎNER

- Explication d'un extrait de *De l'Homme*, de Hobbes
- Explication d'un extrait de *La Pensée et le Mouvant*, de Bergson

▶ Retrouvez les corrigés sur annabac.com

21 Explication de texte

Descartes, *Lettre à Morus*

4 heures
20 points

INTÉRÊT DU SUJET • Pythagore, philosophe et mathématicien de l'Antiquité, justifiait son végétarisme par le refus de manger ce qui était doué d'âme, celle-ci étant, selon lui, immortelle, et se réincarnant à travers les différents règnes. Mais qu'est-ce qui nous prouve que les animaux ont une âme ?

Expliquez le texte suivant :

De tous les arguments qui nous persuadent que les bêtes sont dénuées de pensée, le principal, à mon avis, est que bien que les unes soient plus parfaites que les autres dans une même espèce, tout de même[1] que chez les hommes, comme on peut voir chez les chevaux et chez les chiens, dont les uns apprennent beaucoup plus aisément que d'autres ce qu'on leur enseigne ; et bien que toutes nous signifient très facilement leurs impulsions naturelles, telles que la colère, la crainte, la faim, ou d'autres états semblables, par la voix ou par d'autres mouvements du corps, jamais cependant jusqu'à ce jour on n'a pu observer qu'aucun animal en soit venu à ce point de perfection d'user d'un véritable langage, c'est-à-dire d'exprimer soit par la voix, soit par les gestes quelque chose qui puisse se rapporter à la seule pensée et non à l'impulsion naturelle. Ce langage est en effet le seul signe certain d'une pensée latente[2] dans le corps ; tous les hommes en usent, même ceux qui sont stupides ou privés d'esprit, ceux auxquels manquent la langue et les organes de la voix, mais aucune bête ne peut en user ; c'est pourquoi il est permis de prendre le langage pour la vraie différence entre les hommes et les bêtes. Les autres arguments qui retirent la pensée aux bêtes, je les passe sous silence, pour être bref. Je voudrais cependant indiquer que je parle de la pensée, non de la vie ou de la sensibilité : je ne refuse la vie à aucun animal, car je crois qu'elle

LE LANGAGE

consiste dans la seule chaleur du cœur ; je ne lui refuse même pas la sensibilité, dans la mesure où elle dépend d'un organe corporel.

René Descartes, *Lettre à Morus*, 1649.

1. Ici, l'expression « tout de même » signifie « de même ».
2. Latent : qui ne se manifeste pas, mais est susceptible de le faire.

LES CLÉS DU SUJET

Repérer le thème et la thèse

• Dans ce texte, Descartes examine le rapport de l'être humain à l'animal : qu'est-ce qui nous distingue de ces autres vivants ?

• Il démontre ici que nous sommes essentiellement distincts des animaux et supérieurs à eux dans la mesure où ils ne pensent pas : la preuve, c'est qu'ils n'ont pas de langage, ce qui indique qu'ils sont dépourvus d'âme.

Dégager la problématique

Problématique

- On pourrait croire que les animaux sont capables de penser parce qu'ils s'expriment. Mais du fait qu'ils expriment leurs besoins, faut-il conclure qu'ils pensent ?
- Doit-on admettre, au contraire, qu'ils sont différents de nous par nature, n'ayant pas un véritable langage, seul indice d'une pensée, et donc de la présence d'une âme ?

Repérer les étapes de l'argumentation

1. Les animaux ont des degrés de perfection divers (l. 1 à l. 12)	Descartes développe d'abord un argument visant à établir que les animaux ne sont pas doués de pensée : s'ils se distinguent par des degrés de « perfection » divers et s'ils communiquent immédiatement des besoins, les animaux, dit-il, n'ont pourtant pas de langage.
2. Les animaux n'ont pas de langage (l. 12 à l. 18)	Ainsi, s'ils peuvent apprendre certaines choses, ils sont séparés de nous par une différence essentielle. Car le langage, fait de signes qui introduisent une médiation entre nous et la réalité, est la marque de la pensée : lui seul indique que sous un corps il y a une âme.
3. Les animaux seraient des vivants sans âme (l. 19 à l. 22)	Enfin, Descartes précise que la spécificité de l'animal vis-à-vis d'une plante ou d'une machine tiendrait simplement à son corps.

21 CORRIGÉ GUIDÉ

Les titres en couleurs et les indications entre crochets servent à guider la lecture mais ne doivent pas figurer sur la copie.

Introduction

[Question abordée] Dans cet extrait de la *Lettre à Morus*, Descartes envisage la question de notre rapport à l'animal : avons-nous tous les droits sur les animaux ? [Problématique] *A priori*, on pourrait penser que si nous sommes fondés à les dominer, c'est parce que nous nous distinguons d'eux par la pensée. Mais les animaux ne sont-ils pas expressifs, et en ce sens est-il légitime de les réduire à leur existence corporelle ? [Thèse] C'est précisément pour répondre à cette objection que Descartes développe ici une réflexion visant à établir que la différence entre l'être humain et l'animal est de nature, et non de degré : la spécificité de l'homme tient, dit-il, à ce qu'il est doté d'une âme, ce dont atteste l'existence en lui d'un langage. [Annonce du plan] Pour démontrer cela, Descartes repousse d'abord une première objection : si les animaux peuvent apprendre certaines choses, cela ne fait pas d'eux des êtres doués de pensée. Descartes explique alors pourquoi, s'ils communiquent, les animaux n'ont pas de langage. Enfin, il précise que la spécificité de l'animal vis-à-vis d'une plante ou d'une machine tiendrait simplement à son corps.

> **▶ Le conseil de méthode**
> Vous devez, dès l'introduction, mettre en évidence la (ou les) distinction(s) centrale(s) du texte : pour démontrer sa thèse, Descartes distingue ici la communication animale du langage.

LE LANGAGE

1. Les animaux ont des degrés de perfection divers

A. Certains peuvent apprendre

• Le texte s'ouvre sur ce qui pourrait apparaître comme une concession accordée au discours qui entend relever une ressemblance entre l'homme et l'animal : certes, dit Descartes, certains animaux sont capables d'apprendre. Il prend alors l'exemple de deux animaux domestiques : certains chiens, certains chevaux montrent en effet des aptitudes à l'apprentissage.

• Pourtant, cette hiérarchie des individus et de leurs aptitudes au sein des espèces indique-t-elle que certains animaux sont proches des humains ? Autrement dit, ce constat permet-il d'établir le fait qu'il n'y a qu'une différence de degré entre l'être humain et l'animal, et non une différence de nature ? De fait, on pourrait être tenté, à partir de ce constat, d'évoquer des capacités intellectuelles et une acquisition de connaissances chez cet animal capable de se perfectionner. Mais jusqu'où va cette perfection ?

B. Ils sont capables d'exprimer certaines choses

La deuxième idée développée par Descartes, qui pourrait apparaître comme une nouvelle concession accordée à ce discours, va en réalité lui permettre de répondre à cette question par la négative : ce qui prouve que les animaux ne pensent pas, c'est qu'ils n'ont pas de langage. Certes, dit-il, les animaux « nous signifient très facilement leurs impulsions naturelles ». Descartes donne des exemples de ces « impulsions naturelles » : la « colère », la « crainte », la « faim » sont des exemples de ces passions et besoins qui, tous, ont pour origine la nature de l'animal, c'est-à-dire son corps, et ce qui le porte à survivre.

[Transition] Pourtant, suffit-il que les animaux expriment des besoins et des passions pour que l'on puisse dire qu'ils parlent, et, parlant, qu'ils pensent ?

2. Les animaux n'ont pas de langage

A. Le langage est le signe de la pensée

Descartes s'oppose à cette possibilité de la pensée chez les animaux, en définissant le langage. Le langage, dit-il, ne se réduit pas à l'émission de sons ou de gestes : il se définit précisément par ce à quoi renvoient ces sons et gestes. Le langage est ainsi une médiation par laquelle un signe renvoie à de l'intériorité. Or, les voix et gestes de l'animal ne manifestent pas une « pensée », mais une « impulsion naturelle ». En somme, exprimer quelque chose, ce n'est pas s'exprimer : l'animal ne fait qu'exprimer, par des voix et des gestes qui pourraient nous confondre, les besoins de son corps.

B. Tous les hommes sont doués de langage

- En revanche, le langage est une propriété humaine, si bien qu'aucun homme ne peut être dit hors langage. Pourtant, n'y a-t-il pas des fous, des hommes « stupides » et des muets, qui pourraient être considérés comme sans langage ? Descartes désamorce l'objection : le langage ne se réduit pas à la voix, et s'identifie si peu avec elle qu'un muet a un langage en ce sens qu'il exprime ses pensées par des gestes. De même, si le fou ou l'homme stupide raisonnent mal, ce qu'ils disent renvoie pourtant à autre chose qu'à leur corps.

• Ainsi, de l'homme à l'animal, il y a ce fossé qui sépare par essence l'animal le plus évolué de l'homme le moins évolué que serait le fou ou l'homme stupide. Entre eux, il n'y a pas de différence de degré, mais bien de nature, si bien que le langage est « la vraie différence entre les hommes et les bêtes ».

[Transition] Mais alors, les animaux ne sont-ils rien de plus que des machines, vouées à répéter les mêmes gestes et les mêmes cris par une nécessité interne ?

À NOTER
Selon Descartes, les êtres vivants naturels sont comparables, par leur fonctionnement, aux machines artificielles. Sa théorie du vivant pose que celui-ci est explicable selon les lois rationnelles, nécessaires et universelles de la mécanique.

3. Les animaux seraient des vivants sans âme

A. La pensée est l'activité de l'âme

Descartes apporte une précision : bien sûr, il s'agit de « retirer la pensée aux bêtes ». En réalité, si ce qu'elles expriment relève du seul corps – et donc de la seule nature – alors le fait qu'elles ne disposent pas du langage conçu comme manifestation d'une intériorité distincte du corps prouve qu'elles ne pensent pas, et qu'elles n'ont donc pas d'âme, puisque la pensée est l'activité de l'âme. Pourtant, les animaux sont-ils de simples objets ?

DÉFINITION
Pour Aristote au contraire, l'**âme** désigne la vie, et chaque type d'âme (nutritive, sensitive, intellective) destine les vivants à certains buts (se nourrir, sentir, penser).

B. Les animaux sont des corps

• Descartes devance l'objection selon laquelle cette conception ne reconnaîtrait pas la spécificité de l'animal par rapport à de simples objets inanimés. Refuser la pensée aux animaux, dit-il, n'implique pourtant pas de leur refuser la « vie » ni même la « sensibilité ». Les animaux sont en ce sens des vivants sensibles. Mais il définit alors ce qu'il entend par « vie » et « sensibilité » : la vie est la « chaleur du cœur ».

• Autrement dit, la vie est ici définie comme un phénomène organique, propre au corps. La sensibilité se voit également rapportée au corps : selon l'auteur, elle « dépend d'un organe corporel ». Ainsi, l'animal est bien un vivant sensible, en ce qu'il a un corps. Mais ni cette vie ni cette sensibilité n'auraient d'autre source que le corps : elles n'indiqueraient pas la présence d'une âme.

Conclusion

Descartes répond dans ce texte à certaines objections à l'égard de la théorie mécaniste par laquelle il entend expliquer le vivant : de fait, si l'être humain comme l'animal disposent d'un corps naturel dont le fonctionnement ne diffère pas de celui de corps artificiels, s'ils sont, en ce sens, des vivants, il existe entre eux une différence essentielle. Doué d'un langage qui atteste de la présence de sa pensée, qui elle-même manifeste en lui la présence d'une âme, l'être humain est bien radicalement différent des animaux. Pour Descartes, le rapport de l'être humain à l'animal se trouve déterminé par le fossé qui se dessine entre eux : Descartes considère l'animal comme une machine vivante dont l'être humain est dès lors fondé à se servir.

2 AUTRES SUJETS POUR S'ENTRAÎNER

- Les mots nous éloignent-ils des choses ?
- Explication d'un extrait des *Éléments de loi*, de Hobbes

▶ Retrouvez les corrigés sur annabac.com

22 Dissertation

Peut-on avoir peur de la liberté ?

4 heures
20 points

INTÉRÊT DU SUJET • Il arrive qu'au moment de quitter le foyer familial, certains adolescents hésitent, partagés entre leur désir d'indépendance et la peur de leurs responsabilités nouvelles. Après tout, la liberté est-elle toujours désirable ?

LES CLÉS DU SUJET

Définir les termes du sujet

Peut-on

« Peut-on » signifie ici « est-il possible » : la question porte sur la compatibilité de la peur et de la liberté.

Peur

Dans l'*Éthique*, Spinoza la définit comme une « tristesse inconstante, née de l'idée d'une chose future ou passée dont l'issue nous paraît dans une certaine mesure douteuse ». Passion ancrée dans l'incertitude, elle naît du caractère imprévisible de l'avenir.

Liberté

- On pense parfois qu'être libre, c'est ne rencontrer aucun obstacle à sa volonté : mais en quoi suis-je libre si je suis poussé par mon désir ?
- La liberté désigne en réalité la capacité d'agir et de penser par soi-même, sans que cette action ou cette pensée résulte d'une cause extérieure à notre volonté. En ce sens, elle correspond à l'autonomie (du grec *auto*, soi-même, et *nomos*, la loi).
- Avant d'être conçue comme une propriété de l'esprit, la liberté a un sens politique : étymologiquement, elle est dérivée du latin *liber*, qui désigne, dans l'Antiquité, le statut de l'homme libre, à savoir le citoyen.

Dégager la problématique

Problématique

- La liberté est-elle nécessairement, comme on a tendance à le penser, l'objet d'un désir ? Mais comment expliquer, alors, que l'on se soumette ?
- Au contraire, y a-t-il des raisons de renoncer à la liberté et de préférer l'oppression ? Mais qu'est-ce qui, en elle, pourrait nous conduire à la fuir ?

Construire un plan

1. Il est impossible d'avoir peur de la liberté	La liberté est l'objet d'un désir. Mais la liberté n'implique-t-elle pas toujours un effort, et n'est-il pas impossible de se dérober à cet effort ?
2. Il est possible d'avoir peur de la liberté	Exercer sa liberté implique de renoncer au confort de l'obéissance et d'avoir à répondre des conséquences de nos actes, ce qui peut expliquer les situations de servitude volontaire.
3. La liberté fait peur et nécessite du courage	Face à cette peur légitime, différentes attitudes sont possibles : si la lâcheté consiste à céder à la peur en fuyant sa liberté, le courage consiste à l'exercer en surmontant sa peur.

22 CORRIGÉ GUIDÉ

Les titres en couleurs servent à guider la lecture et ne doivent en aucun cas figurer sur la copie.

Introduction

[Reformulation du sujet] Il s'agit ici de s'interroger sur la compatibilité de la peur et de la liberté. *A priori*, la liberté nous apparaît désirable : mais comment expliquer, alors, que les phénomènes de domination et de soumission soient si fréquents ? [Définition des termes du sujet] La peur est un sentiment lié à une incertitude concernant l'avenir, elle est donc liée à notre ignorance, à notre impuissance à déterminer si la chose qui nous fait face va nous nuire. La liberté peut s'entendre en un sens psychologique : elle désigne un pouvoir d'agir et de penser par soi-même, c'est-à-dire sans que cette action ou que cette pensée résulte d'une cause extérieure à notre volonté. La liberté peut aussi s'entendre en un sens politique : *liber*, en latin, désigne en effet, dans l'Antiquité, le statut de l'homme libre, à savoir le citoyen. [Problématique] Mais comment serait-il possible de fuir sa liberté, ou d'y renoncer volontairement ? Qu'est-ce qui, en elle, pourrait faire peur ? La liberté est-elle nécessairement un objet de désir, ou bien y a-t-il des raisons de vouloir se soumettre ? [Annonce du plan] Nous verrons tout d'abord que la liberté est l'objet d'un désir. Mais n'implique-t-elle pas un effort, et le poids de la responsabilité ? Enfin, nous verrons que l'exercice de la liberté exige du courage.

1. Il est impossible d'avoir peur de la liberté

A. La liberté est désirable

• Dans un premier temps, on peut penser que la liberté, loin d'être effrayante, est désirable, et qu'en ce sens la peur et la liberté sont incompatibles. En effet, il semble que la liberté soit l'objet d'un désir universel et qu'on tende à fuir, au contraire, l'aliénation, la soumission, comme tout ce qui pourrait venir lui faire obstacle. Qui se plaindrait d'être trop libre ?

• Si l'on suit la définition que propose Spinoza, selon laquelle « la crainte est une tristesse inconstante, née de l'idée d'une chose future ou passée dont l'issue nous paraît dans une certaine mesure douteuse », il semble difficile de penser que la liberté puisse provoquer en nous cette passion triste qui nous porterait à la fuir et donc à vouloir nous soumettre.

B. Il est impossible de craindre ce pour quoi nous sommes faits

• Renoncer à la liberté, faire le choix de la soumission, semble en effet inconcevable, dès lors que nous sommes faits pour être libres. C'est ce qu'indique Kant, en définissant la liberté comme une autonomie : si l'homme est fait pour la liberté, c'est en vertu de sa nature d'être raisonnable. La raison est pour Kant cette faculté par laquelle nous sommes capables de nous affranchir de toute détermination étrangère, pour trouver par nous-mêmes nos propres principes d'action. Cette faculté étant proprement humaine, on peut dire que l'homme est fait pour être libre.

DÉFINITION

Autonomie vient du grec *auto* (soi-même) et *nomos* (loi) : être autonome, c'est être capable de se donner à soi-même ses règles d'action. Kant définit ainsi la liberté comme l'autonomie de la volonté.

• En ce sens, avoir peur de la liberté reviendrait à avoir peur d'être un homme, avoir peur de se réaliser. La peur étant liée à un objet que l'on perçoit comme étranger à nous, obscur, et par là menaçant, comment serait-il possible d'avoir peur d'une liberté que l'on conquiert en développant ce qui nous est le plus propre, à savoir notre raison ?

[Transition] Pourtant, la liberté n'apparaît pas comme un don, mais suppose un effort, à la fois pour se libérer de ce qui peut lui faire obstacle et pour se développer : et n'est-il pas possible de reculer face à cet effort ?

2. Il est possible d'avoir peur de la liberté

A. Être libre, c'est renoncer au confort de l'obéissance

• Dans un second temps, il est nécessaire de s'interroger sur ce qu'implique le fait d'être libre. Au fond, si la peur de la liberté semble de prime abord injustifiable, on peut pourtant s'interroger sur les raisons qui poussent tant d'hommes à se soumettre : renoncent-ils à la liberté par la force, ou bien en vertu d'un calcul d'intérêt né d'une peur face à elle ? C'est précisément cette peur qu'examine Kant dans *Qu'est-ce que les Lumières ?* en montrant que si nous avons tous la capacité de nous affranchir de nos tutelles, de fait, la « paresse et la lâcheté » peuvent nous incliner à renoncer à l'exercice de notre liberté, exercice toujours périlleux, pour préférer le confort de l'obéissance.

L'AUTEUR
Emmanuel Kant (1724-1804).

Kant développe une philosophie critique portant essentiellement sur la morale et la connaissance.

• Il est ainsi possible d'avoir peur de se libérer, dans la mesure où être libre c'est aussi endosser la responsabilité de ses erreurs et de ses échecs, ce que ne manquent pas de souligner les « tuteurs » qui nous maintiennent, par l'entretien de cette peur, dans notre « minorité ».

DÉFINITION
Les « **mineurs** » sont les hommes qui se laissent persuader par les « **tuteurs** » – ceux qui les dirigent – que la liberté est dangereuse.

B. Être libre, c'est devenir responsable

• C'est précisément cette dimension dangereuse de la liberté qu'examine Nietzsche dans la *Généalogie de la morale*, en affirmant que la fiction du libre arbitre est née de la volonté de punir les hommes afin de les gouverner. En effet, non seulement il est possible d'avoir peur d'être libre, mais, dit Nietzsche, l'invention de la liberté définie comme libre arbitre, c'est-à-dire comme capacité psychologique à faire des choix, s'explique par une volonté de rendre les hommes responsables de leurs actes et donc susceptibles d'être punis.

• Être responsable, c'est être tenu pour l'auteur de ses actes, et donc être à même d'en répondre devant les autres : ce serait ainsi pour pouvoir punir les hommes que l'on aurait inventé cette idée étrange selon laquelle nous serions dotés d'un libre arbitre, alors même que tout, dans la nature, nous porte à douter de l'existence de libres choix.

[Transition] Mais s'il est possible d'avoir peur d'être libre, si l'on peut nous pousser à avoir peur de notre liberté, ou si la liberté définie comme libre arbitre est une fiction destinée à effrayer les hommes, ceci implique-t-il pourtant que l'on doive la fuir ?

3. La liberté fait peur et nécessite du courage

A. La liberté ouvre sur l'inconnu

> ▶ **Le conseil de méthode**
> La distinction entre le *possible* et le *nécessaire* fait partie des repères de votre programme : cette distinction fonde ici l'articulation entre la deuxième et la troisième partie (on démontre d'abord qu'il est possible d'avoir peur de la liberté, puis que cette peur est nécessaire, c'est-à-dire qu'on ne peut pas ne pas avoir peur d'elle.

Enfin, il semble qu'il ne soit pas seulement possible, mais nécessaire d'avoir peur de la liberté. Si la liberté s'oppose au mécanisme comme à la nécessité ou au déterminisme, alors elle nous ouvre de fait sur de l'inconnu, sur de l'imprévisible, et apparaît en ce sens nécessairement effrayante, puisque la peur naît de l'incertitude ou de l'impossibilité de prévoir une chose. Cependant, face à la peur, différentes attitudes sont possibles : si le lâche fuit, le courageux affronte et surmonte sa peur. Aussi la peur de la liberté n'implique-t-elle pas nécessairement qu'on doive renoncer à elle.

B. La liberté implique qu'on s'arrache au seul souci de survivre

• Que l'exercice de la liberté soit risqué et nécessite du courage, c'est en particulier ce que montre Hannah Arendt dans *Condition de l'homme moderne*. Pour les Grecs de l'Antiquité, explique-t-elle, la liberté correspond au statut de l'homme libre, qui se consacre au domaine des affaires politiques, domaine de l'action, compris comme ce qui s'oppose au domaine de la répétition et de la cyclicité propre à la vie biologique.

• Or, l'exercice de la liberté, c'est-à-dire le fait de s'engager dans l'action, exige du courage, à savoir l'aptitude à affronter sa peur. « Le courage libère les hommes de leur souci concernant la vie, au bénéfice de la liberté du monde. Le courage est indispensable parce qu'en politique, ce n'est pas la vie mais la liberté qui est en jeu », explique Hannah Arendt. Autrement dit, le courage, attitude qui consiste à s'arracher au souci exclusif de la vie biologique sans pour autant mépriser cette dernière, est nécessaire pour exercer sa liberté.

Conclusion

En définitive, on peut dire que non seulement la liberté peut faire peur, mais qu'elle implique nécessairement de la peur en ce qu'elle nous expose à l'effort, au risque de l'échec, à la responsabilité, et nous ouvre sur l'inconnu et l'imprévisible. Pour autant, cela n'implique pas qu'il faille fuir la liberté et se réfugier dans la soumission à l'autorité ou dans l'asservissement : au contraire, exercer sa liberté suppose du courage, compris comme aptitude à affronter sa peur pour vivre d'une vie proprement humaine, c'est-à-dire libre.

3 AUTRES SUJETS POUR S'ENTRAÎNER

- Peut-on échapper à sa culture ?
- Explication d'un extrait d'*Essai sur les données immédiates,* de Bergson
- Explication d'un extrait des *Remarques sur la partie générale des Principes de Descartes*, de Leibniz

▶ Retrouvez les corrigés sur annabac.com

23 Dissertation

La liberté est-elle menacée par l'égalité ?

4 heures
20 points

INTÉRÊT DU SUJET • « Liberté, égalité, fraternité » : la devise républicaine place en son cœur une égalité qui semble pourtant s'accommoder des inégalités sociales. De fait, il s'agit de l'égalité « en droits » des citoyens. Mais en quoi revendiquer l'égalité de richesses porterait-il atteinte à la liberté ?

LES CLÉS DU SUJET

Définir les termes du sujet

Égalité

• Du latin *aequalis*, qui signifie « du même niveau », l'égalité est un terme mathématique qui désigne un rapport d'équivalence entre deux termes.
• On distingue l'égalité mathématique, dont le principe est « à chacun la même chose » de l'égalité proportionnelle, ou équité, qui a, elle, pour principe « à chacun ce qui lui revient » selon ses besoins, mérites, etc.
• On distingue encore l'égalité « en droits » ou égalité civile de l'égalité sociale ou égalité de richesses.

Menacer

Une menace, c'est ce qui peut nuire à une chose, ou la détruire.

Liberté

• L'étymologie de la liberté indique qu'elle est d'abord pensée de façon politique : *liber*, en latin, désigne celui qui n'est pas esclave, c'est-à-dire le citoyen.
• Elle désigne également le pouvoir psychologique de se déterminer par soi-même, qu'il s'agisse du libre arbitre (capacité à faire un choix parmi plusieurs possibles) ou de l'autonomie (pouvoir de déterminer par soi-même son propre principe d'action).

Dégager la problématique

Problématique

- Notre liberté semble être liée à notre égalité devant la loi : mais revendiquer l'égalité à tout point de vue, n'est-ce pas ruiner la liberté ?
- Pourtant, que vaut la liberté en droits d'un homme pauvre ? En ce sens, n'est-ce pas l'inégalité sociale qui menace la liberté ?

Construire un plan

1. L'égalitarisme menace la liberté	La revendication d'égalité menace la liberté dans la mesure où elle bride les aspirations individuelles et produit une uniformité qui étouffe nos différences essentielles ou nous livre à la servitude.
2. L'égalité des droits conditionne nos libertés	Pourtant, l'égalité devant la loi rend possible l'exercice de la liberté individuelle dans le cadre de la vie sociale. Ne sommes-nous pas en principe égaux « en droits » ?
3. Les inégalités sociales menacent la liberté	L'inégalité sociale est dangereuse pour la liberté, celle-ci ne pouvant se réduire sans dommages à une liberté de principe.

23 CORRIGÉ GUIDÉ

Les titres en couleur servent à guider la lecture et ne doivent en aucun cas figurer sur la copie.

Introduction

[Reformulation du sujet] Il s'agit de savoir si l'égalité peut nous empêcher d'être libres. Selon la *Déclaration des droits de l'homme et du citoyen* de 1789, « les hommes naissent et demeurent libres et égaux en droits » : mais alors, en quoi la revendication d'égalité pourrait-elle s'opposer à notre aspiration à la liberté ? [Définition des termes du sujet] Une menace, c'est ce qui peut nuire à une chose ou la détruire. La liberté peut s'entendre en un sens psychologique comme le pouvoir de faire des choix, ou en un sens politique :

liber désigne en latin le statut de l'homme libre, qui n'est pas esclave ni prisonnier. L'égalité est un terme mathématique qui désigne un rapport d'équivalence entre deux éléments, mais aussi un principe politique selon lequel les individus peuvent se prévaloir des mêmes droits ou des mêmes moyens d'existence. De fait, l'égalité dont il est question dans la *Déclaration* n'est pas l'égalité de richesse, mais l'égalité des citoyens devant la loi. [Problématique et annonce du plan] Revendiquer la fin des inégalités de richesse ne serait-il pas faire obstacle aux libertés individuelles ? Pourtant, on peut se demander si la liberté d'un homme qui ne possède pas de quoi survivre est seulement possible. En quoi, dès lors, la revendication d'égalité s'opposerait-elle à notre aspiration à la liberté ?

1. L'égalitarisme menace la liberté

A. L'égalité est un artifice qui menace notre liberté naturelle

• Dans un premier temps, on pourrait penser que, si l'égalité peut nuire à la liberté, c'est dans la mesure où nous sommes naturellement inégaux. C'est ce que soutient Calliclès dans le *Gorgias* de Platon : si la liberté désigne la capacité à assouvir ses passions et désirs, et à tout mettre en œuvre pour cela, alors les natures fortes capables d'obtenir beaucoup se distinguent des natures faibles vouées à l'infériorité naturelle. C'est par un artifice que celles-ci, constatant l'inégalité naturelle, vont faire de l'égalité une valeur, car « ce qui plaît aux faibles, c'est d'avoir l'air d'être égaux à de tels hommes, alors qu'ils leur sont inférieurs. »

> **À NOTER**
> La distinction identité/égalité/différence est un repère du programme. L'**identité**, du latin *idem*, qui signifie le même, correspond à l'absence de différences, quand **égal** signifie « du même niveau ».

• D'où leur invention des lois, qui, en instaurant une égalité factice, brident la liberté des plus forts : « avec nos formules magiques et nos tours de passe-passe, dit Calliclès, nous en faisons des esclaves, en leur répétant qu'il faut être égal aux autres et que l'égalité est ce qui est beau et juste ». L'identification de la justice à l'égalité produit, par la contrainte des lois, une uniformité artificielle des hommes, devenus tous identiques.

B. L'égalité est une passion qui porte à la servitude

L'AUTEUR
Alexis de Tocqueville (1805-1859).

Tocqueville est une figure du libéralisme politique, courant de pensée politique selon lequel l'État doit se limiter à assurer notre sécurité et garantir nos libertés individuelles.

• De fait, la revendication d'égalité peut apparaître comme une volonté de limiter la liberté de l'individu. Dans *De la démocratie en Amérique*, Tocqueville fait de la « passion de l'égalité » le vice possible d'une démocratie qui tend alors à l'uniformisation, à la tyrannie de la majorité, et dégénère en un despotisme doux : « il se rencontre aussi dans le cœur humain un goût dépravé pour l'égalité, qui porte les faibles à vouloir attirer les forts à leur niveau, et qui réduit les hommes à préférer l'égalité dans la servitude à l'inégalité dans la liberté. ».

• En effet, l'individu démocratique, dit-il, est animé par ces deux passions dominantes que sont l'égalité et le bien-être. Or, c'est l'État qui, dans une société démocratique, assure l'extension de l'égalité des conditions, c'est-à-dire des statuts, dans le domaine politique encadré par les lois. L'État peut alors écarter les prérogatives individuelles et étendre sans cesse les règles qui encadrent la vie sociale, avec l'aval d'un individu préférant de ce fait l'égalité à sa liberté. La tradition libérale verra ainsi dans une égalité qui ne serait pas seulement « de droits », c'est-à-dire pas seulement égalité devant la loi, une menace pour la liberté des individus.

[Transition] Pourtant, la liberté est-elle seulement possible en société si elle n'est pas définie par la loi ? Or, la loi n'est-elle pas une règle face à laquelle nous devons être égaux ?

2. L'égalité des droits conditionne nos libertés

▶ Le conseil de méthode

La deuxième partie se fonde ici sur un deuxième sens du terme d'égalité. Celle-ci ne désigne pas seulement l'égalité devant la loi, mais aussi l'égalité sociale. Selon le sens retenu, la réponse à la question s'inverse.

A. L'égalité doit accompagner la liberté

• De fait, la « passion de l'égalité », dont Tocqueville pointe les risques, correspond pour lui à une aspiration devenue indépendante de l'aspiration à la liberté. Autrement dit, c'est quand le souci de l'égalité l'emporte sur celui de la liberté que l'égalité est une menace.

• Si la démocratie (du grec *demos*, le peuple, et *kratos*, le pouvoir) repose sur ce qu'il appelle l'égalité des « conditions » – elle n'admet pas de privilèges puisque le peuple est souverain –, tous les individus sont égaux, par leur participation à l'élaboration des lois et par leur obéissance aux mêmes lois. Ainsi, nous ne pouvons jouir d'aucune liberté sans l'égalité des droits – ou égalité des conditions.

B. L'égalité des droits rend possible l'exercice des libertés

C'est bien cette liberté « en droits » que proclame la *Déclaration des droits de l'homme et du citoyen*, à savoir une liberté rendue possible par la loi, qui limite la poursuite des intérêts personnels et garantit en principe à tous les mêmes droits. Dans cette mesure, on peut dire que loin de menacer la liberté, l'égalité civile, liée à la citoyenneté, la rend possible, en contenant les inégalités naturelles de force et en nous préservant des abus d'un pouvoir qui se placerait au-dessus des lois.

[Transition] Mais que vaut la liberté civile d'un homme pauvre ? Être libre « en droits », est-ce vraiment être libre ?

3. Les inégalités sociales menacent la liberté

A. Une liberté sans égalité réelle n'est qu'une liberté de principe

• On peut cependant s'interroger sur la primauté accordée à la liberté individuelle sur l'égalité, ramenée à une égalité des conditions ou des droits. Dans ses *Manuscrits de 1857-1858 (Grundrisse)*, Marx voit dans l'équation liberté/égalité le cœur de la démocratie bourgeoise et de l'idéologie des droits de l'homme. Il identifie ce lien à une représentation idéalisée de la circulation des marchandises et de l'argent, qui serait la base réelle de ces démocraties. La réciprocité de l'égalité et de la liberté, tenues pour des droits universels, définirait en réalité l'individu du marché, individu indéterminé porteur de cet universel qu'est le pouvoir d'achat.

> **À NOTER**
> La *Déclaration des droits de l'homme et du citoyen* de 1789 fait de la liberté et de l'égalité les premières qualités inaliénables de l'homme et adjoint à la liberté conçue comme droit naturel, dans l'article 2, la propriété.

• Ces qualités que l'idéologie bourgeoise donne pour essence de l'homme sont en réalité, dit Marx, indispensables au fonctionnement du marché. Mais que devient la libre volonté de l'ouvrier plié aux contraintes du capital, et forcé de se vendre à celui-ci ? Liberté et égalité, dit Marx, sont en réalité le langage qui masque l'exploitation : car que vaut le droit d'être libre quand on se vend au capital, et que vaut le droit fondamental d'être propriétaire quand on ne peut pas l'être, en réalité ?

B. Pour ne pas nuire à notre liberté, les inégalités sociales doivent être régulées

• C'est bien parce que les lois peuvent être les outils des plus riches pour obliger les plus pauvres à respecter leur personne et leurs biens, en échange de leur protection – par l'État –, que Rousseau, dans *Du contrat social*, explique que le droit de propriété revient à la communauté des citoyens. Celle-ci doit pouvoir décider du mode, de l'extension et de la forme de la propriété : « car l'État, dit-il, à l'égard de ses membres est maître de tous leurs biens par le contrat social, qui, dans l'État sert de base à tous les droits ». Alors seulement, dit-il, les inégalités sociales, nées de l'idée de la propriété privée, ne nous empêcheront pas d'être libres.

À NOTER
Dans *Du contrat social*, Rousseau remarque que si nos volontés particulières veulent la préférence, la « volonté générale » qui anime le citoyen veut toujours l'égalité.

• En somme, si les différences de richesses existent, elles doivent reposer sur un principe de justice et pouvoir être régulées par la communauté des citoyens : à cette seule condition, nous pourrons considérer que la liberté n'est pas le privilège de quelques-uns.

Conclusion

[Synthèse] En définitive, on peut se demander à qui la revendication égalitariste peut apparaître menaçante : de fait, l'égalité des droits est bien la condition d'exercice des libertés individuelles, et, au-delà, une véritable liberté peut difficilement penser indépendamment d'une réflexion portant sur les inégalités sociales. [Ouverture] Reste à établir quelle structure politique est la mieux à même de nous garantir cet accès à une liberté commune, en nous préservant des abus de pouvoir.

4 AUTRES SUJETS POUR S'ENTRAÎNER

- Être libre, est-ce ne rencontrer aucun obstacle ?
- Explication d'un extrait de *De la démocratie en Amérique*, de Tocqueville
- Explication d'un extrait de *La Religion dans les limites de la simple raison*, de Kant
- Explication d'un extrait du *Traité théologico-politique*, de Spinoza

▶ Retrouvez les corrigés sur annabac.com

24 Dissertation

Peut-on être libre sans s'imposer une discipline ?

4 heures
20 points

INTÉRÊT DU SUJET • L'apprentissage d'un instrument de musique suppose que l'on s'impose à soi-même une discipline. Sans travail régulier, nous risquons d'éprouver l'impression douloureuse de ne pas réussir à faire ce que nous voulons faire. Est-ce donc la discipline qui nous rend libre ?

LES CLÉS DU SUJET

Définir les termes du sujet

Peut-on... sans...

Le sujet présuppose une compatibilité de la liberté et de la discipline : la question est plus précisément de savoir si le fait de s'imposer une discipline est nécessaire à la liberté.

Être libre

- La liberté peut se définir au sens psychologique comme un pouvoir intérieur de se déterminer par soi-même, indépendamment de toute contrainte. On distingue cependant le **libre arbitre**, simple capacité à faire des choix sans y être contraint, de l'autonomie, du grec *auto* (soi-même) et *nomos* (la loi), comprise comme le pouvoir de déterminer par soi-même ses propres règles d'action.
- Mais la liberté se définit à l'origine en un **sens politique** : *liber*, en latin, désigne le statut de l'homme libre, c'est-à-dire du citoyen, défini par son pouvoir de participer à l'élaboration des lois.

S'imposer une discipline

La discipline désigne à la fois une règle de conduite et l'obéissance à cette règle. Elle se définit comme un ordre construit contre le désordre de la spontanéité, des pulsions, des passions. S'imposer une discipline renvoie donc à l'idée d'un travail sur soi, d'un effort visant à mettre en ordre et à maîtriser une spontanéité naturelle.

Dégager la problématique

Problématique

- Le problème tient ici à la contradiction apparente entre la liberté et une discipline associée à la contrainte et à l'ordre.
- Pourtant, est-il seulement possible d'être libre et maître de soi en s'abandonnant au désordre de nos penchants, à nos passions ?

Construire un plan

1. On peut être libre en dehors de toute discipline	La discipline, qui implique un ordre et une mesure, ne pourrait que limiter voire anéantir notre liberté de pensée comme spontanéité créatrice.
2. L'absence de discipline ruine la liberté	Pourtant, une liberté sans règles est-elle seulement possible dès lors que l'absence de mesure et de limites nous livre aux errements de nos passions ?
3. Être libre suppose une discipline de soi	Le fait de s'imposer à soi-même une discipline est bien la condition de possibilité de notre liberté : être libre, c'est se soucier de soi.

24 CORRIGÉ GUIDÉ

Les titres en couleurs et les indications entre crochets servent à guider la lecture mais ne doivent pas figurer sur la copie.

Introduction

[Reformulation du sujet] Est-il possible de penser la liberté comme pur désordre ou spontanéité ? *A priori*, on pourrait penser qu'être libre, c'est précisément échapper à toute règle et à toute mesure : pourtant, n'est-ce pas se soumettre alors aux diverses passions qui nous agitent ? [Définition des termes du sujet] La liberté, du latin *liber* qui désigne le statut de l'homme libre, c'est-à-dire du citoyen, se définit en un sens politique mais aussi psychologique : elle correspond au pouvoir intérieur de se déterminer par soi-même, indépendamment de toute contrainte. La discipline désigne à la fois une règle de conduite et l'obéissance à cette règle. S'imposer une discipline renvoie donc à l'idée d'un travail sur soi, d'un effort visant à mettre en ordre et à maîtriser une spontanéité naturelle. [Problématique] La question est de savoir s'il est seulement possible d'être libre en s'abandonnant à nos penchants. Peut-on être maître de soi en se soumettant au désordre de nos pulsions, ou faut-il au contraire leur imposer un ordre ? En ce sens, la discipline est-elle l'obstacle ou la condition même de notre liberté ?

1. On peut être libre en dehors de toute discipline

A. La liberté est une spontanéité

• Dans un premier temps, on pourrait penser qu'il est possible d'être libre en dehors de toute discipline : comment penser la discipline comme une condition de la liberté dès lors que la discipline désigne un ordre, des règles, et l'obéissance à des règles qui semblent aller à rebours de notre spontanéité ? Si s'imposer une discipline signifie se conformer à des règles et obéir à ces règles, alors cela semble faire obstacle à notre créativité, en inscrivant nos actions dans une répétition.

• Dans *La Crise de la culture*, Hannah Arendt définit ainsi la liberté comme un pouvoir d'agir, c'est-à-dire d'introduire une rupture dans l'ordre d'une succession : l'homme est un « commenceur », dit-elle, en ce qu'il est capable d'échapper à la mécanique d'une causalité ou d'une discipline, par la création de nouvelles actions dans le domaine de la vie individuelle comme dans le champ politique. L'être discipliné, en ce sens, n'est-il pas avant tout l'animal, rivé à la répétition de ses actions par les impératifs de sa vie biologique ?

B. Être libre, c'est épouser le désordre de la vie

• Pourtant, agir spontanément, est-ce nécessairement agir en dehors de toute règle que l'on s'imposerait à soi-même ? L'action créatrice n'exige-t-elle pas un effort pour se détacher de la vie répétitive propre à l'animal, et en ce sens une discipline de soi ? Mais que serait alors la vie indisciplinée ? Vivre sans discipline pourrait signifier exercer notre puissance sans souci de l'ordre et de la mesure : la liberté consisterait en un abandon, un relâchement par lequel nous laisserions libre cours à nos désirs et passions.

• Le désordre n'est-il pas le mouvement même de la vie ? C'est ce que soutient Calliclès dans le *Gorgias* de Platon : mener une vie tempérante, se soucier de l'ordre et de la mesure, c'est, dit-il, « vivre comme une pierre ». Autrement dit, bien vivre, c'est s'affranchir de tout cadre prédéterminé et déployer librement sa puissance.

À NOTER
La seule règle de vie, dit Calliclès, est celle de la liberté : « Le luxe, l'intempérance et la liberté, quand ils sont soutenus par la force, constituent la vertu et le bonheur. »

[Transition] Pourtant, que vaut cette liberté sans mesure et sans règles ? Une liberté pensée comme absence d'obligation et de règles ne nous expose-t-elle pas en réalité à de la contrainte ?

DÉFINITIONS
L'**obligation** désigne le devoir, défini par la loi morale ou juridique ; la **contrainte** est ce qui fait obstacle à notre volonté.

2. L'absence de discipline ruine la liberté

A. L'absence de mesure nous fait souffrir

• Il est en effet nécessaire d'envisager les conséquences d'une telle définition de la liberté : si être libre c'est se détacher de tout souci d'ordre et de mesure, si la liberté est licence, c'est-à-dire pouvoir de faire ce que nous voulons, nous devons alors nous représenter la vie libre comme une vie en proie aux passions. Or, comment l'homme, esclave de ses passions et éternellement insatisfait, pourrait-il être dit libre ?

• Dans le *Gorgias*, Socrate, qui s'adresse à Calliclès, oppose la souffrance de cette « vie déréglée » à la « vie d'ordre » en illustrant chacune de ces situations par une image. D'un côté, un homme possède des tonneaux remplis de nourriture : il est « l'homme tempérant » qui combat l'illimitation du désir. De l'autre, un homme n'a que des tonneaux fêlés car il refuse toute discipline et ne soucie pas de lui-même : soumis à ses passions, il est voué à souffrir à cause de ses excès.

B. L'homme sans discipline est un homme soumis

La vie sans discipline nous apparaît alors comme la vie apparemment facile mais essentiellement souffrante de l'homme irréfléchi qui, fuyant l'ordre et les limites de la réalité, se trouve ballotté au gré de ses passions ou du hasard. « Ces hommes, dit Sénèque dans la *Lettre à Lucilius*, qui s'élancent de projets en projets ou qui même, sans élan spontané, s'y laissent pousser comme par le hasard, comment auraient-ils un sort fixe et durable, eux, flottants et mobiles ? Peu de gens, soit au-dehors soit au-dedans d'eux-mêmes, s'ordonnent selon les plans de la raison : la multitude, comme ces objets qui suivent le courant des fleuves, ne marche pas, mais est entraînée. » De fait, comment croire que ces hommes affairés, si peu maîtres d'eux-mêmes, vivent en hommes libres ?

L'AUTEUR
Sénèque
(vers 4 av. J.-C. – 65 ap. J.-C.).

Sénèque est un représentant du stoïcisme, courant philosophique selon lequel l'homme est libre en ce qu'il peut maîtriser sa vie passionnelle et adhérer à son destin.

[Transition] Si la liberté suppose l'affranchissement vis-à-vis d'une discipline imposée de l'extérieur, elle ne peut pas pour autant être pensée en dehors de toute règle. Dès lors, c'est *en soi* qu'il faudrait trouver une forme de discipline.

3. Être libre suppose une discipline de soi

A. Seul l'homme maître de lui-même est libre

> ▶ **Le conseil de méthode**
> La troisième partie n'est pas une synthèse au sens où l'on répondrait « peut-être » : après avoir exposé les inconvénients d'une liberté sans discipline, on montre ici en quoi la discipline est ce sans quoi il n'y a pas de liberté.

• Il apparaît alors que la liberté n'est pas seulement compatible avec la discipline de soi, mais se trouve conditionnée par l'effort que nous faisons pour nous soucier de nous-mêmes. En ce sens, la vraie liberté n'est pas licence mais autonomie (du grec, *auto*, soi-même, et *nomos*, la loi). Mais comment se donner à soi-même ses propres règles d'action ? Comment résister au flux des passions qui s'offrent à nous ?

• Pour les stoïciens, notre liberté consiste d'abord en un pouvoir d'agir sur nos désirs : la raison particulière à l'âme humaine consiste en effet dans l'« assentiment » qui se trouve, disent-ils, entre nos représentations et ce qu'ils appellent la « tendance ». L'âme doit donner son assentiment, son accord, pour que la tendance liée à une certaine représentation se réalise, sans quoi nous ne pouvons pas agir. Autrement dit, nous avons toujours le choix de former en nous une passion : il est possible d'agir sur notre jugement, pour ne plus être exposé à une souffrance qui n'est pas naturelle, puisqu'elle est liée à une adhésion immédiate et irréfléchie à une impression venue du dehors. Le stoïcisme, en ce sens, correspond à une éthique de l'autonomie rationnelle : le souverain bien repose sur un accord avec soi-même rendu possible par le contrôle de l'âme par la raison.

B. L'homme libre se soucie de lui-même

• La liberté n'est donc pas ce qui doit se plier à la discipline, mais au contraire ce à quoi nous ne pouvons accéder que par une discipline permanente visant à nous rendre maître de nous-mêmes. Devenir libre suppose avant tout un effort sur soi, effort qui s'oppose au laisser-aller de celui qui s'asservit à son ignorance et à ses passions. C'est en ce sens qu'il faut entendre la formule « Connais-toi toi-même », précepte delphique réinvesti par Socrate : la connaissance de soi est étroitement liée, pour Socrate, au fait de se soucier de soi, c'est-à-dire de se préoccuper de son âme, de ne pas la livrer aux errances des désirs et des vices.

• La liberté s'obtient ainsi au prix de cette conversion à soi qui nécessite la rigueur et la force d'âme de celui qui a su prendre sa mesure, afin de s'améliorer. Comme le rappelle Michel Foucault dans *L'Herméneutique du sujet*, le souci de soi, loin de désigner une simple attitude de conscience, est pensé par l'Antiquité grecque comme un exercice permanent, « une occupation réglée, un travail avec ses procédés et ses objectifs », par lequel l'âme se ressaisit en sortant de l'éparpillement propre à la vie affairée.

Conclusion

Ainsi, une liberté sans discipline est difficilement pensable, dans la mesure où la vie indisciplinée ne saurait apparaître comme une bonne vie : c'est tout l'enjeu de la philosophie morale que de répondre à la question : « Que faire ? ». Or, répondre à cette question passe non seulement par la mesure de ce qu'il nous est possible de faire, mais aussi par l'effort sans cesse renouvelé pour trouver en soi de quoi régler nos actions afin de résister, en se formant soi-même, à ce qui nous éloigne de nous.

3 AUTRES SUJETS POUR S'ENTRAÎNER

- Suffit-il d'avoir le choix pour être libre ?
- Explication d'un extrait de *De la concorde*, d'Anselme
- Explication d'un extrait du *Traité des sensations*, de Condillac

▶ Retrouvez les corrigés sur annabac.com

Avons-nous des devoirs envers la nature ?

4 heures
20 points

INTÉRÊT DU SUJET • Apprendre à trier nos déchets, un de ces gestes du XXIe siècle qui montre que nous sommes de plus en plus conscients de notre rapport à la nature. En effet, avons-nous le droit de nous rendre maîtres et possesseurs à notre gré de la nature ?

LES CLÉS DU SUJET

Définir les termes du sujet

La nature

La nature désigne à la fois l'ensemble des propriétés fondamentales d'un être ou d'une chose, et l'ensemble du monde physique et des principes qui l'animent.

Devoirs

Au sens large, le terme « devoirs » désigne des obligations imposées non seulement par la morale, mais aussi par les lois, les règlements, les conventions sociales. En l'occurrence, ce sont surtout les devoirs moraux qui sont interrogés.

Nous

Qui est désigné par le pronom « nous » ? S'agit-il de tous les individus ? de l'espèce humaine en général ?

Dégager la problématique

Problématique

- Admettons que nous ayons des devoirs envers la nature. Quelle est la conception de la nature qui en découlerait ?
- Admettons que nous n'ayons pas de devoirs envers la nature. Quelles en seraient les conséquences pratiques ?

Construire un plan

1. Nous avons des devoirs envers la nature	• Observez que la nature semble réaliser des fins (chez les êtres vivants notamment). • La beauté de la nature nous oblige-t-elle à la respecter et à en prendre soin ?
2. La nature n'est pas un sujet de droit	• Devons-nous respecter la matière et l'étendue ? • Une entité impersonnelle peut-elle avoir des droits ? • Citez des exemples de devoirs moraux. Impliquent-ils une réciprocité ?
3. Nous avons des devoirs indirects envers la nature	• Renseignez-vous sur les impacts du saccage de la nature sur l'homme. Le bonheur de l'homme requiert-il la préservation de la nature ? • Devons-nous traiter de la même manière tous les éléments de la nature ?

25 CORRIGÉ FLASH

Introduction

[Reformulation du sujet] Alors que le terme de « nature » désigne l'ensemble du monde physique et des principes qui l'animent, celui de « devoirs » renvoie à l'idée de conduites qui s'imposeraient à un « nous », c'est-à-dire aux hommes entendus comme individus et espèce. [Problématique et annonce de plan] Si nous avons des devoirs envers la nature, ne faut-il pas concevoir celle-ci comme un sujet ayant des droits et méritant le respect ? N'est-ce pas là attribuer des caractères humains à la nature ? Si, au contraire, il faut dire que nous n'avons pas de devoirs envers la nature, n'est-ce pas valider moralement son saccage ?

1. Nous avons des devoirs envers la nature

A. La nature est assimilable à une personne dotée de conscience

• Comme le souligne Aristote dans sa *Physique*, la nature paraît ordonnée en vue de fins. Le corps humain, par exemple, est d'une telle complexité qu'il semble difficile de n'y voir que le résultat du hasard. Tout se présente donc comme si la nature voulait produire un tel résultat.

• Aristote ne prête peut-être pas des intentions au sens strict à la nature, mais montre la nécessité de rendre compte de celle-ci en recourant à l'idée de finalité.

B. La nature est un ensemble d'êtres vivants

Certains animaux sont manifestement proches des hommes, du fait qu'ils semblent dotés de conscience, à tel point que Montaigne soutient dans ses *Essais* qu'« il y a plus de différence de tel homme à tel homme qu'il n'y a de tel homme à telle bête ». C'est ainsi que certains animaux disposeraient même du langage !

C. La nature est belle

Selon l'Américain Emerson, les devoirs que l'homme a envers la nature se manifestent dans le sentiment d'émerveillement qui est le nôtre devant les paysages qu'elle nous offre. Celui qui aime la nature la voit avec révérence et conserve son esprit d'enfant, car la forêt recèle une éternelle jeunesse.

CITATION
« La nature satisfait l'âme uniquement par sa beauté [...] J'ai vu le spectacle du matin, depuis le sommet de la colline, contre ma maison, depuis le jour jusqu'au lever du soleil, avec des émotions qu'un ange pourrait partager » (Emerson, *Nature*).

2. La nature n'est pas un sujet de droit

A. La nature n'est que matière et étendue

La science moderne nous a appris que la nature pouvait être conçue entièrement comme un mécanisme. Elle est assimilable à un livre « écrit en langage mathématique » (Galilée). Elle ne doit pas être entendue comme « quelque déesse, ou quelque autre sorte de puissance imaginaire » (Descartes). En droit, elle est totalement explicable par des principes rationnels. Elle est bien un ensemble de lois aveugles et parler de devoirs dans ce contexte est totalement dépourvu de signification.

B. La nature n'est pas une personne

Selon Jacques Monod, les effets de finalité intentionnelle s'expliquent entièrement par le jeu de causes matérielles aveugles et du hasard. La personnification de la nature apparaît alors comme une forme d'anthropomorphisme qui n'a pas lieu d'être.

C. La nature ne saurait avoir de devoirs envers les hommes

Jean Piaget soutient qu'il n'est possible pour l'individu de s'imposer des devoirs qu'envers des êtres susceptibles de s'imposer les mêmes devoirs à son égard. Ce n'est pas le cas de la nature, dont les tremblements de terre et éruptions volcaniques frappent les hommes au hasard. L'idée de devoirs envers la nature est donc caduque.

3. Nous avons des devoirs indirects envers la nature

A. Le respect de la nature s'impose pour l'homme lui-même

- Dans ses *Leçons d'Éthique*, Kant explique que si les hommes doivent respecter la nature, c'est pour l'homme lui-même. Ainsi, par exemple, un homme qui abat son chien n'enfreint pas un devoir qu'il a envers son chien, mais « il commet un acte qui heurte en lui le sentiment d'humanité ». Un homme cruel envers les animaux commet un acte qui contredit « l'affabilité bienveillante », montrant, par là-même, qu'il pourrait également être cruel envers ses semblables.
- Jonas étend ce devoir aux générations futures : lutter contre la pollution est une conduite qui s'impose par respect envers les hommes à venir.

B. La nature est un concept large

- Nous avons peut-être des devoirs envers certains animaux, mais nous n'en avons pas envers les minéraux. Selon Peter Singer, « si un être souffre, il ne peut y avoir aucune justification morale pour refuser de prendre en considération cette souffrance ». Autant il semble difficile de soutenir l'existence d'une souffrance minérale, autant on ne peut en nier l'existence chez les animaux.
- La maximisation du bien-être de tous passe par celui de tout être sensible, indépendamment de son intelligence. Ainsi, il ne s'agit pas de soutenir que les hommes et les animaux doivent être traités de manière identique et, par exemple, de « donner le droit de vote aux cochons », mais de changer notre façon de percevoir et de traiter ces derniers, c'est-à-dire de ne pas mépriser les intérêts des non-humains.

C. L'homme peut souhaiter préserver la nature

On peut reconnaître qu'il existe généralement chez les hommes le désir de vivre une vie proche d'une nature préservée. C'est ce qu'illustre le phénomène croissant de rurbanisation, dont parlent Antoine Bailly et Lise Bourdeau-Lepage : tout en conservant le confort, ces hommes de plus en plus nombreux souhaitent mener une existence campagnarde.

Conclusion

Au sens strict, nous n'avons pas de devoirs envers la nature. Néanmoins, nous avons des devoirs indirects (pour l'homme) envers elle, et peut-être envers les animaux qui connaissent la souffrance. Enfin, au-delà des prescriptions morales existe un désir humain de préserver la nature : l'homme réclame la possibilité d'être toujours émerveillé par les paysages naturels préservés. L'homme éprouve une sorte de désir d'osmose avec la nature, par-delà le bien et le mal, qui est irréductible à une simple stratégie de survie de l'humanité.

26 Explication de texte

Mill, *La Nature*

4 heures
20 points

INTÉRÊT DU SUJET • Dans son essai *La Nature* (1874) devenu un classique de philosophie politique, l'Anglais J. S. Mill remet en question l'idée selon laquelle il faudrait « suivre la nature ». Il va ainsi à l'encontre de ce préjugé très répandu qui fait de la nature une norme. Quels sont ses arguments ?

Expliquez le texte suivant :

Le mot Nature a deux sens principaux : il désigne soit le système entier des choses, avec l'ensemble de leurs propriétés, soit les choses telles qu'elles seraient en l'absence d'intervention humaine.

Dans le premier sens, la doctrine selon laquelle l'homme doit suivre la nature est absurde, car l'homme ne peut rien faire d'autre que suivre la nature, puisque toutes ses actions reposent sur une ou plusieurs des lois physiques ou mentales de la nature et obéissent à ces lois.

Dans le second sens de ce mot, la doctrine selon laquelle l'homme doit suivre la nature ou, en d'autres termes, devrait prendre le cours spontané de la nature pour modèle de ses actions volontaires, est à la fois irrationnelle et immorale. Irrationnelle, parce que toute action humaine consiste à altérer le cours spontané de la nature, et toute action utile à l'améliorer. Immorale, parce que le cours des phénomènes naturels étant rempli de tous les événements qui, lorsqu'ils résultent de l'action humaine, méritent le plus d'inspirer la répulsion, quiconque s'efforcerait par ses actes d'imiter un tel cours naturel serait universellement considéré comme le plus méchant des hommes.

John Stuart Mill, *La Nature*, 1874, trad. Estiva Reus.

La connaissance de la doctrine de l'auteur n'est pas requise. Il faut et il suffit que l'explication rende compte, par la compréhension précise du texte, du problème dont il est question.

LES CLÉS DU SUJET

Repérer le thème et la thèse

• Il est commun d'affirmer que ce qui est naturel est bon et que l'homme devrait suivre la nature.

• Mais, pour Mill, il est à la fois absurde, irrationnel et déraisonnable de recommander à l'homme de suivre la nature.

Dégager la problématique

Problématique

- L'injonction de suivre la nature suppose que l'homme soit extérieur à celle-ci. Or l'homme n'est-il pas un membre à part entière de la nature ?
- De plus, n'est-il pas illusoire de considérer la nature comme un modèle à suivre, celle-ci étant capable du meilleur comme du pire ?

Repérer les étapes de l'argumentation

1. Les deux sens du mot « nature » (l. 1 à l. 3)	Distinguez les deux sens du mot « nature » énoncés par Mill. En quoi s'opposent-ils ?
2. L'homme est un être naturel (l. 4 à l. 7)	Qu'est-ce qu'une tautologie ? Si la nature désigne le « système entier des choses », pourquoi est-il tautologique de demander à l'homme de la suivre ?
3. La nature ne peut être une norme (l. 8 à l. 17)	• Le propre de l'homme n'est-il pas de transformer la nature ? Montrez comment Mill développe cette idée. • La nature ne peut-elle pas se montrer cruelle en certaines circonstances ? Qu'en déduit Mill ?

26 CORRIGÉ GUIDÉ

Les titres en couleurs et les indications entre crochets servent à guider la lecture mais ne doivent pas figurer sur la copie.

Introduction

[Question abordée] Le philosophe stoïcien Zénon de Citium, né au IVe siècle avant notre ère, affirmait que l'homme devait vivre « conformément à la nature ». [Problématique] Faire de la nature une norme du comportement humain semble présenter l'avantage de fonder la morale sur un critère objectif, clairement lisible dans le réel. [Thèse] Mais Mill, dans cet extrait, s'attaque à cette idée en montrant qu'elle est faible, tant logiquement que moralement. En effet, « suivre la nature » suppose que l'homme soit extérieur à celle-ci. Or l'homme n'est-il pas un membre à part entière de la nature ? De plus, n'est-il pas illusoire de considérer la nature comme un modèle à suivre, dans la mesure où elle est capable du meilleur comme du pire ? [Annonce du plan] Dans le texte étudié, le philosophe commence par présenter les deux sens du mot « nature » (l. 1 à 3). Il explique ensuite que l'homme fait partie de la nature : il est donc inutile de lui demander de la suivre (l. 4 à 7). Il montre enfin que la nature n'est pas une norme et qu'il serait donc à la fois irrationnel et immoral de chercher à la suivre (l. 8 à 17).

1. Les deux sens du mot « nature »

> ▶ **Le conseil de méthode**
> Vous devez montrer que Mill présente deux définitions du terme « nature », l'une incluant l'homme et l'autre l'excluant.

A. L'ensemble des choses

- Mill commence par dégager le premier sens du mot « nature », qui renvoie au « système entier des choses, avec l'ensemble de leurs propriétés ». Le mot « choses » englobant à la fois les êtres vivants et les corps inertes, la nature désigne ici la réalité dans son ensemble.
- En tant qu'être vivant, l'homme fait partie de la nature ainsi entendue.

B. L'ensemble des choses non produites par l'homme

- Dans sa seconde acception, la nature désigne « les choses telles qu'elles seraient en l'absence d'intervention humaine ». Elle correspond alors à ce qui n'est pas produit ou transformé par l'homme.
- Elle s'oppose ici à l'artifice, conçu comme le produit d'une activité humaine, et à la culture, entendue comme le processus par lequel l'homme s'éloigne de l'animalité en transformant la nature.

> **À NOTER**
> Il est souvent utile, pour expliquer une notion (ici la nature), de l'opposer à ses antonymes (ici l'artifice, la culture).

[Transition] Après avoir clarifié les deux sens du terme « nature », Mill examine ce que vaut le précepte selon lequel l'homme doit suivre la nature.

2. L'homme est un être naturel

A. L'homme fait partie de la nature

Mill explique que si l'on conçoit la nature comme la réalité dans son ensemble, alors « la doctrine selon laquelle l'homme doit suivre la nature est absurde ». Il rejoint ici la conception de Spinoza qui dénonce, dans l'*Éthique*, la tendance de l'homme à croire qu'il peut échapper aux lois de la nature, alors qu'il est, comme toute chose, soumis à ces lois, tant au niveau de son corps que de son esprit.

B. Il n'a donc pas le choix de la suivre

- Mill en déduit que le précepte qui recommande de suivre la nature est tautologique : l'homme faisant partie de la nature, il ne peut que la suivre.
- Lui demander de suivre la nature, c'est supposer que cet acte repose sur une décision libre, alors que les actions suivent nécessairement la nature.

[Transition] Mill envisage ensuite le second sens du mot « nature », lequel ne permet pas plus de justifier le précepte qui commande de la suivre.

3. La nature ne peut être une norme

> ▶ **Le secret de fabrication**
> Observez comment progresse le raisonnement de Mill. Suivre la nature, dit Mill, est absurde logiquement (sur le plan théorique), mais également contraire à la survie de l'homme et à la morale (sur le plan pratique).

A. Une thèse polémique

> **À NOTER**
> Étudier la forme du raisonnement permet de mettre en lumière la logique du texte.

- Mill envisage désormais la nature comme l'ensemble des choses non produites par l'homme. Il contredit le précepte qui commande de suivre la nature, au nom de sa conséquence à la fois « irrationnelle et immorale ».
- Ce faisant, il vise des penseurs qui ont fait de l'obéissance à la nature le fondement de l'action humaine. Par exemple, dans la *Lettre à Ménécée*, Épicure préconise, pour être heureux, de privilégier les désirs naturels, comme le fait de se nourrir quand on a faim, et de renoncer aux désirs vains, comme la richesse, qui sont le fruit de la vie en société. Si cette conception a l'avantage de fonder la morale sur un critère objectif, Mill la juge problématique.

B. Suivre la nature : un précepte irrationnel

- En effet, l'homme ne peut vivre qu'en modifiant son environnement naturel. C'est ce que montre le mythe de Prométhée : les hommes, naturellement démunis, ont besoin de la technique pour survivre.

• Mill ajoute que la transformation de la nature est aussi la condition du progrès de l'homme en affirmant que « toute action utile » consiste à « améliorer » la nature. L'exemple des OGM, notamment, peut cependant nous conduire à nuancer son propos : l'homme pensait initialement, grâce à eux, « améliorer » la nature. Mais est-ce réellement le cas dès lors que les OGM risquent de nuire à la biodiversité ?

C. Suivre la nature : un précepte immoral

• Mill dénonce ensuite l'illusion selon laquelle la nature ne produirait que de bonnes choses. En effet, la nature est à l'origine de catastrophes naturelles ou d'épidémies, qui sont perçues comme des malheurs par les hommes. Ainsi, prendre la nature comme norme de l'action humaine pourrait conduire à l'immoralité, car, comme Mill l'explique dans *L'Utilitarisme*, une action dont les conséquences nuisent au bonheur du plus grand nombre est immorale.

• Le philosophe montre ici qu'on ne peut faire du principe selon lequel il faut suivre la nature le fondement de l'action morale, qu'à condition de spécifier ce qui, en elle, mérite d'être suivi. Or cela risque d'impliquer un retour de la subjectivité dans un fondement qui semblait objectif.

Conclusion

Mill montre dans ce texte qu'il est infondé de demander à l'homme de suivre la nature. Ce précepte est absurde, car l'homme, en tant qu'être naturel, ne décide pas de suivre la nature. Il est irrationnel, car l'homme a besoin de transformer la nature pour survivre. Enfin, il est immoral, car la nature ne produit pas que de bonnes choses. Les débats contemporains autour de la préservation de la nature font écho à la thèse de Mill : c'est bien parce que l'homme ne se contente pas de suivre la nature qu'il peut lui nuire, mais qu'il peut aussi se donner comme impératif de la respecter.

3 AUTRES SUJETS POUR S'ENTRAÎNER

- Peut-il exister des désirs naturels ?
- Explication d'un extrait de *De la divination*, de Cicéron
- Explication d'un extrait de *La Description du corps humain et de toutes ses fonctions*, de Descartes

▶ Retrouvez les corrigés sur annabac.com

LA NATURE

27 Dissertation

Faut-il préférer la raison à l'imagination ?

4 heures
20 points

INTÉRÊT DU SUJET • On associe souvent l'imagination à la rêverie. Préférer l'imagination à la raison semble conduire à une vie plus heureuse, affranchie des bornes étroites du réel. Mais ce bonheur semble incompatible avec la vérité.

LES CLÉS DU SUJET

Analyser les termes du sujet

La raison

La raison est la faculté de distinguer le vrai et le faux, associée à la recherche de la vérité, ainsi qu'à la tentative de prouver chaque proposition que l'on tient pour vraie.

L'imagination

L'imagination est la capacité à former des images qui peuvent s'affranchir de toute correspondance à la réalité.

Préférer

Ce verbe suppose une rivalité entre ces deux facultés. Cela implique de définir un critère qui permette de les comparer.

Dégager la problématique

Problématique

La raison et l'imagination sont deux façons d'appréhender le réel qui semblent contradictoires. Dès lors, faut-il privilégier la volonté de connaître le réel ou bien un rapport plus libre à la réalité ?

Mais l'existence d'un critère qui permette de comparer raison et imagination pose un problème : est-ce en fonction de l'idéal de vérité ? de la recherche du bonheur ?

Construire un plan

1. Le primat de la raison sur l'imagination	• Montrez que la raison est la faculté la plus adaptée pour atteindre la vérité. • Faites des recherches sur le personnage de Don Quichotte. La raison est-elle également la faculté la plus adaptée pour atteindre le bonheur ?
2. Faut-il toujours se méfier de l'imagination ?	• L'imagination conduit-elle nécessairement à l'erreur ? au malheur ? • Prenez l'exemple de la pratique artistique pour montrer en quoi l'imagination est une faculté importante.
3. Raison et imagination : deux facultés complémentaires	• Comment se construisent les théories scientifiques : raison et imagination s'opposent-elles nécessairement ? • Montrez en quoi raison et imagination peuvent être complémentaires.

27 CORRIGÉ GUIDÉ

Les titres en couleurs et les indications entre crochets servent à guider la lecture mais ne doivent en aucun cas figurer sur la copie.

Introduction

[Reformulation du sujet] Voltaire attribue à Malebranche une formule comprise comme une critique de l'imagination : l'imagination serait « la folle du logis », qui empêche l'homme d'user correctement de sa raison. Il s'agirait donc d'apprendre à préférer la raison, malgré notre penchant naturel à fabriquer des images. [Problématique] Pourtant, peut-on se contenter de cette définition négative de l'imagination et s'en tenir à une défense, aussi bien théorique que pratique, de la raison ? [Annonce du plan] Nous montrerons tout d'abord que la raison permet d'atteindre la vérité et le bonheur plus facilement que l'imagination. Ensuite, nous réviserons cette conception négative de l'imagination pour en montrer la dimension créative. Nous montrerons enfin la complémentarité de la raison et de l'imagination.

1. Le primat de la raison sur l'imagination

▶ Le secret de fabrication

Le sujet présuppose que l'on puisse comparer raison et imagination. Les deux notions doivent donc avoir des points communs, mais aussi des différences, pour que l'on puisse préférer l'une ou l'autre.

A. Deux facultés différentes

• Raison et imagination sont toutes les deux des facultés de l'esprit. Autrement dit, elles renvoient à des capacités intellectuelles qui permettent au sujet d'appréhender le réel. Elles ne sont pas les seules facultés de l'esprit : la sensibilité, la mémoire sont d'autres facultés qui nous permettent de nous rapporter au monde.

• Mais raison et imagination se distinguent sur deux aspects. Premièrement, la raison semble attachée à connaître le réel tel qu'il est, tandis que l'imagination semble plutôt s'affranchir des bornes étroites du réel pour fabriquer de nouvelles images. Par exemple, c'est par la raison que je chercherais à connaître la composition chimique de l'or, mais par l'imagination que je pourrais imaginer une ville entièrement faite d'or. Deuxièmement, la raison implique de suivre des règles strictes qui permettent à la pensée de rester dans le vrai, quand l'imagination implique une forme de liberté. Dès lors, quel rapport au réel est préférable ?

B. La supériorité de la raison

• Traditionnellement, on considère que la raison est une faculté maîtresse en ce qu'elle permet d'accéder à la vérité et au bonheur. À l'inverse, l'imagination serait dangereuse en ce qu'elle conduirait à l'illusion. Le personnage de Don Quichotte, prenant des moulins pour des géants à force de lire des romans de chevalerie, témoigne des dangers de l'imagination.

À NOTER
Dans *Mensonge romantique et vérité romanesque*, René Girard s'appuie sur le personnage de Don Quichotte pour montrer que notre désir est toujours influencé par les autres, ici par la lecture des romans de chevalerie. L'imagination nous trouble en ce qu'elle modifie nos désirs.

• Sénèque montre que le jugement droit, permis par la raison, nous conduit au bonheur. Au contraire, l'imagination nous fait donner de la valeur à ce qui n'en a pas. Dès lors, elle fait notre malheur : nous craignons ou espérons des biens sans importance pour notre bonheur. La connaissance de la vérité par la raison permet donc d'éviter des maux illusoires. La raison doit discipliner les autres facultés, suspectées de pousser l'homme à l'excès.

[Transition] Le primat accordé à la raison repose sur une conception négative de l'imagination, comprise comme fantaisie qui nous éloigne du réel. Pourtant, on peut concevoir l'imagination de façon plus positive.

2. Faut-il toujours se méfier de l'imagination ?

▶ **Le conseil de méthode**

On peut maintenant renverser la hiérarchie entre raison et imagination. Selon la définition donnée aux termes du sujet, on peut envisager d'autres réponses possibles à la question posée.

A. Les effets positifs de l'imagination

• Dans ses *Pensées*, Pascal approfondit l'opposition entre la raison et l'imagination. Certes l'imagination, « superbe puissance ennemie de la raison », peut conduire l'homme à l'erreur. Qu'on place une planche entre les deux tours de Notre-Dame, même le philosophe le plus raisonnable, sachant que la planche est suffisamment solide, aura peur d'y marcher, car il imaginera les conséquences de sa chute. Mais cette faculté a aussi des effets qui ont de la valeur.

• D'abord, l'imagination conduirait plus facilement au bonheur que la raison : « Elle ne peut rendre sages les fous, mais elle les rend heureux, à l'envi de la raison, qui ne peut rendre ses amis que misérables ». La lucidité conduirait au malheur, là où l'imagination associée à la folie pourrait nous rendre malgré tout heureux.

• Elle est aussi pour Pascal au fondement de l'ordre social. Pascal prend l'exemple des costumes des magistrats et des symboles utilisés au tribunal, qui impressionnent l'imagination des hommes de telle sorte qu'ils accordent une valeur plus grande à la justice. Ainsi, sans nier le fait que l'imagination peut nous détourner de la vérité, il souligne ses avantages, qu'il convient de prendre en considération.

B. Art et imagination

• L'imagination revêt également une dimension créatrice. Contrairement à la raison, elle semble nous éloigner du réel. Mais cet écart ne doit pas toujours être associé à l'illusion, il peut aussi être fécond. Le cas de l'artiste est ainsi révélateur : par son imagination, il donne à voir de nouvelles formes expressives qui peuvent émouvoir le spectateur. Ainsi, pour Baudelaire, l'imagination est la « reine des facultés » : elle permet de créer un monde nouveau qui ne se limite pas à la nature.

• Baudelaire va plus loin, ne réservant pas l'usage de l'imagination à l'artiste. Tout homme doit savoir faire preuve d'imagination. Le diplomate doit imaginer les traités à venir, sans s'en tenir à ce que la raison lui dicte. Même le scientifique en a besoin pour formuler de nouvelles théories et inventer de nouveaux concepts, de telle sorte que « l'imagination est la reine du vrai ».

[Transition] Ne vaut-il pas mieux valoriser l'imagination plutôt que la raison ?

3. Raison et imagination : deux facultés complémentaires

▶ Le secret de fabrication

On peut terminer le devoir en remettant en cause le présupposé du sujet : y a-t-il un sens à vouloir préférer la raison ou l'imagination ? N'est-il pas plus intéressant de saisir leur complémentarité ?

A. Revoir les définitions de la raison et de l'imagination

• L'analyse précédente nous montre qu'il peut être stérile de chercher à établir une hiérarchie entre raison et imagination, au lieu d'en montrer la complémentarité. Ainsi, par exemple, l'imagination permet de formuler des hypothèses qui pourront par la suite être vérifiées par la raison dans le cadre d'une démarche expérimentale.

• L'imagination ne nous éloigne pas nécessairement du réel. Elle peut aussi être comprise comme un moyen d'accéder au réel et de l'envisager sous des rapports variés. De même, la raison n'est pas simplement l'application de règles formelles strictes : elle implique imagination et inventivité.

B. Un dialogue créateur

• Bachelard insiste sur l'ambiguïté de l'imagination. Les productions de l'imagination sont des obstacles épistémologiques. Mais l'imagination est une étape nécessaire de la formation du savoir, car elle implique un effort permanent du savant pour s'en déprendre.

• Préférer la raison à l'imagination ne signifie donc pas rejeter l'imagination comme une faculté inutile voire nuisible. Cela implique bien plutôt d'en saisir la spécificité, sans confondre les domaines d'application des deux facultés. L'imagination a bien une force créatrice dans laquelle la raison doit puiser, sans se laisser porter par ses séductions.

Conclusion

Préférer la raison à l'imagination ne doit pas conduire à sacrifier l'une de ces deux facultés au profit de l'autre. Tout au contraire, il convient de cerner leur spécificité pour faire de leur différence une tension créatrice : l'imagination permet à la raison de se dépasser, quand la raison discipline l'imagination. Cette thèse implique de dépasser l'opposition entre art et science, dans la mesure où toutes nos facultés concourent à la créativité de l'esprit.

Aron, *Dimensions de la conscience historique*

4 heures
20 points

INTÉRÊT DU SUJET • Suivre l'actualité, avec son lot de conflits ou d'injustices, nous conduit souvent à rêver d'un monde meilleur dans lequel les hommes écouteraient leur raison. Faut-il céder au désespoir ou considérer de nouveau l'idéal qu'est la raison ?

Expliquez le texte suivant :

De même, autant il est erroné de se donner par la pensée un état social où toutes les aspirations seraient simultanément comblées, autant il est légitime de construire une idée de la raison, la représentation d'une collectivité ordonnée et équitable, qui semblerait rétrospectivement la raison d'être du long chemin, douloureux et sanglant, de l'humanité.

Cette société, où le sage serait satisfait, où les hommes vivraient selon la raison, on n'en peut abandonner l'espérance, puisque l'homme [...] est celui qui n'a jamais consenti à consacrer l'injustice en la mettant au compte de Dieu ou du cosmos. Mais confondre cette idée de la Raison avec l'action d'un parti, avec un statut de propriété, une technique d'organisation économique, c'est se livrer aux délires du fanatisme. Vouloir que l'Histoire ait un sens, c'est inviter l'homme à maîtriser sa nature et à rendre conforme à la raison l'ordre de la vie en commun. Prétendre connaître à l'avance le sens ultime et les voies du salut, c'est substituer des mythologies historiques au progrès ingrat du savoir et de l'action.

L'homme aliène son humanité et s'il renonce à chercher et s'il s'imagine avoir dit le dernier mot.

Raymond Aron, *Dimensions de la conscience historique*, 1961.

La connaissance de la doctrine de l'auteur n'est pas requise. Il faut et il suffit que l'explication rende compte, par la compréhension précise du texte, du problème dont il est question.

LES CLÉS DU SUJET

Repérer le thème et la thèse

• L'histoire a-t-elle un sens pour Aron ? Sur quoi repose la possibilité d'un sens de l'histoire ?

• Dans cet extrait, Aron cherche, grâce à la notion d'« idée de la raison », à éviter deux écueils : d'un côté affirmer que l'histoire n'est qu'une succession incohérente d'événements, de l'autre croire que l'homme peut connaître d'avance la fin de l'histoire.

Dégager la problématique

Problématique

- Les hommes, pour devenir acteurs de l'histoire, ont besoin d'y trouver un sens.
- Mais, comment éviter de tomber aussitôt dans la croyance naïve d'un progrès dont on pourrait connaître facilement la fin ?

Repérer les étapes de l'argumentation

1. La raison, une puissance de refus (l. 1 à l. 9)	• Distinguez, dans le premier paragraphe, la thèse critiquée par Aron et la thèse mise en avant. • Pourquoi est-il légitime de « construire une idée de la raison » ? En quoi les hommes en ont-ils besoin ?
2. Un équilibre difficile (l. 9 à l. 17)	• Qu'est-ce qu'une « idée de la raison » ? Quelle conception de l'homme implique-t-elle ? • Qu'est-ce qui, pour Aron, conduit au fanatisme ?

28 CORRIGÉ FLASH

Les titres en couleurs et les indications entre crochets servent à guider la lecture mais ne doivent en aucun cas figurer sur la copie.

Introduction

[Question abordée] Pour qui observe le monde, il ne va pas de soi que l'homme se définisse par la raison. Le règne de la violence, de la guerre, des inégalités montrerait plutôt la déraison de l'homme, qui désire faire le bien et établir la justice, mais qui en est incapable. [Problématique] Mais peut-on si facilement s'en tenir à un tel constat ? La raison n'est-elle qu'un vain idéal ou peut-elle devenir une valeur effective ? La capacité de l'homme à agir dans l'histoire est ici en jeu. L'homme a souvent le sentiment que l'histoire l'écrase. S'il recherche un sens à l'histoire et aux événements passés, c'est pour pouvoir se donner un avenir et agir à partir de cette connaissance du passé.

1. La raison, une puissance de refus

A. « Que puis-je espérer ? »

• Devant l'apparente absurdité du monde, il est légitime de se demander ce que l'homme peut attendre de l'avenir. Pour Kant, la philosophie cherche à répondre à trois questions : « Que puis-je connaître ? », « Que dois-je faire ? » et « Que m'est-il permis d'espérer ? » Le texte d'Aron se rapporte à cette troisième question. D'emblée, l'auteur distingue deux attentes possibles : « un état social où toutes les aspirations seraient simultanément comblées » et « la représentation d'une collectivité ordonnée et équitable ».

• La première attente est désignée comme une erreur. Imaginer un monde parfait relève de l'utopie, notamment parce que cet état imaginaire ne prend pas en compte la contradiction de nos aspirations. Les hommes désirent à la fois la liberté et la sécurité, une vie tranquille et une vie intense. Il est donc problématique de penser qu'un tel état soit accessible. La seconde attente est au contraire valorisée. Elle renvoie à une « idée de la raison » associée aux concepts d'ordre et de progrès. Il est ainsi légitime pour Aron d'espérer une société rationnelle. Mais en quoi n'est-ce pas ici encore une fois une utopie ?

B. L'origine de l'idée de raison

• Pour Aron, il est permis d'espérer que les hommes vivent un jour conformément à la raison, dans la mesure où l'homme porte en lui une puissance de refus. L'homme ne se résout pas à l'injustice. Il cherche à en comprendre l'origine sans l'admettre comme un fait indépendant de sa volonté. On peut reprendre ici la formule d'Alain : « Penser, c'est dire non. » La raison se définit comme un refus du fait, au nom d'un idéal de justice qu'elle porte.

> **À NOTER**
> Alain associe pensée et esprit critique : c'est en doutant de ce qui paraît évident que nous pouvons progresser dans la recherche de la vérité. L'erreur ou le préjugé sont des étapes nécessaires à dépasser.

• Ce refus implique une responsabilité : ce sont les hommes qui causent l'injustice, elle n'est pas l'effet d'une volonté divine ou d'un destin irrémédiable. Cela suppose que l'homme peut changer les choses. Aron s'oppose implicitement au fatalisme, qui consiste à croire que les hommes sont pris dans une histoire écrite d'avance sans qu'ils puissent en connaître le cours. Autrement dit, la raison renvoie à la soif de justice, mais aussi de liberté de l'homme.

2. Un équilibre difficile

A. Sens et fin de l'histoire

• Dire que l'idée de raison est la fin de l'histoire ne signifie pas que la raison s'imposera nécessairement d'elle-même dans l'histoire, indépendamment d'un effort de l'homme pour réaliser cette idée. Aron s'oppose à Hegel et à l'idée d'une « ruse de la raison ». Pour Hegel, quelles que soient les intentions des acteurs de l'histoire, la raison se réalise progressivement dans l'histoire. Les désirs de conquête de Napoléon, qui impliquent guerre et violence en Europe, permettent en même temps la diffusion du Code civil. Aron critique cette conception du progrès, en montrant que ce n'est que rétrospectivement qu'une telle croyance est possible.

• De là, il faut se méfier de tous ceux qui prétendent savoir quelle est la fin de l'histoire, comme si celle-ci était écrite d'avance. Aron fait implicitement référence au stalinisme, qui prétendait voir dans l'abolition de la propriété privée la fin nécessaire de l'histoire, justifiant toutes les exactions commises par un État autoritaire. Dire que la raison est la fin de l'histoire ne doit pas conduire au fanatisme, mais à la responsabilité de celui qui cherche à savoir la vérité et à vivre conformément à ses idées.

B. Une tension permanente

• Aron semble ainsi aboutir à un paradoxe : les hommes doivent avoir une idée de la raison, qui leur permette d'échapper au fanatisme, mais ils ne doivent pas croire connaître d'avance la fin de l'histoire, sans quoi ils tombent dans le fatalisme. Il faut ainsi vouloir un sens de l'histoire, sans prétendre en connaître d'avance le contenu.

• Aron reprend ici l'idée kantienne selon laquelle la raison est un idéal régulateur : bien qu'on ne puisse guère donner un contenu parfaitement déterminé à l'idée d'une société rationnelle, celle-ci sert d'idéal qui oriente notre action. Il est difficile de prouver que la raison puisse se réaliser dans l'histoire, mais cette espérance nous permet d'agir et de donner un sens à nos efforts pour établir une société plus juste.

• On peut dès lors comprendre la formule finale du texte : l'humanité implique une tension permanente entre volonté d'un sens de l'histoire et humilité qui conduit à accepter que nul ne sait d'avance ce que sera l'avenir. Aron propose ainsi une définition dynamique de l'humanité : elle renvoie non pas à un état donné d'avance, mais à un devenir. On dit par exemple qu'une société plus juste est une société plus humaine. Inversement, on parle d'inhumanité quand l'homme renonce à vivre selon la raison.

Conclusion

Dans cet extrait, Aron définit la raison comme une idée qui permet de donner du sens à l'histoire. Pour autant, il refuse, d'une part, la conception d'un progrès nécessaire, indépendamment d'un effort individuel pour vouloir réaliser cette idée de la raison, d'autre part, la prétention humaine à savoir de quoi sera fait l'avenir. « L'histoire est la tragédie d'une humanité qui fait son histoire, mais qui ne sait pas l'histoire qu'elle fait. » Au cœur de cette tragédie, la raison est à la fois le moyen qui permet de s'orienter dans l'histoire par la connaissance rigoureuse du passé et la fin qu'il s'agit de réaliser.

UN AUTRE SUJET POUR S'ENTRAÎNER

Explication d'un extrait de l'*Encyclopédie des sciences*, de Hegel

▶ Retrouvez le corrigé sur annabac.com

La religion peut-elle s'en tenir aux limites de la simple raison ?

4 heures
20 points

INTÉRÊT DU SUJET • On associe souvent la religion aux actes d'intolérance et de violence dont elle a été la cause dans les siècles passés. Ce faisant, condamne-t-on sans appel la foi religieuse ?

LES CLÉS DU SUJET

Définir les termes du sujet

La religion

La religion désigne un ensemble de croyances et de rites qui se rapporte à une ou plusieurs entités supérieures. Tantôt on la valorise en insistant sur la volonté individuelle de donner du sens à sa vie par la foi, tantôt on en critique les dérives superstitieuses.

Peut-elle s'en tenir

• La formule implique un danger inhérent à la croyance ou la pratique religieuses. Celles-ci impliqueraient un risque d'excès à canaliser.

• Il faudrait donc définir un domaine à l'intérieur duquel la religion serait valable, et à l'extérieur duquel elle perdrait sa légitimité.

Aux limites de la simple raison

• Le critère proposé ici pour établir une limite à la religion est la raison.

• La raison désigne la faculté de bien juger, ou de distinguer le vrai du faux et le bien du mal.

Dégager la problématique

Problématique

- D'un côté, l'histoire des religions montre qu'elles tendent souvent à la superstition ou au fanatisme. Il faudrait donc borner la pratique religieuse.
- De l'autre, quelle est la spécificité de la religion si elle s'en tient aux limites que lui donne extérieurement la raison ?

Construire un plan

1. Un sujet riche en présupposés	• Faites des recherches sur l'ouvrage de Kant, *La Religion dans les limites de la simple raison*. Quelle est la thèse de Kant ? • Pourquoi vouloir imposer des limites à la religion ? Appuyez-vous sur des exemples.
2. La religion : un phénomène ambigu	• Comparez les aspects négatifs et les aspects positifs de la religion. • Peut-on condamner purement et simplement la religion ?
3. La raison : juge de la religion ?	• Pourquoi la raison peut-elle être un bon critère pour poser des limites au phénomène religieux ? • Quel peut être l'avenir d'une religion qui s'en tiendrait aux limites de la simple raison ?

29 CORRIGÉ GUIDÉ

Les titres en couleurs et les indications entre crochets servent à guider la lecture mais ne doivent en aucun cas figurer sur la copie.

Introduction

[Accroche] Le nom de Dieu est souvent invoqué pour justifier des actions violentes : meurtres, attentats, conversions forcées, etc. Ce même nom sert ensuite à défendre la paix et la non-violence. [Problématique] L'histoire des religions conduit à se demander si la religion ne doit pas être limitée pour rester un phénomène sensé et ne pas devenir l'expression de la folie des hommes. Mais alors, comment limiter la religion ? Cette tentative de limitation ne devient-elle pas une volonté de la faire disparaître ? [Annonce du plan] D'abord, on relèvera que le sujet repose sur une conception péjorative de la religion, toujours dérivant vers la superstition et la violence. Puis on montrera la nécessité d'une limitation de la religion par la raison, en s'interrogeant enfin sur la possibilité de limiter la religion sans en nier la valeur.

1. Un sujet riche en présupposés

> ▶ **Le secret de fabrication**
> Dégager les présupposés d'un sujet permet de comprendre le problème. Attention : aucune référence philosophique n'est attendue. On peut faire ce sujet sans savoir que sa formulation reprend le titre d'un ouvrage de Kant.

A. La référence à Kant

• La formulation du sujet reprend le titre d'un ouvrage de Kant : *La Religion dans les limites de la simple raison*. Kant y distingue, dans les religions, ce qui est compatible avec la raison de ce qui ne l'est pas. Il recherche donc le noyau commun de croyances et de pratiques susceptibles d'être acceptées par tous au nom de la raison, par-delà la variété des religions.

• Cela conduit Kant à critiquer certaines pratiques qui relèveraient davantage de la superstition que de la religion. Par exemple, la piété ne saurait être légitimement que le respect de la loi morale. Elle ne peut conduire à la soumission de l'homme ou au désaveu de ses capacités rationnelles.

• La raison se présente donc comme un ensemble d'exigences que la religion doit respecter pour être valable d'un point de vue moral et pour tous, sous peine de dériver vers des pratiques superstitieuses.

B. Les excès de la religion

• Si la religion doit être limitée, c'est qu'elle a tendance à dépasser les limites. Celles-ci correspondraient aux frontières hors desquelles la religion ne serait plus valable.

• Tout d'abord, les différentes religions conduisent l'individu à croire des propositions qui sont discutables aux yeux de la raison. Si la foi, comprise comme simple volonté de faire le bien, est compatible avec la raison, elle devient douteuse quand il s'agit de croire des choses qui paraissent contradictoires.

• Ensuite, l'histoire des religions comprend des épisodes violents, comme les guerres de religion ou les croisades, qui semblent disqualifier la religion. Celle-ci ne serait rien d'autre qu'un fanatisme superstitieux, contraire à l'idéal de paix entre les hommes.

[Transition] Deux questions se posent : la religion tend-elle véritablement à dépasser ses limites ? La raison est-elle le bon moyen de donner des limites à la religion ?

2. La religion : un phénomène ambigu

A. Pour le meilleur et pour le pire

• Certes, la religion a un lourd passé. Nul ne peut nier qu'elle a donné lieu à des pratiques intolérantes et violentes. Celui qui croit en la vérité d'une révélation a du mal à accepter que « la pluralité [soit] la loi de la terre », selon une formule d'Arendt. La religion prend dès lors l'apparence d'une menace pour ceux qui ne croient pas ou pour ceux qui croient autre chose.

• Néanmoins, la religion peut conduire l'individu sur d'autres chemins. Les appels à la paix, à l'accueil de l'autre ou à la non-violence sont nombreux dans les textes religieux. Et de fait, la plupart des croyants cherchent simplement à vivre leur foi discrètement, sans nuire aux autres.

• S'il semble impossible de nier les dangers de la religion, il paraît difficile de la réduire à ses manifestations les plus violentes. Le croyant est pris entre deux exigences : la défense de ses convictions et la nécessité de vivre avec d'autres, qui n'ont pas les mêmes convictions.

> **À NOTER**
> On parle ici du **problème théologico-politique** : comment concilier croyance religieuse et vie en communauté ? Comment articuler religion et politique ?

B. La nécessité d'une limitation

• Il convient donc de tracer une limite nette entre ce à quoi peut conduire la religion et ce à quoi ne doit pas conduire la religion. On passe dès lors d'une question religieuse à une question politique. La religion doit ainsi se tenir à deux règles essentielles : le refus de la violence et le respect de la liberté de penser.

• C'est ce que montre Spinoza dans son *Traité théologico-politique* : « Chacun peut dire et enseigner ce qu'il pense sans danger pour la paix, à la condition de laisser au souverain décider quant aux actions. » La loi règle les actions et condamne la violence, mais elle ne peut réduire la liberté de penser.

[Transition] Quel est le lien entre, d'une part, la nécessité de concilier diversité des religions et vie en commun et, d'autre part, la notion de raison ?

3. La raison : juge de la religion ?

A. Raison et universalité

• La raison paraît le bon critère pour limiter la religion, dans la mesure où elle renvoie à la recherche de l'universel. La raison implique des principes (en particulier celui de non-contradiction) que tous peuvent reprendre à leur compte. Chacun peut ainsi admettre la vérité des mathématiques, car la validité des propositions ne repose que sur la faculté de distinguer le vrai et le faux. À l'inverse, la religion repose sur une expérience qui n'est pas toujours partageable. Celui qui est touché par un texte sacré ou par un modèle ne peut pas communiquer cette expérience singulière.

• Spinoza associe liberté religieuse et raison : abandonner haine, colère, ruse, et ne pas chercher à imposer ses croyances aux autres, c'est user de sa raison. La raison permet d'éviter que la religion ne devienne superstition et fanatisme.

B. Un risque ou une chance pour la religion ?

• Mais si la religion doit s'adapter aux exigences de la raison, ne court-elle pas le risque de perdre ce qui fait sa spécificité ? Si le croyant ne doit pas chercher à faire valoir ses convictions, s'il doit interroger ses pratiques pour voir ce qui, en elles, est ou non rationnel, ne devient-il pas un homme comme un autre, qui veut simplement faire le bien ? On passe d'une croyance religieuse à une attitude morale.

• Kant parle de « religion morale » : « Chacun doit faire tout ce qui dépend de lui pour devenir meilleur. » Il faudrait évaluer l'ensemble des religions positives à partir de ce principe moral pour savoir ce qui, en elles, a de la valeur. C'est un risque pour la religion, car elle est ainsi invitée à une remise en cause d'elle-même.

Conclusion

La religion doit être limitée par la raison. Son histoire suffit à montrer les dangers de la religion. Cette limitation permet la paix et garantit la liberté de penser. Cela ne signifie pas pour autant que tout soit mauvais dans la religion. Cette limitation n'est pas nécessairement imposée de l'extérieur aux croyants, elle peut être une exigence interne à leur foi.

30 Explication de texte

Weil, *Attente de Dieu*

4 heures
20 points

INTÉRÊT DU SUJET • Pour adopter une religion, il faut d'abord la connaître. Pour le croyant, sa religion a un sens profond et intime. La croyance suppose avant tout des raisons de croire. Mais tant qu'on demeure extérieur à cette religion, peut-on réussir à la connaître ?

Expliquez le texte suivant :

La comparaison des religions n'est possible dans une certaine mesure que par la vertu miraculeuse de la sympathie. On peut dans une certaine mesure connaître les hommes si en même temps qu'on les observe du dehors on transporte en eux pour un temps sa propre âme à force de sympathie. De même l'étude de différentes religions ne conduit à une connaissance que si on se transporte pour un temps, par la foi, au centre même de celle qu'on étudie. Par la foi au sens le plus fort du mot.

C'est ce qui n'arrive presque jamais. Car les uns n'ont aucune foi ; les autres ont foi exclusivement dans une religion et n'accordent aux autres que l'espèce d'attention qu'on accorde à des coquillages de forme étrange. D'autres encore se croient capables d'impartialité parce qu'ils ont une vague religiosité qu'ils tournent indifféremment n'importe où. Il faut au contraire avoir accordé toute son attention, toute sa foi, tout son amour à une religion particulière pour pouvoir penser à chaque autre religion avec le plus haut degré d'attention, de foi et d'amour qu'elle comporte. De même ce sont ceux qui sont capables d'amitié, non les autres, qui peuvent aussi s'intéresser de tout leur cœur au sort d'un inconnu.

Simone Weil, *Attente de Dieu*, 1950.

La connaissance de la doctrine de l'auteur n'est pas requise. Il faut et il suffit que l'explication rende compte, par la compréhension précise du texte, du problème dont il est question.

LES CLÉS DU SUJET

Repérer le thème et la thèse

• Dans ce texte, Simone Weil s'intéresse aux moyens de comparer les religions. Une telle comparaison semble nécessaire pour chacun, qu'il s'agisse de l'historien des religions ou de la simple personne qui s'interroge sur la valeur des différentes religions.

• D'emblée, un problème apparaît : suffit-il d'observer les caractéristiques extérieures d'une religion pour en saisir l'essentiel ou doit-on au contraire faire preuve de « sympathie » ?

Dégager la problématique

Problématique

- Faut-il adhérer à une croyance religieuse pour la connaître véritablement, ou faut-il la saisir avec un certain recul, comme on cherche à connaître n'importe quel objet ?
- Il s'agit alors de s'interroger sur la religion elle-même : est-elle d'abord une expérience subjective, ou bien plutôt un ensemble objectif de croyances et de rites ?

Repérer les étapes de l'argumentation

1. La sympathie (l. 1 à 7)	• Comment la sympathie est-elle définie dans le premier paragraphe ? Pourquoi permet-elle de connaître une religion ? • En quoi cette connaissance implique-t-elle la foi ?
2. Comment connaître une religion ? (l. 8 à 17)	• Distinguez les différents cas où la connaissance de la religion est impossible. • Montrez en quoi la thèse de Simone Weil peut paraître paradoxale en la rapportant à la façon dont on définit habituellement une connaissance impartiale.

30 CORRIGÉ GUIDÉ

Les titres en couleurs et les indications entre crochets servent à guider la lecture mais ne doivent en aucun cas figurer sur la copie.

Introduction

[Question abordée] Comparer les différentes religions paraît nécessaire à celui qui veut en connaître la valeur et éventuellement adhérer à l'une d'elles.

[Problématique] Mais à quelles conditions une telle comparaison est-elle possible ? Suffit-il d'observer les caractéristiques extérieures d'une religion pour en saisir l'essentiel ? [Annonce du plan] Dans un premier temps, Simone Weil montre que toute comparaison entre différentes religions implique un effort de sympathie. Dans un second temps, cela la conduit à affirmer que tout le monde ne peut pas connaître la religion.

1. La sympathie

A. Une thèse paradoxale

- Simone Weil s'interroge sur les conditions de possibilité d'une comparaison des religions entre elles : qu'est-ce qui permet de comparer les différentes religions ? On pourrait attendre ici un éloge de l'objectivité : il faudrait être extérieur aux religions pour pouvoir les comparer. Or, pour Simone Weil, c'est la sympathie qui permet la comparaison entre les religions.

> ▶ **Le conseil de méthode**
> Pour montrer les enjeux d'un texte, on peut comparer les affirmations de l'auteur à l'opinion commune. Dirait-on tout à fait la même chose ? Pourquoi ? Cela permet de mettre en valeur l'originalité de l'auteur.

- Cette affirmation semble paradoxale : habituellement, on considère qu'un effort d'impartialité permet une connaissance objective. Au contraire, la sympathie semble introduire un préjugé favorable quant à l'objet à connaître, si bien qu'il devient impossible de le connaître faute d'impartialité.

B. Qu'est-ce que la sympathie ?

- Le terme « sympathie » vient du grec *syn pathos* (« souffrir avec »). Simone Weil distingue deux points de vue possibles sur les hommes : soit « on les observe du dehors », soit on fait preuve de sympathie, c'est-à-dire « on transporte en eux pour un temps sa propre âme ». La priorité est donnée à ce second point de vue : il faut apprendre à ressentir ce que les autres ressentent.

> **DÉFINITION**
> La **sympathie** est une notion souvent reprise par les philosophes. Hume propose de fonder la morale sur la sympathie : meilleur moyen de saisir ce que ressent autrui, la sympathie permet de me mettre à la place de l'autre et de penser le bien et le mal.

- La sympathie implique une forme de déplacement de soi à l'autre : il s'agit de sentir ce que ressent l'autre, de se mettre littéralement à sa place. Ainsi, Simone Weil définit la religion comme une expérience intime du sujet. Connaître la religion à partir de croyances et de rites extérieurs, ce n'est pas connaître la religion dans ce qu'elle a d'essentiel.

C. De la sympathie à la foi

• La sympathie est permise « par la foi », « par la foi au sens le plus fort ». Le mot « foi » signifie d'abord la confiance en quelque chose ou en quelqu'un. Il désigne par suite la croyance religieuse : le fait d'avoir confiance en un texte, en une figure marquante, le fait de s'engager à les suivre.

• Ainsi, il faudrait avoir la foi pour connaître et comparer les différentes religions. Seul un esprit religieux pourrait connaître véritablement une religion, quelle qu'elle soit. Cela pose problème, dans la mesure où c'est souvent celui qui n'a pas encore la foi qui voudrait comparer les différentes religions.

[Transition] Pourtant, Simone Weil montre qu'une telle connaissance « n'arrive presque jamais ». La foi ne suffit-elle pas à connaître la religion ?

> **▶ Le secret de fabrication**
> On trouve souvent les transitions dans le texte lui-même : l'auteur insiste sur un problème qui le conduit à préciser sa pensée.

2. Comment connaître une religion ?

A. « Celui qui croyait au ciel, celui qui n'y croyait pas »

• Simone Weil montre qu'une comparaison véritable entre les différentes religions est presque impossible. Elle exclut d'abord ceux qui n'ont pas la foi. Seule la foi permet une sympathie authentique à l'égard de ceux qui ont la foi.

> **À NOTER**
> Ce titre reprend un vers d'Aragon dans le poème « La Rose et le Réséda ». Tout le poème repose sur une comparaison entre celui qui a la foi et celui qui ne l'a pas pour montrer que tous deux s'engagent de la même façon dans la résistance.

• Mais elle exclut aussi ceux qui « ont foi exclusivement dans une religion ». Cette affirmation est étonnante, car on considère que la foi est toujours exclusive : on est juif, chrétien ou musulman, mais pas les trois en même temps. Ce sur quoi insiste Simone Weil, c'est l'idée selon laquelle celui qui adhère dogmatiquement à une religion ne verra dans celle des autres qu'un objet exotique, étrange, mais ne saura pas véritablement faire preuve de sympathie.

B. Critique de la « vague religiosité »

• Il faudrait donc, pour pouvoir comparer les religions, avoir la foi non pas en une religion particulière, mais en plusieurs, c'est-à-dire saisir ce qu'elles ont de commun (la croyance en un Dieu, en la nécessité de faire le bien). On passe de la religion à la religiosité.

> **DÉFINITION**
> La **religiosité** est une disposition à la religion, une tendance à croire ou à s'intéresser aux différentes religions. Elle ne signifie pas pour autant une adhésion à une religion particulière.

• Or Simone Weil rejette également la religiosité, qui ne permet pas de connaître une religion dans ce qu'elle a de véritable. L'argument sur lequel elle s'appuie consiste à montrer que l'incapacité à choisir une religion n'est pas synonyme d'impartialité. Elle vaut plutôt comme un manque d'engagement.

C. Qui peut donc connaître une religion ?

• Le fait d'avoir écarté plusieurs points de vue possibles nous permet finalement d'établir qui peut faire preuve de sympathie à l'égard des religions : c'est celui qui s'est pleinement engagé dans une religion qui peut penser à une autre religion. Ainsi, paradoxalement, seul un authentique musulman peut par exemple comprendre la valeur de l'expérience d'un authentique chrétien.

• La foi est rapportée ici à une notion étonnante : l'attention. Cette faculté consiste à être capable de porter toute sa pensée sur un point précis. On peut être plus ou moins attentif. Ce qui permet la sympathie, c'est cette capacité de suspendre sa propre pensée pour comprendre pleinement un autre objet. La comparaison avec l'amitié est significative : seul celui qui sait suspendre un instant la recherche de son propre intérêt peut s'ouvrir aux autres.

Conclusion

Comme la religion se définit essentiellement par une disposition subjective, une connaissance objective, extérieure, de la religion ne sert à rien pour comprendre le phénomène religieux. Seule la sympathie permet de saisir ce qu'est vraiment une religion et de comparer les différentes religions entre elles. Simone Weil s'oppose ainsi à une réduction sociologique de la religion, qui ferait de cette dernière une somme de croyances dogmatiques et de rites susceptibles d'être connus indépendamment d'un effort de l'individu pour en saisir la vérité intrinsèque.

3 AUTRES SUJETS POUR S'ENTRAÎNER

- Les croyances témoignent-elles d'une faiblesse de la raison ?
- La science peut-elle faire disparaître la religion ?
- Explication d'un extrait de l'*Essai sur l'entendement humain*, de Locke

▶ Retrouvez les corrigés sur annabac.com

31 Dissertation

Tout peut-il être objet de science ?

4 heures
20 points

INTÉRÊT DU SUJET • Chaque discipline scientifique étudie un objet propre : la neurologie s'intéresse au cerveau, la cosmologie explore l'univers, etc. Peut-on pour autant connaître l'intégralité du réel ? Cela suppose que tout puisse être objet de science. Or cette objectivité ne va pas de soi.

LES CLÉS DU SUJET

Définir les termes du sujet

Tout

La science cherche à connaître la réalité. Chaque discipline identifie son objet propre. Il est question de savoir, ici, si la totalité de la réalité peut devenir objet de science.

Peut-il être

Est-il possible que tout devienne objet de science ? Il s'agira de définir les conditions qui permettent de faire d'une chose un objet de science.

Objet de science

• Du latin *ob-jectum* (« ce qui est jeté devant »), le mot *objet* désigne ce qu'un sujet peut percevoir, penser, imaginer. Il ne désigne donc pas seulement les choses tangibles.

• Un objet de science est un objet susceptible d'être étudié par les scientifiques. Cela implique de considérer les conditions dans lesquelles il est possible de mener une investigation scientifique sur un phénomène.

Dégager la problématique

Problématique	
	Certes les hommes veulent connaître la totalité du réel. Cette ambition motive la recherche scientifique.
	Mais il n'est pas sûr que toute chose puisse prendre la forme d'un objet de science. En ce sens, notre volonté de connaître échoue peut-être devant l'impossibilité pour certaines choses de devenir objet de science.

Construire un plan

1. De l'objet à l'objectivité	• Qu'est-ce qu'un objet de science ? À quelles conditions une chose peut-elle devenir un objet de science ? • En vous appuyant sur un exemple, montrez que la pratique scientifique implique de pouvoir faire une expérience du phénomène étudié.
2. Ce qui résiste à l'objectivité	• Énumérez les différentes choses que l'esprit humain peine à connaître. Pourquoi est-il si difficile d'en avoir une connaissance exacte ? • En quoi semble-t-il contradictoire de vouloir avoir une connaissance objective d'un sujet ?
3. La construction de l'objet	• Si le scientifique ne trouve pas un objet « tout fait » à étudier, en quoi peut-on parler d'une construction de son objet par la science ? • Appuyez-vous sur un exemple pour montrer que les scientifiques élaborent des protocoles expérimentaux qui leur permettent de construire un objet à étudier.

31 CORRIGÉ GUIDÉ

Les titres en couleurs et les indications entre crochets servent à guider la lecture mais ne doivent en aucun cas figurer sur la copie.

Introduction

[Reformulation du sujet] Chaque science semble avoir un objet, c'est-à-dire un domaine de prédilection sur lequel portent ses efforts de connaissance. Mais est-ce à dire que tout peut devenir objet de science ? [Problématique] D'un côté, les hommes veulent connaître la totalité du réel. De l'autre, l'objectivité d'une connaissance semble impliquer des conditions que la totalité du réel ne remplit pas. [Annonce du plan] Tout d'abord, nous déterminerons les conditions qui permettent à un objet de devenir objet de science. De là, nous verrons que certaines choses ne remplissent pas ces conditions. Enfin, nous montrerons que la science ne trouve pas ses objets tout faits, mais qu'elle doit les construire.

1. De l'objet à l'objectivité

> **▶ Le secret de fabrication**
> Définir les termes du sujet permet de mieux cerner le problème et d'en mesurer l'ampleur. Ici, le terme « objet » n'est pas à entendre en un sens vague, il n'est pas synonyme de « chose ».

A. Qu'est-ce qu'un objet de science ?

• Le mot « objet » vient du latin *ob-jectum* (« ce qui est placé devant »). L'objet se rapporte à un sujet qui le perçoit et veut le connaître. Ainsi, l'objet de science est ce que veut connaître le scientifique et qui détermine sa discipline. Par exemple, les mathématiques ont pour objet le nombre et la figure.

• Pour Kant, un objet peut être compris comme un phénomène ou une chose en soi. Le phénomène implique une expérience du sujet qui en est affecté par les sens et l'appréhende par son entendement. Nous ne pouvons connaître que les phénomènes, les choses telles qu'elles nous apparaissent, et non les choses en soi.

• Seuls les phénomènes peuvent être des objets de science, car ils impliquent une expérience possible. Ce dont on ne fait pas l'expérience ne peut aucunement être objet de science. Dieu, par exemple, peut être objet de discours, mais non de science.

B. De l'expérience à la théorie

• L'expérience doit donner lieu à des régularités que l'esprit humain peut dégager. En faisant varier les paramètres dans le cadre d'un protocole expérimental, le scientifique repère des lois. La loi d'Ohm par exemple montre le lien constant entre l'intensité d'un circuit électrique, la tension aux bornes d'une résistance et la valeur de cette résistance.

• Une théorie scientifique consiste ainsi à construire une représentation précise des différents phénomènes étudiés par l'intermédiaire de lois. La théorie est vérifiée par l'expérience, qu'elle permet aussi de diriger.

[Transition] Une chose peut devenir objet de science à deux conditions : il faut qu'on puisse en faire l'expérience et cette expérience implique une régularité telle qu'on puisse dégager des lois qui s'unifient en une théorie.

2. Ce qui résiste à l'objectivité

A. Une objectivité problématique

• Ainsi, si une chose ne répond pas à ces deux conditions, elle ne peut pas être objet de science. Cela implique une première limitation de la science : la totalité des choses et l'être en soi, ne pouvant être les objets d'une représentation, ne sauraient être des objets pour la science.

• La connaissance du futur et du passé pose un problème similaire. Certes, la science cherche à prédire ce qui se passera, mais elle le fait à partir de théories construites sur des expériences passées. Ce n'est donc pas l'avenir en tant que tel qui est objet de science. De même, le caractère scientifique de l'histoire a été discuté, dans la mesure où l'expérience qu'on en fait ne peut pas se répéter.

• Pour Ricœur, la notion d'objectivité pensée dans les sciences de la nature ne peut être appliquée à toutes les sciences. Il y a différents niveaux d'objectivité et une science doit prendre en compte la spécificité de son objet.

B. Le sujet peut-il être un objet de science ?

• La connaissance du sujet pose un problème spécifique. L'homme ne veut pas seulement connaître les choses qui se trouvent devant lui, il veut aussi se connaître en tant qu'être conscient et libre. Telle est l'ambition de la psychologie, de la sociologie. Or peut-on faire de l'homme un objet de connaissance ? N'est-ce pas dès lors nier en lui ce qui relève de la subjectivité ?

À NOTER
Pour Auguste Comte, l'expérience que le sujet peut avoir de lui-même est problématique : « L'esprit humain peut observer tous les phénomènes, excepté les siens propres. »

• Prenons le cas de la sociologie. Durkheim montre que « les faits sociaux sont des choses » dont on peut tirer une connaissance objective. Il étudie par exemple le suicide, en laissant de côté ce que ressentent les individus, pour dégager, à partir de données statistiques, les causes objectives du suicide. N'est-ce pas dire que le comportement humain n'est pas libre, mais déterminé ? En outre, la sociologie admet des exceptions, contrairement aux sciences de la nature.

• Lévi-Strauss montre ainsi le caractère paradoxal de l'expression « sciences humaines » : plus un discours est scientifique, plus il a tendance à effacer ce qu'il y a de subjectif dans l'expérience humaine. Or, plus un discours cherche à connaître l'homme, plus son objectivité et son caractère scientifique sont problématiques.

[Transition] La science veut donc connaître certaines choses (l'avenir, le passé, l'homme) qui semblent échapper à toute forme d'objectivité.

3. La construction de l'objet

A. La science construit son objet

• S'il y a ainsi différents niveaux d'objectivité, c'est que la science ne trouve pas son objet tout fait devant elle : elle le construit. Il n'est pas donné dans l'expérience commune, il est « la conclusion d'un jugement » selon Ullmo. L'objet de la science renvoie à un effort d'invention du scientifique qui trouve prise pour connaître le réel.

• L'objet de la science est corrélatif à un effort méthodique pour le construire à partir de procédés de mesure et de théories préalables. Par exemple, le physicien n'étudie pas les couleurs telles qu'elles nous apparaissent spontanément, il construit le concept de longueurs d'onde pour en rendre compte.

B. Un exemple privilégié : la biologie

• Définir ce qu'est la vie est ardu. Les êtres vivants semblent impliquer une finalité, dont on a cherché à rendre compte à partir de la notion d'âme. Or la science privilégie le rapport de causalité pour expliquer les phénomènes.

• Les biologistes ont donc dû imaginer des protocoles expérimentaux novateurs pour prendre en compte la spécificité de leur objet. Si l'anatomie étudie les organes indépendamment les uns des autres, la physiologie cherche à montrer leur interdépendance. Les biologistes cherchent à élucider le rapport du vivant à son milieu pour rendre compte de ses facultés d'adaptation.

Conclusion

Tout ne peut pas devenir objet de science, dans la mesure où l'objectivité implique des conditions. Pourtant, il convient de saisir que la science doit construire ses objets, de telle sorte que ce qui ne paraît pas objectivable aujourd'hui le sera peut-être demain. Cela implique de saisir la dimension créatrice et inventive de la science : la science ne se contente pas de décrire le réel tel qu'il est, mais elle invente sans cesse de nouveaux protocoles pour permettre une connaissance plus grande du réel.

3 AUTRES SUJETS POUR S'ENTRAÎNER

• Une connaissance scientifique du vivant est-elle possible ?

• Explication d'un extrait de *Pensées et vues générales ou récapitulation*, de Bacon

• Explication d'un extrait de *La Crise de la culture*, de Arendt

▶ Retrouvez les corrigés sur annabac.com

Descartes, *Règles pour la direction de l'esprit*

4 heures
20 points

INTÉRÊT DU SUJET • Si 1 + 1 = 2, ce n'est pas parce que nous l'avons constaté en comptant des objets, mais parce qu'il en a été décidé ainsi. Les mathématiques sont des sciences certaines, puisque leurs résultats ne dépendent pas de l'expérience. Mais faut-il renoncer à des sciences moins certaines ?

Expliquez le texte suivant :

On voit clairement pourquoi l'arithmétique et la géométrie sont beaucoup plus certaines que les autres sciences : c'est que seules elles traitent d'un objet assez pur et simple pour n'admettre absolument rien que l'expérience ait rendu incertain, et qu'elles consistent tout entières en une suite de conséquences déduites par raisonnement. Elles sont donc les plus faciles et les plus claires de toutes, et leur objet est tel que nous le désirons, puisque, sauf par inattention, il semble impossible à l'homme d'y commettre des erreurs. Et cependant il ne faut pas s'étonner si spontanément beaucoup d'esprits s'appliquent plutôt à d'autres études ou à la philosophie : cela vient, en effet, de ce que chacun se donne plus hardiment la liberté d'affirmer des choses par divination dans une question obscure que dans une question évidente, et qu'il est bien plus facile de faire des conjectures sur une question quelconque que de parvenir à la vérité même sur une question, si facile qu'elle soit.

De tout cela on doit conclure, non pas, en vérité, qu'il ne faut apprendre que l'arithmétique et la géométrie, mais seulement que ceux qui cherchent le droit chemin de la vérité ne doivent s'occuper d'aucun objet, dont ils ne puissent avoir une certitude égale à celle des démonstrations de l'arithmétique et de la géométrie.

René Descartes, *Règles pour la direction de l'esprit*, 1628.

La connaissance de la doctrine de l'auteur n'est pas requise. Il faut et il suffit que l'explication rende compte, par la compréhension précise du texte, du problème dont il est question.

LES CLÉS DU SUJET

Repérer le thème et la thèse

• Descartes se demande si toutes les sciences peuvent prétendre au même degré de certitude et si elles sont d'égale valeur.
• Il démontre que les mathématiques sont les sciences les plus certaines, et qu'elles doivent à ce titre servir de modèle à toutes les autres connaissances.

Dégager la problématique

Problématique

- Toutes les sciences semblent avoir ceci de commun qu'elles visent la vérité : pourtant, peuvent-elles toutes prétendre au même degré de certitude ?
- Doit-on admettre que toutes se valent, ou peut-on établir une hiérarchie des sciences ? Mais comment une science incertaine pourrait-elle être une science ?

Repérer les étapes de l'argumentation

1. Les mathématiques sont les sciences les plus certaines (l. 1 à l. 8)

Descartes expose la supériorité des mathématiques sur les autres sciences : procédant par déduction, pures de tout recours à l'expérience, les mathématiques disposent du plus haut degré de certitude.

2. Les mathématiques ne sont pas les sciences qui séduisent le plus (l. 8 à l. 14)

Il s'interroge ensuite sur l'attrait que peuvent exercer d'autres types de connaissances, comme la philosophie. Si nous nous tournons vers ces connaissances inférieures, c'est parce que nous aimons croire plutôt que savoir.

3. Les mathématiques, modèle de toute science (l. 15 à l. 19)

Descartes écarte alors une conclusion possible de son raisonnement : nous ne devons pas nous détourner de ces connaissances mais faire des mathématiques leur modèle.

32 CORRIGÉ GUIDÉ

Les titres en couleurs servent à guider la lecture et ne doivent en aucun cas figurer sur la copie.

Introduction

[Question abordée] Descartes se demande dans ce texte si toutes les sciences peuvent prétendre au même degré de certitude. *A priori*, toute science vise la vérité, mais ont-elles toutes la même rigueur ? Les mathématiques se définissent à la fois par leur objet, à savoir des nombres (arithmétique) et des figures (géométrie), et par leur méthode (elles sont un système déductif et n'ont donc pas de rapport avec l'expérience). Sciences formelles, qui ont pour objet des rapports (entre des nombres ou des figures), elles ne sont pas susceptibles d'être remises en cause par de nouvelles expériences. [Problématique] Mais leur statut particulier au sein de nos connaissances doit-il nous amener à rejeter les autres sciences, ou faut-il au contraire faire des mathématiques un modèle de connaissance ? [Annonce du plan] Dans un premier temps, Descartes expose la supériorité des mathématiques sur les autres sciences : procédant par déduction, pures de tout recours à l'expérience, les mathématiques disposent du plus haut degré de certitude. Dans un deuxième temps, il s'interroge sur l'attrait que peuvent exercer d'autres types de connaissances et, enfin, il écarte une conclusion possible de son raisonnement, en expliquant le rôle que doivent jouer les mathématiques dans toute recherche de la vérité.

DÉFINITION
La **déduction** est un raisonnement logique qui part de propositions générales tenues pour vraies (les prémisses), pour s'appliquer à un cas particulier. Le syllogisme est un type de déduction.

1. Les mathématiques sont les sciences les plus certaines

A. Elles doivent leur certitude à leur objet et à leur méthode

- Descartes amorce sa démonstration en affirmant la supériorité des mathématiques sur les autres sciences du point de vue de la certitude. Elles tiennent cette supériorité à la fois de leur objet, dit-il, et de leur méthode. En effet, les deux branches des mathématiques, à savoir l'arithmétique et la géométrie, ont des objets qui leur sont propres, à savoir les nombres pour la première, et les figures pour la seconde. L'objet des mathématiques, d'après Descartes, est « pur et simple », en ce sens qu'il est indépendant de l'expérience : les mathématiques construisent elles-mêmes leur objet, et le considèrent donc indépendamment de la question de son existence.

• En effet, les mathématiques raisonnent sur les rapports entre les choses, et non sur les choses elles-mêmes. Ainsi, leurs vérités sont des vérités abstraites et non des vérités empiriques marquées par leur caractère « incertain ». Par ailleurs, leur méthode est également pure de tout rapport à l'expérience sensible : il s'agit d'une « suite de conséquences déduites par raisonnement », dit l'auteur. En d'autres termes, les mathématiques sont un système purement déductif : elles n'admettent qu'un résultat est vrai que s'il découle logiquement de prémisses qui sont elles-mêmes préalablement tenues pour vraies.

À NOTER
Par exemple, en géométrie, on raisonne sur le carré en soi, c'est-à-dire sur les propriétés de tout carré, et non sur tel carré particulier. Or, le carré en soi n'existe pas dans l'expérience : c'est une abstraction de l'esprit.

B. Les mathématiques sont donc des sciences faciles

• C'est en raison de leur objet et de leur méthode que les mathématiques sont, dit Descartes, « les plus faciles et les plus claires » de toutes les sciences. Il ne s'agit pas, pour lui, de dire que les mathématiques ne demanderaient aucun effort : en réalité, elles peuvent être dites « faciles » dans la mesure où le fait qu'elles soient indépendantes de l'expérience sensible et fondées sur un raisonnement déductif garantit leur objectivité.

• Par conséquent, l'erreur en mathématiques ne tient jamais à la nature de leur objet ou de leur méthode : la possibilité de l'erreur repose seulement sur notre « inattention », c'est-à-dire sur une défaillance momentanée de notre esprit, à laquelle il est possible de remédier.

[Transition] Pourtant, si les mathématiques sont les sciences les plus certaines, qu'est-ce qui peut expliquer l'attrait que d'autres sciences, moins certaines, exercent sur nous ?

2. Les mathématiques ne sont pas les sciences qui séduisent le plus

A. On pourrait croire que l'infériorité des autres sciences nous détournerait de ces sciences

• Il pourrait découler de cette supériorité des mathématiques que les hommes se détournent de toutes les autres sciences, jugées inférieures. Or, il apparaît que ce n'est pas le cas. « Spontanément », observe Descartes, c'est-à-dire sans que cela résulte d'une réflexion, mais au contraire comme par une sorte de réflexe ou d'attrait immédiat, « beaucoup d'esprits s'appliquent plutôt à d'autres études ou à la philosophie ».

• Mais qu'est-ce qui peut expliquer que nous préférions *a priori* nous tourner vers des disciplines moins certaines que les mathématiques ?

B. On préfère croire plutôt que savoir

> **▶ Le conseil de méthode**
> La distinction entre *croire* et *savoir* est un repère qui fait partie de votre programme de philosophie et que vous devez être capable de mobiliser ici, même si ces termes n'apparaissent pas explicitement. N'oubliez pas que l'évaluation de votre copie repose, pour une bonne part, sur vos connaissances de cours.

• D'après Descartes, les hommes aiment « affirmer des choses par divination dans des questions obscures », et « faire des conjectures sur une question quelconque ». Or, la « divination » et les « conjectures » ne sont précisément pas des voies d'accès à une vérité objective. Les mathématiques, on l'a vu, excluent tout recours à la subjectivité et n'admettent pour vrai que ce qui résulte de la déduction. Mais pour quelles raisons les hommes préféreraient-ils croire plutôt que savoir ? Pourquoi préfèrent-ils tenir une chose pour vraie de façon subjective en mobilisant leur imagination, plutôt que de façon objective en mobilisant leur raison ? En réalité, dit Descartes, ce serait par goût de la facilité (volonté de se dispenser d'efforts) et par goût pour une « liberté », qui ne consisterait qu'à faire ce que bon leur semble, que les hommes se tourneraient vers d'autres sciences.

• Si les mathématiques sont des sciences « faciles » dans la mesure où chacun d'entre nous peut y découvrir une vérité objective, elles supposent pourtant un effort, puisque notre rationalité doit s'y appliquer avec rigueur pour « parvenir à la vérité ». Au contraire, deviner, prédire, faire des hypothèses, affirmer sans prouver, croire et faire croire ne supposent aucun effort.

[Transition] S'il n'y a que les mathématiques qui soient certaines, et si toutes les autres sciences ne nous séduisent qu'en raison de notre goût pour la facilité et de nos dispositions pour la croyance, que nous faut-il faire ? Faut-il se détourner de toutes ces sciences et ne se consacrer qu'aux mathématiques ?

3. Les mathématiques, modèle de toute science

A. Il ne faut pas faire que des mathématiques

On pourrait penser que la démonstration de Descartes vise à établir « qu'il ne faut apprendre que l'arithmétique et la géométrie ». Après tout, puisque les mathématiques sont les sciences les plus certaines, puisqu'aucune autre science ne peut prétendre à leur degré de certitude, ne faut-il pas en tirer les conséquences en se détournant de toutes ces sciences pour ne se consacrer qu'aux mathématiques ?

LA SCIENCE

B. Il faut prendre les mathématiques pour modèle

Descartes écarte d'emblée ce qui pourrait apparaître comme le but de sa démonstration : ceci ne doit pas nous détourner des autres sciences, mais nous indiquer comment nous devons nous rapporter à elles. Les mathématiques, en ce sens, ne doivent pas jeter le discrédit sur les autres sciences, mais au contraire leur servir de référence et de modèle. Autrement dit, « ceux qui cherchent le droit chemin de la vérité », c'est-à-dire ceux qui sont mûs par une volonté de savoir, et non par un désir de croyance lié à un refus de l'effort, « ne doivent s'occuper d'aucun objet dont ils ne puissent avoir une certitude égale à celle des démonstrations de l'arithmétique et de la géométrie ». Il s'agit ici, en quelque sorte, de l'exposition d'un programme de vérité : il faut, dit Descartes, aspirer au degré de certitude propre aux mathématiques. Or, la certitude des mathématiques étant liée à leur objet et à leur méthode, il est nécessaire de laisser de côté tout objet qui ne pourrait être simple et qui ne pourrait pas se prêter à cette méthode. Ce que nous offrent avant tout les mathématiques, c'est donc un modèle de raisonnement valable pour toute recherche scientifique.

Conclusion

En définitive, en établissant le rôle que doivent jouer les mathématiques dans toute recherche scientifique, en donnant la méthode mathématique pour modèle de toute science, Descartes développe dans ce texte un programme de vérité : étendre la méthode des mathématiques à l'ensemble des sciences, c'est précisément le projet de la *mathesis universalis* (mathématique universelle) cartésienne, conçue comme une science générale de l'ordre qui permettrait une connaissance achevée et totale.

À NOTER
La *mathesis universalis* désigne le projet conçu par Descartes de transposer la méthode mathématique à l'ensemble de nos connaissances, afin de leur permettre d'accéder à la rigueur des mathématiques.

3 AUTRES SUJETS POUR S'ENTRAÎNER

- Suffit-il d'observer pour connaître ?
- Explication d'un extrait du *Nouvel Esprit*, de Bachelard
- Explication d'un extrait de l'*Enquête sur l'entendement humain*, de Hume

▶ Retrouvez les corrigés sur annabac.com

33 Dissertation

Doit-on attendre de la technique qu'elle mette fin au travail ?

4 heures
20 points

INTÉRÊT DU SUJET • Le développement de la robotique et de l'automatisation, en faisant disparaître certains métiers et en en créant d'autres, nous amène à repenser la place du travail dans nos vies : mais est-il souhaitable de travailler moins, et sommes-nous amenés à penser que le travail, à terme, disparaîtra ?

LES CLÉS DU SUJET

Définir les termes du sujet

Doit-on attendre de

Cette expression peut signifier « avons-nous raison de croire cela », « sommes-nous obligés de souhaiter cela », ou encore « est-il souhaitable, est-il bon d'espérer cela ».

La technique

La technique est l'ensemble des moyens, intellectuels ou matériels, inventés par l'homme pour parvenir à une certaine fin. Son développement est marqué par une autonomisation croissante : de l'outil, qui dépend de la main de l'homme, au robot programmé pour s'adapter à son environnement, notre rapport à la technique se trouve bouleversé.

Qu'elle mette fin au travail

Du latin *tripalium* (« instrument de torture à trois pals »), le travail définit toute activité de transformation de la nature ayant pour but la satisfaction de nos besoins, activité par laquelle nous modifions notre propre nature. Un travail au sens d'emploi n'est donc qu'une forme possible du travail, définie par la rémunération. « Mettre fin au travail » signifierait le faire disparaître de notre vie.

Dégager la problématique

Problématique

Certes, les progrès techniques, marqués par l'autonomisation croissante des machines, nous laissent espérer une vie affranchie du travail.

Mais une telle vie est-elle vraiment souhaitable, ou doit-on redouter la fin du travail ?

Construire un plan

1. La technique doit mettre fin au travail	La technique facilite notre travail ; en ce sens, nous pouvons espérer que ses progrès nous affranchissent un jour de cette activité nécessaire et pénible.
2. Le progrès technique ne réduit pas le travail	Le développement technique ne fait pas reculer le travail dans nos vies, mais semble s'accompagner d'une transformation du travail comme de nous-mêmes. Nous ne sommes donc pas fondés à espérer que le travail disparaisse de nos vies.
3. On doit se préparer à la disparition du travail	Nous ne devons pas attendre de la technique qu'elle mette fin au travail, mais plutôt réorganiser nos vies pour qu'elle puisse nous en dispenser.

33 CORRIGÉ GUIDÉ

Les titres en couleurs et les indications entre crochets servent à guider la lecture mais ne doivent pas figurer sur la copie.

Introduction

[Reformulation du sujet] On pourrait penser que l'autonomisation croissante de la technique tend à réduire la place du travail dans nos vies, les machines se substituant à nos efforts. Le progrès technique doit-il nous laisser entrevoir la possibilité d'une vie sans travail ? [Définition des termes du sujet] La technique est l'ensemble des moyens artificiels – intellectuels ou matériels – mis en œuvre pour atteindre une fin, ces moyens faisant l'objet d'une évolution permanente. Le travail peut désigner toute activité de transformation de la nature ayant pour but la satisfaction de nos besoins, ou encore l'emploi, c'est-à-dire cette forme de travail définie par sa rémunération. [Problématique et annonce du plan] La question est de savoir si nous pouvons envisager la technique comme la promesse d'une vie libérée du travail : le développement technique a-t-il ce sens ? Mais à supposer qu'il soit possible que ce progrès nous affranchisse du travail, cela serait-il souhaitable ? Faut-il vouloir la fin du travail, ou au contraire la redouter ?

1. La technique doit mettre fin au travail

> **▶ Le secret de fabrication**
> La première partie développe ici l'hypothèse de réponse qui pourrait paraître évidente (le développement technique viserait essentiellement à nous soulager du travail), mais rien ne vous oblige à partir de cette hypothèse.

A. La technique facilite notre travail

• Dans un premier temps, on peut envisager le développement des techniques comme un progrès dans la mesure où il nous permet d'entrevoir à terme une vie sans travail. La technique n'est-elle pas l'ensemble des moyens artificiels permettant à l'homme de satisfaire plus facilement ses besoins ?

• En ce sens, on peut penser que le développement technique tend naturellement vers une disparition progressive du travail : de l'outil, « organe artificiel », dit Bergson, qui nous aide et prolonge notre corps, au robot qui nous remplace, il y a l'écart entre l'objet technique qui facilite notre travail et celui qui y met un terme.

B. Nous pouvons espérer que le progrès technique nous dispense d'un travail pénible

• C'est ainsi que la technique peut être pensée comme ce qui libère l'homme non seulement de sa nature animale – c'est bien par la technique que l'homme transforme la nature extérieure et la sienne, accédant ainsi à son humanité, explique Marx dans *Le Capital* –, mais aussi d'un travail le rivant aux nécessités de sa vie biologique.

• Le chapitre consacré au machinisme dans *Le Capital* rappelle ainsi ce rêve très ancien lié au progrès technique et dont la révolution industrielle est encore une fois porteuse : rêve d'une réduction voire d'une disparition du temps de travail, de l'extension corrélative du temps libre, et de la réorganisation de la vie autour d'activités librement choisies.

L'AUTEUR
Karl Marx (1818-1883).

Philosophe, économiste, il est un théoricien du communisme et un matérialiste. Pour lui, c'est la façon dont une société organise sa subsistance qui produit la hiérarchie sociale, l'idéologie, et les institutions propres à cette société.

[Transition] Pourtant, force est de constater que le développement technique n'a pas relativisé l'importance du travail à nos yeux et ne l'a pas fait reculer dans nos vies. Il s'accompagne même paradoxalement de la peur croissante de perdre son emploi. Pour quelles raisons ?

2. Le progrès technique ne réduit pas le travail

A. Le développement technique crée des besoins nouveaux

Le progrès technique pourrait nous soulager du travail et pourtant il l'intensifie : c'est précisément ce paradoxe qu'évoque Henri Bergson, en soulignant dans *L'Évolution créatrice* que la technique est proprement humaine en ce qu'elle libère l'homme du cercle de ses besoins, mais crée en lui des besoins artificiels : « Pour chaque besoin qu'il satisfait, [l'outil] crée un besoin nouveau, et ainsi, au lieu de fermer, comme l'instinct, le cercle d'action où l'animal va se mouvoir automatiquement, il ouvre à cette activité un champ indéfini où il la pousse de plus en plus loin et la fait de plus en plus libre ». S'il travaille pour satisfaire ses besoins, l'homme est aussi l'être technicien qui s'invente sans cesse de nouveaux besoins, repoussant indéfiniment l'horizon d'une satisfaction de ses besoins et d'une fin du travail.

B. Le progrès technique ne fait pas disparaître le travail mais en modifie la nature

- Sous sa forme moderne, le travail apparaît précisément comme une activité dont la fin n'est plus la satisfaction des besoins naturels.
- Marx observe que la hausse de la productivité rendue possible à la fois par l'essor du machinisme et la division du travail n'a pas pour conséquence une réduction du temps de travail, mais une transformation de la nature du travail. Plus simple, répétitif, fragmenté en tâches distinctes, le travail moderne ou productif change de forme sans pour autant changer de volume, en raison de la fin qui lui est assignée : d'une activité faite pour satisfaire nos besoins, il devient un moyen de réaliser du profit. Dès lors, la question est bien de savoir comment mettre fin à un travail devenu aliénant.

DÉFINITION
La **division du travail** est une organisation du travail décomposant son processus en tâches, s'accompagnant d'une spécialisation et ayant pour but la hausse de la productivité.

[Transition] Mais comment peut-on espérer mettre la technique au service de la fin du travail ? Faut-il désespérer de la technique ou continuer à voir dans son développement une condition de notre libération ?

3. On doit se préparer à la disparition du travail

A. Le risque d'une société de travailleurs sans travail

• Dans la *Condition de l'homme moderne*, Hannah Arendt envisage les conséquences possibles de l'automatisation en soulignant le risque que pourrait représenter pour nous la fin du travail. « C'est, dit-elle, une société de travailleurs que l'on va délivrer des chaînes du travail, et cette société ne sait plus rien des activités plus hautes et plus enrichissantes pour lesquelles il vaudrait la peine de gagner cette liberté. [...] Ce que nous avons devant nous, c'est la perspective d'une société de travailleurs sans travail, c'est-à-dire privés de la seule activité qui leur reste. On ne peut rien imaginer de pire. »

L'AUTEUR
Hannah Arendt (1906-1975).

Philosophe politique, elle consacre l'essentiel de son œuvre à interroger notre modernité, marquée par la confusion du domaine public (activité politique) avec le domaine privé (consommation, production).

• En d'autres termes, les hommes modernes dont les vies ont été centrées sur un travail théoriquement glorifié pourraient-ils devenir autre chose, sans travail, que des hommes vides et désœuvrés ?

B. Il faut dissocier nos vies du travail

• L'avertissement d'Arendt ne vise pas à établir la nécessité d'un maintien du travail en dépit du progrès technique qui tend à le raréfier, mais au contraire à ouvrir une réflexion plus large concernant notre vie. Comment résoudre la contradiction d'une époque qui est à la fois celle de la glorification du travail et celle où il devient techniquement possible de s'en passer ?

• Hannah Arendt montre que loin d'être une activité essentielle à l'homme, le travail n'est qu'une activité qui s'est imposée historiquement au détriment d'activités plus nobles. Elle distingue en particulier le travail, activité laborieuse et vitale visant à fabriquer une chose en ayant pour but la satisfaction d'un besoin (*poiésis*, activité servile qui nous inscrit dans un cycle de production et de consommation), de l'action (*praxis*, expression libre de notre singularité qui peut avoir lieu dans le domaine de l'art, ou de la politique, et par laquelle nous créons des « œuvres » défiant le temps).

DÉFINITIONS
Chez Aristote, la ***poiésis*** désigne l'activité qui n'est que le moyen d'atteindre une fin ayant plus de valeur qu'elle ; la ***praxis***, l'activité qui a une valeur en soi, indépendante de l'objet extérieur qu'elle permet d'obtenir.

• Si le progrès technique nous permet d'entrevoir la fin du travail, cette fin ne sera souhaitable pour nous que dans la mesure où nous serons devenus capables de dissocier nos vies du travail, en redécouvrant la valeur des

LA TECHNIQUE

activités libres que les Grecs appelaient *skholé*, activités créatrices auxquelles il vaut la peine de consacrer nos vies.

Conclusion

En définitive, on ne doit pas attendre de la technique qu'elle élimine le travail de nos vies, mais plutôt œuvrer à la fin du travail en modifiant notre rapport à l'ensemble de nos activités. Si la technique rend possible la fin du travail, cette fin n'est désirable qu'à condition de réformer nos vies et nos identités : de travailleurs, nous pourrons alors devenir les hommes créateurs que nous sommes capables d'être.

2 AUTRES SUJETS POUR S'ENTRAÎNER

- Y a-t-il plus à craindre qu'à espérer de la technique ?
- La technique ne sert-elle qu'à nous rendre maîtres de la nature ?

▶ Retrouvez les corrigés sur annabac.com

34 Explication de texte

Simondon, *Du mode d'existence des objets techniques*

4 heures
20 points

INTÉRÊT DU SUJET • Dans *Les Temps modernes*, Charlot se fait littéralement « manger » par une machine. Faut-il craindre que les machines automatisent toute notre vie et nous ôtent tout pouvoir de penser et de nous rebeller ?

Expliquez le texte suivant :

Or, en fait, l'automatisme est un assez bas degré de perfection technique. Pour rendre une machine automatique, il faut sacrifier bien des possibilités de fonctionnement, bien des usages possibles. L'automatisme, et son utilisation sous forme d'organisation industrielle que l'on nomme *automation*, possède une signification économique ou sociale plus qu'une signification technique. Le véritable perfectionnement des machines, celui dont on peut dire qu'il élève le degré de technicité, correspond non pas à un accroissement de l'automatisme, mais au contraire au fait que le fonctionnement d'une machine recèle une certaine marge d'indétermination. C'est cette marge qui permet à la machine d'être sensible à une information extérieure. C'est par cette sensibilité des machines à de l'information qu'un ensemble technique peut se réaliser, bien plus que par une augmentation de l'automatisme. Une machine purement automatique, complètement fermée sur elle-même, dans un fonctionnement prédéterminé, ne pourrait donner que des résultats sommaires. La machine qui est douée d'une haute technicité est une machine ouverte, et l'ensemble des machines ouvertes suppose l'homme comme organisateur permanent, comme interprète vivant des machines les unes par rapport aux autres. Loin d'être le surveillant d'une troupe d'esclaves, l'homme est l'organisateur permanent d'une société des objets techniques qui ont besoin de lui comme les musiciens ont besoin du chef d'orchestre.

Gilbert Simondon, *Du mode d'existence des objets techniques*, 1958.

La connaissance de la doctrine de l'auteur n'est pas requise. Il faut et il suffit que l'explication rende compte, par la compréhension précise du texte, du problème dont il est question.

LES CLÉS DU SUJET

Repérer le thème et la thèse

- Quel est le critère du perfectionnement des machines ?
- Pour Simondon, une machine perfectionnée possède une marge d'indétermination, ce qui lui permet d'être sensible aux informations extérieures. Ce n'est donc pas l'automation qui caractérise une technique évoluée, mais bien plutôt sa plasticité.

Dégager la problématique

Problématique

- On a tendance à croire que le progrès des machines se caractérise par un développement de l'automation qui finira par déposséder l'homme de tout rôle dans l'univers technique.
- Ne serait-ce pas plutôt un fonctionnement intégrant une marge d'indétermination qui incarne le perfectionnement technique des machines ? Si tel est le cas, ne faut-il pas réévaluer le rôle dévolu à l'homme dans le monde technique ?

Repérer les étapes de l'argumentation

1. Le critère du perfectionnement (l. 1 à 10)	• Qu'est-ce que l'automation ? Quelles en sont les limites ? • Quel est le critère du perfectionnement technique ?
2. Une sensibilité aux informations extérieures (l. 10 à 15)	• Que signifie la « marge d'indétermination » dans le fonctionnement d'une machine ? À quel(s) exemple(s) cela vous fait-il penser ? • Qu'est-ce qui caractériserait une machine absolument automatique ? Pourquoi cela serait-il insatisfaisant ?
3. Le rôle de l'homme (l. 15 à 21)	• Pourquoi la place de l'homme n'est pas menacée par le développement technique des machines ? • Quel rôle revient à l'homme dans ce monde composé de « machines ouvertes » ?

34 CORRIGÉ GUIDÉ

Les titres en couleurs et les indications entre crochets servent à guider la lecture mais ne doivent en aucun cas figurer sur la copie.

Introduction

[Accroche] Il est courant de se représenter l'automatisme comme l'expression d'un haut degré de perfection technique. [Problématique] N'est-ce pas là, en réalité, tomber dans le piège des idolâtres de la machine, qui pensent la perfection de la technique sous la forme d'une machine de toutes les machines, c'est-à-dire d'une interconnexion de toutes les machines entre elles ? Ne faut-il pas, bien au contraire, soutenir que le critère du perfectionnement des machines serait l'indétermination ? [Annonce du plan] Dans un premier moment du texte, Simondon expose sa thèse centrale : c'est l'indétermination, et non l'automatisme, qui est le signe du perfectionnement technique. Il expose, dans un deuxième temps, pourquoi il choisit ce critère. Dans un troisième et dernier temps, il explique quelle place l'homme peut occuper dans cet ensemble de machines ouvertes : celle d'un organisateur.

1. L'indétermination des machines : le critère du perfectionnement

A. L'automatisme limite les usages possibles de la machine

- L'expression « or, en fait » signifie que le présent texte s'articule avec un autre, qui le précède et dont l'auteur montrera ici le caractère erroné.

- Très souvent, on croit que l'automatisme incarne le sommet du développement technique, or c'est le contraire qui est vrai : « L'automatisme est un assez bas degré de perfection technique. » Un automate fonctionne de lui-même, sans nécessiter d'interventions extérieures, mais il est aussi dénué de toute volonté et de toute réflexion sur lui-même. Il ne fait que répéter les mouvements et les actions pour lesquels il a été programmé. C'est pourquoi il incarne bien un « degré de développement technique » : il est d'une efficacité plus grande qu'un simple outil, mais ce degré demeure faible (« assez bas »).

> **DÉFINITION**
> Le terme **automatisme**, du grec *automatos* (« qui se meut soi-même »), désigne le hasard, le fortuit et le spontané.

• L'automatisation nécessite un sacrifice, c'est-à-dire un renoncement à « bien des possibilités de fonctionnement ». En effet, l'automatisme est dénué de souplesse. Rivé à la répétition, il est incapable de s'adapter à des situations qui dépassent sa programmation. Par essence, l'automatisme est aveugle aux situations changeantes et aux nouveautés dans le réel.

B. Le véritable sens de l'automation

C'est la raison pour laquelle l'automation, c'est-à-dire la forme industrielle d'utilisation de l'automatisme, « possède une signification économique ou sociale plus qu'une signification technique ». L'automation s'accompagne d'une augmentation de l'efficacité de la production et, corrélativement, de la rentabilité, tout en modifiant les rapports sociaux, puisque la nature et la répartition du travail se trouvent bouleversées. Comparativement à cela, sa signification technique est de faible importance.

C. L'indétermination est le critère du perfectionnement technique

Simondon énonce alors une thèse contre-intuitive : c'est la « marge d'indétermination » dans son fonctionnement qui signe le perfectionnement d'une machine, c'est-à-dire l'absence de liens nécessaires entre les conditions qui s'offrent à la machine et à ses actions. Comment faut-il comprendre concrètement cette « marge d'indétermination » ?

DÉFINITION
Le terme **indétermination** ne désigne pas ici un caractère hésitant, un manque de décision ou de volonté. Une marge d'indétermination signifie dans le cas présent que la machine porte en elle une capacité d'autorégulation.

2. L'indétermination des machines : une sensibilité aux informations extérieures

A. La plasticité inhérente à la machine

• La marge d'indétermination ne désigne pas une liberté au sens d'un libre arbitre offrant la possibilité d'effectuer des choix absolument indéterminés, mais un jeu, c'est-à-dire une forme de plasticité inhérente à la machine qui la rend « sensible », donc apte à réagir « à une information extérieure » et, par suite, capable de communiquer avec d'autres machines, sans que cela renvoie à une quelconque conscience machinale.

À NOTER
Simondon explique plus loin que l'**information** « est la variabilité des formes, l'apport d'une variation par rapport à une forme ». À « mi-chemin entre le hasard pur et la régularité absolue », elle fonctionne comme un jeu dans des limites déterminées.

• Une telle machine est conçue pour adapter son fonctionnement aux données changeantes du réel. C'est ainsi que le développement technique d'un véhicule, par exemple, ne se reconnaît pas simplement à son déplacement automatique, mais à sa capacité à enregistrer l'éventuelle présence d'obstacles grâce à des capteurs et à engendrer une modification de sa trajectoire.

B. Les limites des machines purement automatiques

Il faut comprendre alors qu'« une machine purement automatique », c'est-à-dire qui fonctionnerait de manière indépendante, serait « complètement fermée sur elle-même, dans un fonctionnement prédéterminé ». Une telle machine serait insensible à toute information extérieure. Elle produirait peut-être d'excellents résultats, mais ceux-ci demeureraient « sommaires », c'est-à-dire rudimentaires et invariables. Elle ne pourrait que réitérer et engendrer des réponses et des fonctionnements généraux à des cas particuliers voire singuliers. Le résultat produit par une telle machine serait souvent inadéquat.

[Transition] Quel peut être alors le rôle de l'homme face à un ensemble de machines ouvertes ?

3. Le rôle de l'homme

A. L'homme comme organisateur

• Il apparaît ainsi que le critère de la haute technicité d'une machine est son ouverture, c'est-à-dire son potentiel à prendre en compte les données réelles dans leur singularité.

• Loin d'éloigner l'homme de leur processus de fonctionnement, les « machines ouvertes » supposent la présence et l'action humaines. La crainte d'un monde de machines susceptibles de remplacer totalement l'homme et de le détrôner est infondée. Les machines sont inventées par l'homme et seul celui-ci peut être l'« organisateur permanent », c'est-à-dire l'« interprète vivant des machines les unes par rapport aux autres ». L'homme est justement celui qui va déterminer les marges d'indétermination des machines pour produire les résultats souhaités. Il a donc bien une tâche créative et inventive qui lui est propre.

B. L'homme comme chef d'orchestre

• Ainsi, ce n'est pas le rôle de « surveillant d'une troupe d'esclaves » qui échoit à l'homme. Cette métaphore souligne que les machines ouvertes ne sont pas assimilables à des êtres rivés à des tâches répétitives, dont l'homme ne serait que le gardien passif.

▶ Éviter les pièges

Soyez très attentif à l'usage d'images et de métaphores. Vous allez devoir en proposer une interprétation. Gardez bien à l'esprit que vous avez affaire à une argumentation rationnelle.

- L'homme a pour tâche d'organiser une « société des objets techniques », c'est-à-dire à la fois une société humaine qui comprend des objets techniques et l'ensemble constitué par ces objets techniques qui sont en interaction.
- C'est ainsi que l'homme est appelé à se rapporter à cet ensemble de machines comme un chef d'orchestre. Il s'agit d'éviter la cacophonie et de produire à partir de simples bruits un ensemble de sons qui composeront une symphonie. C'est l'harmonie des machines que l'homme doit réaliser et, dans ce rôle, il est irremplaçable : les objets techniques « ont besoin de lui ». La perspective d'un homme qui se trouverait englouti par des machines intelligentes n'est qu'un scénario d'un mauvais roman de science-fiction…

Conclusion

L'auteur explique dans quelle mesure, loin de l'automatisme, c'est l'indétermination qui est le critère du perfectionnement technique des machines. Dans ce contexte, l'homme a pour tâche d'organiser l'ensemble de ces machines ouvertes. Il faut souligner que l'homme, loin d'être voué à devenir esclave des machines, en demeure le maître suprême. Il apparaît donc que la technophobie trouve davantage sa source dans une ignorance de la technique, qu'on assimile à quelque chose de démoniaque, que dans la technique elle-même. Si tel est le cas, ne faut-il pas avec Simondon prôner la réhabilitation de la culture technique ?

L'homme peut-il échapper au temps ?

4 heures
20 points

INTÉRÊT DU SUJET • La cosmétique prétend lutter contre le temps en effaçant les signes du vieillissement. Pourtant, les effacer ne nous empêchera pas de mourir : on ne se promène pas dans le temps comme on le fait dans l'espace. Mais alors, une telle lutte peut-elle avoir un sens ?

LES CLÉS DU SUJET

Définir les termes du sujet

L'homme peut-il

« Peut-on ? » exprime la possibilité : avons-nous les moyens, sommes-nous capables d'échapper au temps ?

Le temps

Le temps désigne l'ensemble des dimensions temporelles : le passé, le présent et l'avenir. Pourtant, si cette définition semble simple, elle n'en est pas vraiment une : le passé n'existe que par notre mémoire, le présent par notre attention et l'avenir par notre imagination. Le temps n'est donc que ce produit de notre activité intellectuelle, qui peut ainsi percevoir le changement, preuve manifeste du passage du temps.

Échapper au temps

• Échapper au temps peut signifier se soustraire au passage du temps, donc être immortel.

• Cela pourrait également signifier lutter contre le passage du temps en essayant de se soustraire à ses effets ou en créant des choses qui résistent à son passage.

• Enfin, il pourrait s'agir d'échapper à l'idée que nous allons mourir ou de fuir la tristesse liée à l'idée de la mort.

Dégager la problématique

Problématique

- Si l'existence humaine se déploie dans le temps, l'homme a-t-il les moyens d'échapper à ce temps dans lequel il s'inscrit ?
- Mais si nous sommes vivants, et donc mortels, sommes-nous pour autant soumis au temps, et victimes de lui ? On cherche à échapper à ce qui nous nuit : mais en quoi le temps serait-il mauvais pour nous, et que faudrait-il fuir en lui ?

Construire un plan

1. On ne peut pas échapper au temps	Il nous est impossible d'échapper au temps dans la mesure où il définit notre existence : nous sommes doublement soumis au temps, puisque mortels et dotés d'une conscience du temps.
2. On peut résister au passage du temps	Il est toutefois possible de penser une fuite hors du temps sous la forme d'une résistance à ce passage : l'œuvre d'art n'est-elle pas un défi adressé à ce temps qui, en s'écoulant, abîme et dissout nos corps ?
3. On peut échapper à l'idée que le temps nous condamne	Mais finalement, échapper au temps, n'est-ce pas avant tout échapper à ce par quoi il nous fait souffrir, c'est-à-dire se délivrer de l'idée qu'il nous condamne à la mort ? L'idée de la mort nous rappelle au souci de bien vivre.

35 CORRIGÉ **GUIDÉ**

Les titres en couleurs et les indications entre crochets servent à guider la lecture et ne doivent en aucun cas figurer sur la copie.

Introduction

[Reformulation du sujet] Se demander si l'on peut échapper au temps, c'est se demander si nous lui sommes nécessairement soumis. *A priori*, on pourrait penser que nous ne pouvons pas nous soustraire à ce qui définit notre existence. [Définition des termes du sujet] Le temps désigne à la fois le passé, le présent et l'avenir, auxquels nous nous rapportons respectivement par notre mémoire, notre attention, notre imagination. En ce sens, on peut dire que nous sommes doublement temporels : si nous sommes, en tant que mortels, définis par le temps, il est aussi le produit de notre activité intellectuelle. Mais alors, que signifierait échapper au temps ? Se soustraire au passage du temps serait d'abord être immortel ou résister à son passage, en créant des choses qui lui résistent. [Problématique] Mais si nous sommes victimes du temps, n'est-ce pas dans la mesure où, quoi que nous fassions, il s'inscrit en nous par l'idée que nous allons mourir ? Tout le problème est de savoir si l'homme a les moyens d'échapper à ce qu'il est. Nous cherchons à échapper à ce qui nous nuit : mais en quoi le temps serait-il mauvais pour nous ? [Annonce du plan] Nous verrons tout d'abord qu'il nous est impossible d'échapper au temps dans la mesure où il définit notre existence. Mais n'avons-nous pas le pouvoir de résister à ce temps qui semble s'écouler indépendamment de nous ? Enfin, nous examinerons dans quelle mesure nous pouvons échapper au temps ou plutôt à ce par quoi il nous fait souffrir, c'est-à-dire à l'idée qu'il nous condamne à la mort.

1. On ne peut pas échapper au temps

A. Nous sommes mortels

• Dans un premier temps, on pourrait penser que nous sommes les proies du temps en ce qu'il donne sa forme et sa limite à notre existence. Le temps s'imprime en nous sous la forme de la croissance et du vieillissement, qui nous indique que nous allons mourir : la mortalité est bien ce qui définit toute existence. Le temps fait donc partie de nous et il serait en ce sens absurde de croire que nous pouvons sortir de lui et fuir ses effets destructeurs. Cette croyance peut tout au plus prendre la forme du fantasme de l'immortalité : on peut rêver prendre le contrôle du temps, se promener en lui, inverser son cours, il n'en reste pas moins qu'il s'agit d'un rêve.

> ▶ **Le conseil de méthode**
> Veillez à ne pas multiplier les exemples de lutte contre le vieillissement. La chirurgie esthétique, les progrès de la médecine, etc., ne valent que s'ils sont interrogés et problématisés.

• Dans la *Lettre à Ménécée*, Épicure fait ainsi du désir d'immortalité le pire des désirs vides, à savoir ces désirs qu'il est impossible de satisfaire et qui en cela nous vouent au malheur et à l'excès. Effacer les signes du vieillissement, par exemple, n'est pas échapper au temps mais se livrer à lui par la souffrance d'un combat perdu d'avance.

B. Nous sommes des êtres temporels qui faisons exister le temps

• C'est que le temps s'imprime en nous doublement : si nous ne pouvons pas échapper à ce que nous sommes, c'est-à-dire des vivants promis à la mort, nous ne pouvons pas non plus échapper à la tristesse liée à l'idée du temps qui passe. Mortels, nous sommes également liés au temps par notre mémoire, notre attention et notre imagination, qui font que nous avons l'idée du temps, et que cette idée est celle d'une chose dont, comme le souligne saint Augustin, tout l'être est de passer.

• Face à cet adversaire insaisissable, nous ne pouvons qu'envier l'insouciance de la vie animale qui se trouve allégée du poids du temps inscrit en l'homme par le développement même de ses facultés intellectuelles. C'est le sens de l'analyse nietzschéenne de l'oubli : si la mémoire qui nous rapporte au passé est ce qui rend possible la connaissance, elle est aussi ce qui nous fait souffrir en ce qu'elle nous rapporte à tout ce que nous avons perdu. Or, l'homme est défini par sa mémoire et son imagination : échapper au temps, ce serait « apprendre l'oubli » pour se défaire du fardeau du passé qui nous empêche de vivre.

> **À NOTER**
> Ce caractère **insaisissable** du temps est ainsi formulé par Augustin : « le passé n'est plus », « l'avenir n'est pas encore » et le présent n'est que ce qui s'écoule de l'un à l'autre.

[Transition] Pourtant, s'il est impossible de se soustraire au passage du temps ou de nous défaire de ces qualités intellectuelles qui nous le rendent sensible, toute lutte contre le temps est-elle vaine ? Si on ne peut sortir du temps, ne peut-on du moins lui résister ?

2. On peut résister au passage du temps

A. Il est possible de lutter contre le temps

> **▶ Le secret de fabrication**
> Le passage à la deuxième partie repose ici sur une autre interprétation de l'expression « échapper au temps », qui ne signifie pas nécessairement « être immortel » ou « arrêter le temps », mais « échapper à son emprise ». Selon le sens retenu, la réponse à la question s'inverse.

Dans un second temps, on peut penser qu'échapper au temps serait en réalité créer dans le temps des points de résistance. Le « désir d'immortalité » condamné par Épicure n'est-il qu'un désir vide, source de souffrance, ou n'y a-t-il pas une positivité de ce désir en ce qu'il nous pousse à dépasser les limites de notre existence humaine ? Lutter contre le temps serait dès lors la seule façon de lui échapper, et s'il n'est pas possible de sortir du temps, il est pourtant possible de s'opposer à son passage. Si nous ne pouvons pas empêcher le temps de passer, nous pouvons pourtant créer des choses sur lequel le temps n'aura pas de prise.

B. Il est possible de créer de l'immortalité

C'est en particulier le sens de l'analyse par Hannah Arendt de l'œuvre d'art : la spécificité de cette œuvre, parmi tous les objets du monde, réside précisément dans son rapport au temps. Ni « produits de consommation » ou « produits de l'action » inscrits de façon précaire dans le temps, ni « objets d'usage » usés par le temps ; les œuvres d'art, dit-elle, sont les seules créations humaines qui accèdent à une « immortalité potentielle ». Défis humains adressés au passage du temps, les œuvres d'art « ne sont pas fabriquées pour les hommes, écrit la philosophe, mais pour le monde, qui est destiné à survivre à la vie limitée des mortels, au va-et-vient des générations ». Autrement dit, l'œuvre d'art est bien un point fixe par lequel l'homme s'échappe du temps qui s'inscrit en lui par sa vie biologique. Par l'art, l'homme est capable de créer des objets qui résistent à l'action corruptrice du temps.

[Transition] Pourtant, créer des points de résistance au passage du temps est-il notre seule façon d'échapper au temps ? Ce qui nous pèse, n'est-ce pas avant tout l'idée que nous allons mourir, et nos œuvres d'art nous en empêchent-elles ?

3. On peut échapper à l'idée que le temps nous condamne

A. On peut fuir l'idée de notre propre mort

- En réalité, nous sommes d'abord victimes du temps dans la mesure où penser le temps, c'est avoir l'idée de sa propre mort. Mais si nous sommes impuissants à échapper à la mort, n'avons-nous pas le pouvoir d'échapper à la souffrance liée à l'idée que nous allons mourir ?
- C'est le sens de l'analyse de Pascal, qui dans les *Pensées* évoque le divertissement comme le pis-aller trouvé par l'homme pour fuir l'idée qu'il va mourir. Se divertir permettrait ainsi de passer le temps pour oublier que nous allons mourir, et s'il n'y a que l'idée de dieu pour donner un sens à notre existence de mortels, nous avons toujours la possibilité, dit-il, de nous absorber dans cette fuite du temps et de nous-mêmes qui n'est que la marque de notre misère humaine.

L'AUTEUR
Blaise Pascal (1623-1662).

Philosophe et mathématicien, il a la révélation de l'existence de dieu lors de la « nuit de feu », et rédige les *Pensées* pour convertir ses lecteurs au christianisme.

LE TEMPS

B. On peut renverser l'idée triste de la mort en une idée qui nous rappelle au souci de vivre

Mais le temps nous condamne-t-il vraiment ? En réalité, on pourrait en conclure qu'échapper au temps serait échapper à la tristesse produite par l'idée que nous allons mourir. Mais comment échapper à cette tristesse ? Dans la *Lettre à Ménécée*, Épicure nous explique comment se délivrer de la crainte de la mort qui nous empêche de vivre. La mort, dit-il, est un phénomène physique et une réalité que nous ne rencontrerons jamais, puisque nous sommes, en tant que vivants, le contraire d'elle. En ce sens, l'idée de la mort n'est pas à fuir : ce qu'il faut combattre, c'est la tristesse qui lui est liée, et nous ne pouvons la combattre qu'en nous appuyant sur l'idée vraie de la mort, qui nous rappelle à l'urgence de bien vivre.

Conclusion

En définitive, s'il est impossible de ne pas mourir, il est bien en notre pouvoir d'échapper au temps en nous délivrant de la souffrance et de l'impuissance produites par l'idée que le temps nous condamne à la mort. Échapper au temps serait alors se libérer de la tristesse et regarder en face l'idée de notre propre mort pour profiter de ce temps qui nous est compté.

3 AUTRES SUJETS POUR S'ENTRAÎNER

- Suis-je ce que mon passé a fait de moi ?
- Explication d'un extrait des *Rêveries du promeneur solitaire*, de Rousseau
- Explication d'un extrait de l'*Essai sur le libre-arbitre*, de Schopenhauer

▶ Retrouvez les corrigés sur annabac.com

36 Dissertation

Faut-il oublier le passé pour se donner un avenir ?

4 heures
20 points

INTÉRÊT DU SUJET • Qui n'a pas déjà subi une déception amoureuse ? Le passé amoureux est-il alors un obstacle au déploiement des passions à venir ? Autrement dit, faut-il nécessairement faire table rase de son passé pour pouvoir s'offrir d'autres horizons ?

LES CLÉS DU SUJET

Définir les termes du sujet

Faut-il

Cherchez les différents sens de cette expression :
- « Est-ce une condition nécessaire ? » ;
- « Est-ce juste et légitime ? ».

Oublier le passé

- Le passé constitue la somme des évènements dont on peut faire le récit sous la forme de l'histoire et que l'homme ne peut plus modifier.
- En ce sens, oublier le passé reviendrait à se débarrasser de la mémoire des évènements pour ne pas être déterminé par ce qui ne dépend plus de nous.

Pour se donner un avenir

- Il faut distinguer l'avenir du futur. Le **futur** constitue l'ensemble des évènements que nous cherchons à prédire et à anticiper à partir de notre connaissance du passé et du présent. L'**avenir** désigne plutôt le caractère indéterminé des évènements à venir, dans la mesure où ils sont le produit d'une conscience libre.
- Se donner un avenir revient donc à ne pas se laisser déterminer par le passé et à conserver la suite de son existence comme un horizon libre.

Dégager la problématique

Problématique

Certes, en oubliant le passé, nous nous privons des leçons que nous pourrions en tirer pour l'avenir, ce qui peut nous conduire à le répéter.

Mais le poids du souvenir, heureux ou malheureux, n'est-il pas un obstacle à l'avenir ? La mémoire du passé ne nous rend-elle pas prisonniers du passé ?

Construire un plan

1. L'avenir ne peut se passer de la mémoire du passé

- Pourquoi l'oubli peut-il nous conduire à répéter le passé ?
- Cherchez le sens du « devoir de mémoire ».

2. L'oubli, condition nécessaire au déploiement de l'avenir

- Notre mémoire du passé est-elle fiable ?
- Cherchez des exemples qui montrent que notre attachement au passé peut faire obstacle à l'avenir.

3. Pour se donner un avenir, il faut considérer le passé comme le produit de notre liberté

- Montrez que le passé constituait, à un moment donné du temps, notre avenir.
- Faut-il dès lors penser que le passé est seulement ce qui résiste à notre liberté ?
- Quelle place doit occuper la mémoire du passé dans la construction de notre identité et de notre avenir ?

36 CORRIGÉ GUIDÉ

Les titres en couleurs et les indications entre crochets servent à guider la lecture mais ne doivent en aucun cas figurer sur la copie.

Introduction

[Accroche] À la différence du futur, que l'on cherche à prédire ou à anticiper, l'avenir se présente comme un horizon indéterminé. Il n'y a donc d'avenir que pour une conscience libre : c'est justement parce que l'homme n'est pas déterminé qu'il ne peut pas savoir de quoi sera fait son avenir. Mais ne sommes-nous pas enchaînés au cours de nos actions passées ?

[Reformulation du sujet] Peut-être faut-il faire table rase du passé pour ménager la possibilité d'un avenir, c'est-à-dire pour nous libérer de ce que nous ne pouvons plus changer ? [Problématique] Dès lors, est-il possible de reconnaître le passé, nécessairement déterminé, sans renoncer à la liberté de l'avenir ? [Annonce du plan] Dans l'horizon de notre histoire individuelle et collective, il semble que l'avenir exige la mémoire du passé. Mais cette mémoire peut faire obstacle au déploiement du possible et nous rendre prisonniers du passé : nous donner un avenir impliquerait donc d'accepter l'oubli. En réalité, nous sommes responsables du passé comme de l'avenir : notre liberté se fonde sur l'exigence d'une reconnaissance du passé qui n'implique pas la détermination de l'avenir.

1. L'avenir ne peut se passer de la mémoire du passé

> **▶ Le secret de fabrication**
> Il nous faut d'abord souligner le caractère vain et lâche de l'oubli du passé : nous préférons souvent oublier ce qui nous déplaît. Mais c'est précisément pour cette raison qu'il est de notre responsabilité de nous souvenir pour ne pas faire reposer l'avenir sur l'ignorance et le refus du passé.

A. L'homme peut se rendre prisonnier du passé

• Du point de vue collectif et individuel, le passé constitue la somme des évènements dont on peut faire le récit sous la forme de l'histoire et qui échappe d'une certaine manière à la liberté humaine. Le passé, c'est précisément ce que l'on ne peut plus changer.

• L'homme semble dès lors condamné à une certaine impuissance. Arendt explique que notre pouvoir d'agir se heurte à l'irréversibilité du passé. Nous sommes contraints à reconnaître le passé, sans plus pouvoir modifier la suite des actions, quand bien même nous voudrions refaire l'histoire.

B. L'oubli nous condamne à la résurgence du passé

• Dès lors, ne faut-il pas céder à l'oubli pour ne plus porter le poids du passé ? Cet oubli paraît vain : il ne nous prémunit pas du risque de répéter sans cesse le passé. Dans la répétition, le temps humain s'enferre dans une circularité qui prive l'homme de sa liberté. L'idée même d'un avenir n'a plus de sens : il n'y aurait rien à faire ni à apprendre de plus. L'agir humain se limite ainsi à la reproduction de certains schémas déterminés par ce qui est arrivé par le passé.

> **À NOTER**
> L'homme qui répète le passé vit à l'image de Sisyphe, condamné par les dieux à hisser pour l'éternité une pierre en haut d'une montagne. Une telle existence semble absurde et vaine : elle se prive de tout avenir et se place sous le signe de la fatalité.

• L'histoire des communautés politiques montre ainsi l'effort des hommes pour se souvenir du passé afin d'éviter de le répéter. À l'issue du traumatisme du génocide des Juifs dans l'Allemagne nazie, on a ainsi vu émerger l'idée d'un devoir de mémoire. Pour ne pas voir un passé traumatique se répéter, les hommes doivent garder leur histoire en mémoire plutôt que céder à l'oubli.

C. Il faut tirer les leçons du passé pour se donner un avenir

On peut avancer encore d'un pas : la seule mémoire ne suffit pas. Il faut aussi tâcher de comprendre le passé pour se donner un avenir. Nous avons le devoir de tirer des leçons du passé pour nous en libérer. En tâchant de donner du sens à son histoire individuelle et collective, l'homme apprend par l'expérience à se connaître et à connaître le monde, en sorte de devenir plus libre, c'est-à-dire davantage capable de mettre en œuvre le projet qu'il aura librement choisi.

[Transition] Mais peut-on toujours supporter le poids du passé ? Celui-ci ne constitue-t-il pas l'obstacle fondamental à un avenir libre et indéterminé ?

2. L'oubli, condition nécessaire au déploiement de l'avenir

A. La mémoire du passé est faillible

• Si le passé est précisément ce qui n'est plus, la mémoire constitue l'agent de conservation du passé dans le présent. En ce sens, elle lui assure un statut ontologique spécifique : le passé est ce qui n'est plus, mais il conserve une existence virtuelle, dans le souvenir des hommes et les récits qu'ils en font.

• Cependant, la mémoire que nous conservons du passé n'est pas nécessairement fidèle à ce qui s'est passé. Les souvenirs ne sont pas des représentations neutres : ils sont aussi déterminés par les désirs ou les peurs des hommes. On dit d'ailleurs qu'on ne se souvient parfois que de ce dont on préfère garder la mémoire : c'est l'idée d'une mémoire sélective.

B. Elle peut constituer un fardeau pour l'avenir

• Le refus de l'oubli ou la déformation du passé nous expose ainsi à un double écueil, pouvant faire obstacle au déploiement de l'avenir. C'est ce qu'explique Nietzsche en affirmant qu'il est « impossible de vivre sans oubli ».

• Le premier sentiment pouvant faire obstacle au déploiement de l'avenir n'est autre que la nostalgie. En nous replongeant dans la mémoire d'un passé heureux, nous sommes susceptibles de le préférer au présent et à l'avenir : nous rejouons un passé dont nous ne voulons pas nous détacher.

▶ Le secret de fabrication

Dans son roman *L'Invention de Morel*, Adolfo Bioy Casares met ses personnages face à un dilemme. Le scientifique Morel a créé une machine permettant de vivre éternellement dans un souvenir heureux. Il témoigne ainsi du désir qui conduit les hommes à fuir l'avenir pour le passé en ne vivant que dans la virtualité du souvenir.

• À rebours, le souvenir du passé peut faire naître le ressentiment : une forme de colère voire de haine qui reconduit inlassablement le sujet à un tort subi par le passé. Le désir de vengeance manifeste ainsi la possibilité d'un asservissement de l'homme au passé.

C. C'est en oubliant le passé que l'homme peut envisager un avenir heureux

• Nietzsche explique ainsi que l'oubli du passé ne relève en rien de la lâcheté, mais témoigne au contraire du courage de se donner un avenir, en acceptant justement que le passé soit passé.

• Le précepte à suivre serait donc le suivant : « Faire silence, un peu, faire table rase dans notre conscience pour qu'il y ait de nouveau de la place pour les choses nouvelles » (*Généalogie de la morale*). Il faut se détacher du passé pour ménager une place au possible.

[Transition] Cette nécessité de l'oubli ne témoigne-t-elle pas en réalité de la manière dont nous nous rapportons au passé ? Plutôt que d'oublier le passé, ne faut-il pas se souvenir qu'il aurait pu être autrement qu'il a été ?

3. Pour se donner un avenir, il faut considérer le passé comme le produit de notre liberté

A. L'homme doit accepter la contingence de l'existence

• C'est seulement lorsque nous pensons être déterminés par le passé que celui-ci peut nous conduire à une forme d'aliénation. Mais l'oubli n'est alors que le remède commode à notre méconnaissance de la nature même de l'existence.

• Au contraire, lorsque nous considérons la pure contingence de l'existence, nous comprenons que le passé n'est lui-même qu'une simple possibilité réalisée. Sartre explique ainsi qu'il nous est toujours possible d'agir autrement que nous le faisons. Aussi devons-nous comprendre que le passé ne détermine l'avenir qu'en tant que nous le choisissons.

B. Céder à l'oubli, c'est renoncer à sa liberté

Sartre, dans une pièce de théâtre intitulée *Huis clos*, met en scène trois personnages en enfer. Chacun tente de fuir la mémoire d'un passé peu glorieux : tous veulent, par l'oubli, se détourner de leur responsabilité. Il s'agit de figures de la mauvaise foi. En quoi sont-ils donc en enfer ? Parce que les autres rappellent à leur souvenir ce qu'ils ont fait et ce qu'ils ont été. L'oubli est en réalité impossible : nous devons nous confronter au passé comme un témoignage de notre liberté.

> ▶ **Le conseil de méthode**
>
> Lorsque vous convoquez un exemple littéraire pour développer un paragraphe, rappelez rapidement l'intrigue de l'ouvrage en soulignant les éléments pertinents au regard du sujet.

C. Il est de notre responsabilité de maintenir l'avenir comme un horizon ouvert

- C'est seulement en reconnaissant notre passé que nous pouvons aussi nous donner un avenir. Ce qui s'est passé était par nature aussi indéterminé que l'avenir. Il ne faut pas opposer ces deux moments du temps : l'avenir d'aujourd'hui n'est autre que le passé de demain.
- Dès lors, la liberté de l'avenir ne se trouve ni dans l'oubli ni dans la mémoire obsédante du passé : elle exige plutôt que nous acceptions notre responsabilité face à l'indétermination de l'existence. L'avenir est un horizon contingent dont nous déterminons nous-mêmes le sens. Rien ne peut donc entraver l'avenir sinon notre propre lâcheté, qui consiste à refuser le fardeau de notre condition humaine, à savoir que « nous sommes condamnés à être libres ».

Conclusion

Le passé et l'avenir entretiennent des rapports ambigus. Nous pouvons d'abord considérer que l'avenir ne peut être envisagé sans la mémoire du passé et qu'il est donc de notre devoir de nous en souvenir pour éviter de le répéter. Mais qu'il soit heureux ou malheureux, notre rapport au passé ne nous prive-t-il pas justement de l'avenir ? Plus que l'oubli, la solution au problème se situe précisément dans la façon dont nous nous rapportons au passé. De même que l'avenir, le passé a été le produit de notre liberté. Il faut donc reconnaître notre passé tout en nous arrachant à l'idée qu'il détermine l'avenir : c'est le sens même de notre liberté et de notre responsabilité.

37 Explication de texte

Bergson, *La Perception du changement*

4 heures
20 points

INTÉRÊT DU SUJET • « Le temps, irréparable, fuit » (Virgile) : ce genre de devises latines ornant les cadrans solaires souligne à quelle vitesse le temps s'écoule. Si rien ne résiste au passage du temps, comment dès lors définir ce qui nous échappe ?

Expliquez le texte suivant :

Que le temps implique la succession, je n'en disconviens pas. Mais que la succession se présente d'abord à notre conscience comme la distinction d'un « avant » et d'un « après » juxtaposés, c'est ce que je ne saurais accorder. Quand nous écoutons une mélodie, nous avons la plus pure impression de succession que nous puissions avoir – une impression aussi éloignée que possible de celle de la simultanéité – et pourtant c'est la continuité même de la mélodie et l'impossibilité de la décomposer qui font sur nous cette impression. Si nous la découpons en notes distinctes, en autant d'« avant », et d'« après » qu'il nous plaît, c'est que nous y mêlons des images spatiales et que nous imprégnons la succession de simultanéité : dans l'espace, et dans l'espace seulement, il y a distinction nette de parties extérieures les unes aux autres. Je reconnais d'ailleurs que c'est dans le temps spatialisé que nous nous plaçons d'ordinaire. Nous n'avons aucun intérêt à écouter le bourdonnement ininterrompu de la vie profonde. Et pourtant la durée réelle est là. C'est grâce à elle que prennent place dans un seul et même temps les changements plus ou moins longs auxquels nous assistons en nous et dans le monde extérieur.

Henri Bergson, *La Perception du changement*, 1911.

La connaissance de la doctrine de l'auteur n'est pas requise. Il faut et il suffit que l'explication rende compte, par la compréhension précise du texte, du problème dont il est question.

LE TEMPS

LES CLÉS DU SUJET

Définir le thème et la thèse

• Dans ce texte, Bergson cherche à **définir le temps** en s'opposant à la conception classique que nous en avons.

• Bergson manifeste ici **la continuité essentielle du temps** : le temps est d'abord ce qui dure, et non ce qui sépare des états successifs. Autrement dit, toute décomposition n'est possible que parce que le temps est ce qui lie les instants entre eux, à l'image de la mélodie que compose le musicien en articulant les notes les unes aux autres.

Dégager la problématique

Problématique

Traditionnellement, pour rendre compte du temps, nous utilisons la distinction entre passé, présent et futur : nous appelons « temps » ce qui sépare deux moments isolés de l'expérience.

Mais peut-on s'en tenir à cette décomposition ou succession d'états indépendants les uns des autres ? Le temps ne s'inscrit-il pas dans une durée ? Ne se définit-il pas essentiellement par sa continuité ?

Repérer les étapes de l'argumentation

1. Le temps n'est pas constitué par l'avant et par l'après (l. 1 à l. 8)	• En quoi la définition classique du temps peut-elle sembler paradoxale ? • Quelle est la fonction de l'exemple musical dans l'argumentation ?
2. Le temps décomposable est spatialisé (l. 8 à l. 15)	• Cherchez des exemples d'« images spatiales » du temps. • Pourquoi la nature du temps diffère-t-elle de celle de l'espace ?
3. Le temps est une durée qui permet d'appréhender le changement (l. 15 à l. 17)	• Définissez la durée. • En quoi, selon Bergson, le changement implique-t-il la durée et non la décomposition du temps ?

37 CORRIGÉ GUIDÉ

Les titres en couleurs et les indications entre crochets servent à guider la lecture mais ne doivent en aucun cas figurer sur la copie.

Introduction

[Accroche] Dans ses *Confessions*, Saint Augustin se demande : « Qu'est-ce donc que le temps ? Si personne ne m'interroge, je le sais ; si je veux répondre à cette demande, je l'ignore. » La définition du temps se présente ainsi comme un problème philosophique fondamental. C'est à cet enjeu que prétend répondre ce texte de Bergson. [Problématique] Comment peut-on rendre compte de ce qui dure alors même qu'on définit le temps comme une suite d'états successifs et distincts les uns des autres ? [Annonce du plan] Bergson s'oppose d'abord à la définition classique du temps : nous ne pouvons pas le définir comme la différence entre un avant et un après. Cette définition repose en réalité sur un amalgame : elle confond la nature du temps et celle de l'espace, qui permet de séparer chacune de ses parties. Bien au contraire, le temps ne se fonde pas sur la succession d'instants distincts, mais sur l'unité indivisible de la durée.

1. Le temps n'est pas constitué par l'avant et par l'après

A. Une critique de la définition classique du temps

- Bergson interroge ici la définition aristotélicienne du temps. Celle-ci procède de l'examen d'un paradoxe : le temps est composé du passé qui n'est plus, du futur qui n'est pas encore et du présent qui s'évanouit sans cesse. C'est donc l'être même du temps qui pose problème.

- Pour y répondre, Aristote avance que l'on ne perçoit le temps que dans le changement : c'est la différence entre un avant et un après. Le temps se présenterait ainsi fondamentalement dans l'écart entre plusieurs états que l'on peut positionner les uns par rapport aux autres.

CITATION
« Lorsque nous percevons l'antérieur et le postérieur, alors nous disons qu'il y a du temps, car voilà ce qu'est le temps : le nombre du mouvement selon l'antérieur et le postérieur » (Aristote, *Physique*).

- Or Bergson s'inscrit en faux contre cette définition du temps comme succession de l'avant et de l'après. Il ne s'agit pas de nier l'idée selon laquelle « le temps implique la succession » : autrement nous serions incapables de distinguer le passé du présent et du futur. Il nous faut plutôt montrer que la succession de plusieurs états séparables implique elle-même l'existence du temps comme durée, à partir de laquelle nous pourrons isoler lesdits états.

> **▶ Le secret de fabrication**
> L'enjeu est ici de montrer que Bergson veut donner une solution au paradoxe mis en évidence par Aristote : il faut résoudre le problème d'une ontologie du temps. La succession d'un avant et d'un après ne peut pas constituer l'être même du temps, dans la mesure où cette succession réclame à son tour une condition de possibilité : l'idée d'une durée dans le temps.

B. La définition du temps comme continuité

• Pour définir le temps, Bergson invoque l'exemple de l'écoute musicale. Il affirme ici que la succession s'identifie non pas à la différence entre deux états, mais à la « continuité » qui fait la « mélodie ».

• La musique implique par elle-même la succession : lorsque nous écoutons une mélodie et que nous cherchons par exemple à la fredonner, nous comprenons qu'elle exige la succession de plusieurs notes dans le temps. Quand bien même il serait possible de chanter toutes les notes à la fois, nous ne produirions qu'un brouhaha indiscernable. C'est la raison pour laquelle l'impression produite par la mélodie est « aussi éloignée que possible de celle de simultanéité ».

• Mais pour que la mélodie existe en tant que telle, il faut en saisir la « continuité » : nul ne peut la saisir en se contentant de la « décomposer ». La mélodie, ce n'est pas seulement chaque note inscrite sur la partition, que l'on pourrait séparer des autres : c'est le rapport que ces notes entretiennent entre elles dans la suite de la phrase musicale.

[Transition] Le temps ne se définit pas d'abord dans la pure et simple succession d'états indifférents les uns aux autres : il implique la continuité. Pourquoi nous en tenons-nous alors spontanément à l'image d'un temps décomposable en avant et en après ?

2. Le temps décomposable est spatialisé

A. Il faut distinguer le temps de l'espace

• La définition classique du temps confond le temps et l'espace : elle fait de l'essence du temps le corollaire de l'essence de l'espace.

> **▶ Le secret de fabrication**
> Le reproche de Bergson n'est pas anodin : le temps et l'espace ont été définis de la même manière par de nombreux philosophes. Aristote traite du temps et de l'espace dans un même livre de la *Physique* ; Kant fait de ces représentations les deux conditions transcendantales de l'expérience.

• Lorsque nous cherchons à représenter la différence entre l'avant et l'après, il n'est pas rare que nous dessinions un segment de droite. Nous inscrivons alors dans l'espace la différence entre deux moments du temps : l'expérience du temps est ainsi imprégnée d'« images spatiales ».

• Mais le temps est pour Bergson tout autre qu'une frise chronologique : il implique de percevoir la continuité indivisible entre l'avant et l'après. Aussi n'avons-nous conscience de la mélodie que parce qu'une note s'articule à celle qui la suit. Nous ne pouvons isoler les différents moments du temps qu'en comprenant aussi les liens qui les unissent entre eux.

• Il faut donc distinguer clairement le temps de l'espace : « Dans l'espace seulement, il y a distinction nette de parties extérieures les unes aux autres. » Cela signifie que s'il est possible d'isoler chacune des portions de l'espace, les moments du temps s'appellent au contraire les uns les autres. Il n'y a d'instant que sur le fond de la continuité qui lie les moments du temps.

B. Le temps de l'expérience quotidienne est un temps spatialisé

• Bergson affirme que le temps de nos préoccupations quotidiennes n'est autre que le « temps spatialisé », c'est-à-dire le temps décomposable en moments séparés les uns des autres.

• De fait, dans la vie courante, nous cherchons à organiser notre temps : c'est ce qui nous éloigne de la conscience du temps comme continuité. Nous découpons le temps relativement à nos activités et nos projets, et nous formalisons ce découpage dans un emploi du temps. Lorsque nous rapportons le temps à une finalité pratique, nous ne percevons plus le « bourdonnement de la vie profonde ».

> **À NOTER**
> Baudrillard, dans *La Société de consommation*, souligne que la reconduction systématique du temps à des buts déterminés contribue à son aliénation. À force de le découper ainsi, nous nous privons d'un temps qui serait véritablement libre.

[Transition] Le temps qui peut être découpé et spatialisé ne permet pas pour autant de rendre compte de sa nature véritable. Au-delà de la différence entre deux moments, le temps est au contraire ce qui résiste dans l'expérience de la durée.

3. Le temps est une durée qui permet d'appréhender le changement

A. Le temps se définit comme durée

• La véritable nature du temps se dévoile lorsque nous nous intéressons à la « durée réelle ». Nous l'avons vu, celle-ci se cache en deçà de nos préoccupations quotidiennes.

• Proust explique ainsi, dans *Le Temps retrouvé*, que le temps « à l'état pur » n'est perçu qu'au moyen de certaines expériences spécifiques, qui font émerger le passé dans le présent. Dans l'épreuve de la réminiscence, le sujet comprend que le passé n'est pas simplement ce qui n'est plus : le temps lie indissolublement les moments entre eux. C'est précisément ce que l'on appelle la durée.

DÉFINITION
La **réminiscence** consiste en le retour à la conscience d'un souvenir latent, dominé par une dimension affective. Elle rappelle la continuité du passé dans le présent, quand bien même nous n'en garderions pas consciemment la mémoire.

B. L'écart entre deux états ne peut se mesurer sans la continuité du temps

• Paradoxalement, pour pouvoir découper ou décomposer le temps, il faut d'abord reconnaître que celui-ci se définit par sa pure continuité. Pour que quelque chose évolue dans le temps, il est nécessaire que celui-ci assure la permanence de ce qui change.

• En ce sens, la nature du temps peut être appréhendée à partir du problème de l'identité. Au cours de l'existence, l'homme ne reste jamais tout à fait le même : il se transforme au gré des expériences. Toutefois, pour comprendre ce changement, il est nécessaire d'accorder l'existence d'un *je* qui dure et qui constitue la matière même du changement.

• Bachelard soutient au contraire que le temps ne se définit que dans l'instant. L'intuition de la durée serait étrangère à la conscience : celle-ci ne pourrait habiter que l'instant présent. L'expérience du temps ne suppose pas une durée ou une continuité indivisible : celle-ci s'interrompt lorsque nous sommes absents à nous-mêmes. Aussi écrit-il qu'« une description temporelle du psychisme comporte la nécessité de poser des lacunes » (*La Dialectique de la durée*).

Conclusion

Ainsi, nous avons montré que la définition bergsonienne du temps implique sa continuité : par nature, le temps résiderait dans la durée. Si nous pouvons bien isoler certains moments du temps, ce n'est qu'en les rapportant à la totalité qui les unit entre eux. C'est ce que manifeste le phénomène de l'écoute musicale : la mélodie n'est pas une simple succession de notes, elle réside dans l'articulation de ces notes au sein de la composition. Si l'expérience quotidienne nous éloigne de cette conscience réelle du temps, la décomposition du temps implique en réalité l'intuition fondamentale de la durée, qui fonde l'identité de la conscience dans le temps.

38 Dissertation

Que gagne-t-on en travaillant ?

4 heures
20 points

INTÉRÊT DU SUJET • Du travail, nous disons souvent qu'il est ce qui nous permet de « gagner notre vie » : en échange d'un salaire, nous acceptons de nous plier à un ensemble de contraintes. Mais le travail ne nous apporte-t-il que de l'argent ?

LES CLÉS DU SUJET

Définir les termes du sujet

Gagner

Gagner signifie réaliser un gain, accéder à une chose en plus, mais aussi triompher : au vainqueur qui a gagné s'oppose le vaincu qui a perdu.

Travailler

• L'étymologie du travail (de *tripalium*, qui en latin désigne un instrument de torture à trois pals) indique l'idée selon laquelle il serait douloureux : il implique un effort, voire un renoncement ou un sacrifice. Dans le récit biblique de la *Genèse,* Adam, pour prix de sa désobéissance, est condamné à « gagner son pain à la sueur de son front ».

• Le travail correspond en soi à un effort : j'applique mes forces contre une chose pour la transformer, et par là je me développe.

• En ce sens, il se distingue de l'emploi, activité socialement définie par des règlements et un salaire.

Dégager la problématique

Problématique

- On pourrait penser qu'en travaillant on « gagne sa vie ». Mais le gain du travail, est-ce seulement l'argent et ce qu'il m'apporte ?
- Au fond, pourquoi travaillons-nous ? Est-ce seulement le besoin qui nous pousse à travailler ou visons-nous autre chose à travers lui ?

Construire le plan

1. En travaillant, on gagne sa vie	Le gain du travail résiderait dans un salaire, par lequel nous satisfaisons nos besoins. Mais le but du travail peut-il être extérieur au travail lui-même ?
2. En travaillant, on gagne son humanité	La valeur du travail n'est pas liée à un résultat extérieur à lui : par lui, nous réalisons notre essence. Le travail est une activité humanisante qui peut cependant se trouver pervertie.
3. Le gain du travail est le travail lui-même	La dénaturation du travail doit nous conduire à envisager les conditions auxquelles il pourrait renouer avec son essence. Le gain du travail résiderait alors dans le travail lui-même.

38 CORRIGÉ FLASH

Les titres en couleurs servent à guider la lecture et ne doivent en aucun cas figurer sur la copie.

Introduction

[Reformulation du sujet] Il s'agit de savoir ce que nous apporte le travail. *A priori*, on pourrait penser qu'en travaillant, on « gagne sa vie ». Mais ne l'avait-on pas avant de travailler, cette vie ? [Définition des termes du sujet] Gagner, c'est réaliser un gain, mais aussi triompher, vaincre une chose. Le travail (de *tripalium*, qui en latin signifie « instrument de torture à trois pals ») ne désigne pas seulement l'emploi, mais toute activité de transformation d'une donnée extérieure par laquelle, en retour, nous sommes modifiés. [Problématique] Quel gain réalisons-nous par le fait de travailler ? S'agit-il d'une récompense en échange du temps et de l'énergie perdus ou bien faut-il penser que travailler, en soi, nous apporte quelque chose, et quoi précisément ? En somme, quel est le but du travail ? [Annonce du plan] Nous envisagerons tout d'abord le travail comme une activité vitale, avant de l'envisager comme une activité essentiellement humanisante : mais alors, le travail n'est-il pas notre fin propre ?

1. En travaillant, on gagne sa vie

A. Le travail a pour but la satisfaction de nos besoins

Dans un premier temps, on pourrait penser que le travail nous permet de satisfaire nos besoins : si je trouvais dans la nature de quoi survivre, je n'aurais aucune raison de m'astreindre à cet effort qui correspond à une telle déperdition de temps et d'énergie. Mais je dois produire pour consommer et ainsi renouveler mes forces. En ce sens, travailler se réduirait à avoir un emploi, selon une définition sociale du travail qui fait de lui une activité conditionnée au salaire.

B. Le travail nous attache au monde naturel

• Dire que le travail vise la survie, c'est faire de lui une activité propre à la sphère de la nécessité. C'est là la conception du travail propre à l'Antiquité, qu'évoque Hannah Arendt dans *Condition de l'homme moderne* : dans le monde grec, note-t-elle, le travail relève d'une sphère étrangère au monde de la liberté (étymologiquement, le mot « liberté » vient du latin *liber*, qui désigne le statut du citoyen).

L'AUTEUR
Hannah Arendt (1906-1975).

Philosophe politique et journaliste, Arendt analyse les sociétés contemporaines à partir d'un travail portant sur les représentations et systèmes politiques propres à l'Antiquité.

• Celui qui travaille s'inscrit en effet dans la régularité et la répétition propre au monde biologique défini par sa cyclicité – c'est l'esclave, celui dont le temps n'a pas de valeur puisque ce temps n'est pas libre, c'est-à-dire délivré des nécessités de la vie biologique. À la cyclicité du monde naturel s'oppose alors le temps du monde politique – monde de l'action et des hommes libres car affranchis des considérations vitales.

[Transition] On peut dire alors qu'en travaillant, on gagne sa survie plutôt que sa vie. Mais finalement, le but du travail, ce vers quoi il est supposé tendre et ce qu'il doit m'apporter, est-ce une chose extérieure au travail lui-même ?

2. En travaillant, on gagne son humanité

A. Le processus du travail nous sépare de notre animalité

• Qu'est-ce qui pourrait se jouer pour moi dans le processus du travail lui-même ? C'est à cette question que répond Marx en définissant, dans *Le Capital*, le travail comme une activité proprement humaine, et humanisante. « Le travail, dit-il, est de prime abord un acte qui se passe entre l'homme et la nature », c'est-à-dire un acte par lequel, en transformant la nature extérieure à lui, l'homme se modifie lui-même et conquiert son identité d'homme.

• Ce que je gagne en travaillant, ce n'est pas le résultat extérieur de mon travail, ce que je produis, mais mon humanité elle-même. Dans la mesure où pour modifier ce qui m'est extérieur, je mobilise et développe mes forces, physiques et intellectuelles, je triomphe à la fois de la nature extérieure et de ma nature animale. L'homme est ainsi défini par Marx comme étant par essence un travailleur.

DÉFINITION
Ce qui est **essentiel**, appartient à la nature d'une chose, à ce qu'elle est, alors que ce qui est **accidentel** ne relève pas de son essence.

B. Le travail moderne n'est pas du vrai travail

C'est précisément ce gain propre au processus du travail qui disparaît dans le travail moderne, dont Marx expose le caractère aliénant dans les *Manuscrits de 1844*. Ce type de travail dit productif, organisé par la division technique du travail, nous reconduit de fait dans la sphère de la nécessité et de la répétition. Sa valeur et son intérêt ne tiennent plus qu'à son résultat extérieur, le salaire, par lequel je satisfais mes besoins. De fait, je deviens un travailleur aliéné, c'est-à-dire étranger à lui-même, dans la mesure où le travail n'apparaît plus comme le moyen de me réaliser ni de m'émanciper : dépendant de mon salaire, incapable de me reconnaître dans ce que je produis, je me perds moi-même en me vendant au propriétaire privé des moyens de production, auquel je dois ma survie, et en acceptant de me sacrifier pendant le temps de mon travail.

[Transition] Mais comment rendre son essence au travail ?

3. Le gain du travail est le travail lui-même

A. Ce que je dois chercher n'est pas un but extérieur à moi

• La question est alors de savoir ce que nous devons chercher en travaillant, pour que ce travail soit pour nous l'occasion d'un gain, et non d'une perte. Dans *Le Gai Savoir*, Nietzsche envisage précisément la question du travail à travers celle de notre rapport au gain. Que gagne-t-on à travailler ? « Chercher le travail pour le gain, dit Nietzsche, c'est maintenant un souci commun à presque tous les habitants des pays de civilisation ; le travail leur est un moyen, il a cessé d'être un but en lui-même : aussi sont-ils peu difficiles dans leur choix pourvu qu'ils aient gros bénéfice. »

• En d'autres termes, si je pense qu'en travaillant je dois gagner de l'argent, le travail cesse d'« être un but en lui-même », c'est-à-dire que je n'envisage plus le travail comme une activité ayant une valeur pour moi, mais comme une activité qui m'apporte des valeurs extérieures à elle. Comment le travail pourrait-il redevenir un « but en lui-même », et non une activité servile ?

B. Le travail doit être voulu pour lui-même

- Si Nietzsche part du constat selon lequel le monde moderne nous inscrit dans un rapport instrumental au travail, qui nous interdit l'idée même de nous y réaliser, il nous invite alors à redéfinir ce que peut être le travail. « Mais il est des natures plus rares, poursuit-il, qui aiment mieux périr que travailler sans joie ; des difficiles, des gens qui ne se contentent pas de peu et qu'un gain abondant ne satisfera pas s'ils ne voient pas le gain des gains dans le travail même. » Ces hommes, dit-il, seraient par exemple les « artistes et les contemplatifs (...) mais aussi ces oisifs qui passent leur existence à chasser ou à voyager, à s'occuper de galants commerces ou à courir les aventures. Ils cherchent tous le travail et la peine dans la mesure où travail et peine peuvent être liés au plaisir et, s'il le faut, le plus dur travail, la pire peine ».

- Les vrais travailleurs, ceux dont Nietzsche dit qu'ils ne s'oublient pas dans leur travail mais le recherchent pour lui-même et non pour son but extérieur, seraient ces individus qui renouent avec un travail originaire conçu comme activité recherchée pour elle-même car celle-ci suppose un effort et un dépassement de soi.

- Ainsi, paradoxalement, les « oisifs » seraient les vrais travailleurs, ceux dont le temps de travail est bien un temps libre (*otium*, en latin, signifie « temps libre »), dans la mesure où il s'agit d'un temps de réalisation de soi. Contrairement au travailleur moderne rivé à ses besoins, l'artiste crée pour créer, le séducteur séduit pour séduire, le voyageur voyage pour voyager : en d'autres termes, ce qu'ils gagnent à travailler, la valeur de leur travail, réside dans leur travail lui-même.

Conclusion

En somme, ce que je peux gagner en travaillant, ce n'est jamais que moi : je recherche alors le travail pour le travail, et non pour des buts extérieurs à moi (argent, reconnaissance sociale), buts qui m'obligeraient à me perdre dans un travail aliénant. Ce que je remporte en travaillant, c'est ainsi une victoire sur moi-même – non sous la forme d'un sacrifice ou d'un oubli de soi, mais sous la forme d'un dépassement.

2 AUTRES SUJETS POUR S'ENTRAÎNER

- Le travail permet-il de prendre conscience de soi ?
- Le travail nous fait-il perdre notre liberté ?

▶ Retrouvez les corrigés sur annabac.com

Travailler moins, est-ce vivre mieux ?

4 heures
20 points

INTÉRÊT DU SUJET • Réglementé par la loi, le temps de travail fait régulièrement l'objet d'interrogations : travaillons-nous trop ? pas assez ? moins que nos voisins ? Mais la question essentielle n'est-elle pas de savoir quelle doit être la part du travail dans nos vies, si nous voulons *bien* vivre ?

LES CLÉS DU SUJET

Définir les termes du sujet

Travailler moins

• Du latin *tripalium*, qui désigne un instrument de torture, le travail définit toute activité de transformation de la nature dans un sens utile à l'homme, c'est-à-dire ayant pour but la satisfaction de ses besoins, et par laquelle l'homme modifie sa propre nature. Ce qu'indique l'étymologie, c'est l'effort, la pénibilité voire la souffrance qui se trouve associée à cette activité.

• Cette définition générale se distingue de la définition sociale très restrictive du travail selon laquelle il est l'emploi, ou le métier, qui se définit par la rémunération.

• Travailler moins, ce serait travailler moins longtemps, et envisager le travail sous un angle quantitatif.

Vivre mieux

• La vie se distingue de la simple survie, c'est-à-dire de la vie biologique. Vivre, ce n'est pas seulement conserver sa vie et la faire durer, mais envisager cette vie selon une perspective qualitative.

• « Vivre mieux » implique une comparaison : il s'agit de savoir en quoi notre vie peut être améliorée si nous travaillons moins, l'horizon étant celui de la bonne vie.

Dégager la problématique

Problématique

- Mon temps de travail n'est-il que celui que je sacrifie aux nécessités de ma vie biologique, et dois-je le réduire au maximum pour bien vivre ?
- Mais pourquoi le temps du travail serait-il celui de la non-vie, ou de la mauvaise vie ? N'est-on heureux ou libre qu'en dehors du travail ?

Construire un plan

1. Travailler, c'est vivre mieux	Travailler, c'est réaliser notre essence : nous nous humanisons par ce processus de modification qui nous permet de nous accomplir.
2. Il faut travailler moins pour vivre comme un homme	Pourtant, notre temps de travail nous apparaît souvent comme un temps de sacrifice de soi. L'aliénation du travail désigne la perte de soi-même par le travail : mais alors, comment réduire la part du travail dans nos vies ?
3. Vivre mieux, c'est refuser le travail productif	Le souci de la bonne vie doit nous conduire à refuser cette dissociation du travail et de la vie. Il faut changer la nature du travail.

39 CORRIGÉ GUIDÉ

Les titres en couleur servent à guider la lecture et ne doivent en aucun cas figurer sur la copie.

Introduction

[Reformulation du sujet] Il s'agit ici de s'interroger sur le rapport entre la quantité de travail et la qualité de notre vie. À l'entrée du camp d'Auschwitz était écrit : « Le travail libère ». Est-il donc si sûr que le travail participe de la bonne vie ? [Définition des termes du sujet] Le travail désigne une activité par laquelle je transforme une donnée extérieure à moi, par un effort qui en retour me développe. Sous sa forme moderne, le travail dit productif est organisé par une division visant à l'accroissement de la productivité. Vivre, ce n'est pas seulement survivre : c'est avoir une bonne vie, et l'envisager, donc, sous l'angle de la qualité. [Problématique] Mais en quoi la durée de notre travail nous empêcherait-elle de bien vivre ? Le temps du travail est-il un temps de non-vie, de mauvaise vie ? La question est de savoir si c'est en diminuant le temps du travail que notre vie s'améliore, ou s'il s'agit de changer la qualité du travail et notre degré d'exigence vis-à-vis de lui. [Annonce du plan] Dans un premier temps, nous verrons qu'il faut travailler pour vivre mieux : le travail n'est-il pas l'essence de l'homme ? Dans un deuxième temps, nous verrons pourquoi vivre une vie humaine suppose de réduire la part du travail dans nos vies. Enfin, nous verrons pourquoi le souci de la bonne vie doit nous conduire à refuser cette dissociation du travail et de la vie.

1. Travailler, c'est vivre mieux

A. Il faut travailler pour vivre

• Dans un premier temps, on pourrait penser que pour vivre mieux, il serait nécessaire de travailler plus, dès lors que la qualité de notre vie se définirait par la capacité et la facilité que nous avons à satisfaire nos besoins, sociaux comme vitaux. Lorsque l'on envisage notre qualité de vie en termes de confort, il est possible de penser que plus on travaille, plus on gagne d'argent, plus on accède à cette vie confortable en dehors du travail.

• Pourtant, force est de constater que l'argent gagné en travaillant n'a aucun rapport avec notre temps de travail. Par ailleurs, celui qui travaille plus et réduit ainsi sa part de temps libre vit-il vraiment mieux que celui qui dispose de plus de temps libre ? La qualité de vie doit-elle être confondue avec un confort qui justifierait que je lui sacrifie mon temps libre ?

B. Le travail est l'essence de l'homme

• Le problème réside en réalité dans la définition de la bonne vie : car qu'est-ce qu'une vie dont on ne jouit qu'en dehors du temps de travail ? En effet, si le travail peut être pensé comme une condition de la bonne vie, c'est dans la mesure où la bonne vie serait une vie non pas luxueuse, mais humaine.

• C'est précisément ce que dit Marx dans *Le Capital*, en faisant du travail l'essence de l'homme. Si le travail mérite que je lui consacre ma vie, c'est parce que, grâce à lui, je m'humanise en sortant du pur accomplissement de ma vie biologique. C'est par lui, par l'effort et l'inventivité qu'il suppose, que j'affronte à la fois la nature extérieure et la mienne, en développant mes facultés proprement humaines. Le travail est ce en quoi je satisfais un besoin de travailler correspondant au besoin de réaliser mon essence d'homme.

L'AUTEUR
Karl Marx (1818-1843).

Philosophe et théoricien révolutionnaire, Marx s'efforce de penser une alternative au capitalisme, en posant les bases d'une société communiste qui verrait à terme dépérir l'État.

[Transition] Si le travail, c'est la vie bonne, alors comment expliquer, comme l'observe Marx dans les *Manuscrits de 1844*, que « dès qu'il n'existe pas de contrainte, physique ou autre, le travail est fui comme la peste » ?

2. Il faut travailler moins pour vivre comme un homme

A. Le travail nous aliène

• Le travail moderne organisé par la division du travail scinde le processus du travail en tâches sur lesquelles nous nous spécialisons et nous coupe du produit du travail comme de l'effort créatif. L'analyse de Marx met en évidence ce renversement par lequel le travail devient paradoxalement ce qui s'exerce contre nous : l'aliénation du travail désigne ce phénomène par lequel le travailleur moderne, vendant sa force de travail et son temps en échange d'un salaire devenu sa seule motivation, est rendu étranger à lui-même et n'éprouve plus sa liberté, paradoxalement, qu'en dehors du temps de travail. Le temps libre se dissocie du temps de travail, pour n'être plus un temps de libération mais un temps consacré à nos fonctions vitales : le temps libre devient le temps libéré du travail, sous la forme de la consommation, du loisir et du repos nécessaire à la reprise du travail.

B. Il faut limiter le temps de la non-vie

Un tel travail peut-il être conçu comme la manifestation de la vie du travailleur ? « Bien au contraire, dit Marx, la vie commence pour lui où cesse cette activité, à table, à l'auberge, au lit. […] Si le ver à soie tissait pour subvenir à son existence de chenille, il serait un salarié achevé. » Le souci de la bonne vie impliquerait-il la réduction de ce temps de travail dans lequel je sacrifie ma vie ? Dès lors que le travail se dissocie de la vie, il pourrait en effet apparaître que vivre mieux implique de réduire le volume et l'importance du travail dans nos vies. Le travailleur revendique ainsi une limite du temps du travail associé à celui d'une perte de temps de vie. À ce temps de travail défini par l'horizon de la productivité, il s'agirait d'imposer une limite. Mais si l'on peut ainsi espérer vivre mieux, ou plus longtemps, est-ce pour autant cela, une bonne vie ?

> **▶ Le secret de fabrication**
>
> Il s'agit ici de radicaliser en troisième partie la thèse de la deuxième, en passant de la question de la quantité de travail (il faut « travailler moins ») à celle de sa qualité. Autrement dit, la perspective quantitative devient alors secondaire : ce qu'il s'agit de modifier, c'est la nature même de notre travail.

[Transition] Suffit-il de diminuer la part de ce travail aliénant pour vivre mieux, ou faut-il reconsidérer cette dissociation du travail et de la vie ?

3. Vivre mieux, c'est refuser le travail productif

A. Le travail est une activité servile

En réalité, limiter la durée du travail n'est pas changer sa nature ni sa qualité. Faut-il accepter de sacrifier même une journée à une activité servile en ce qu'elle nous consacre aux nécessités de la survie ? Que le travail soit nécessairement une activité visant à la seule survie, c'est ce que met en évidence Arendt à partir de ses analyses du monde grec : « Le travail est l'activité qui correspond au processus biologique du corps humain, dont la croissance spontanée, le métabolisme et éventuellement la corruption sont liés aux productions élémentaires dont le travail nourrit ce processus vital ». Si le monde antique, souligne Arendt, méprise le travail, c'est bien en ce qu'il nous rive à la nature et à ses cycles : bien vivre suppose d'abord de se libérer de la nature, et, donc, du travail qui nous attache à elle.

À NOTER
Selon Arendt dans *La Condition de l'homme moderne*, l'esclavage ne fut pas « un instrument d'exploitation en vue de faire des bénéfices ; ce fut plutôt une tentative pour éliminer des conditions de la vie le travail ».

B. Bien vivre, c'est refuser de séparer le travail de la vie

- Mais alors, comment croire qu'il suffirait de travailler moins pour mieux vivre ? C'est précisément la question que soulève Nietzsche, en nous appelant, dans *Le Gai Savoir*, à renouveler en profondeur notre rapport au travail. Bien vivre, dit-il, implique le refus de la séparation du travail et de la vie, posture de résistance que seuls incarnent certains hommes, comme les artistes, les contemplatifs, « mais aussi ces oisifs qui passent leur existence à chasser ou à voyager, à s'occuper de galants commerces ou à courir les aventures ». Soustraites au travail productif par lequel j'absorbe ma vie dans une chose extérieure à elle, le vrai travailleur est l'homme du temps libre, qui refuse de céder une part de sa vie au travail productif, même minime.
- Le vrai travailleur, c'est celui pour qui le travail et l'effort sont la vie en soi, une *praxis*, pour reprendre le terme aristotélicien, c'est-à-dire une activité qui est à elle-même sa propre fin, et non cette *poïésis* qui n'a de but qu'extérieur à elle-même et qui fait du travailleur moderne le mercenaire de sa propre vie.

Conclusion

En définitive, si notre horizon est la bonne vie, il est impossible de penser qu'on puisse mieux vivre en réduisant l'importance du travail productif dans nos vies. À ce travail régi par des impératifs vitaux et sociaux, il s'agit d'opposer le refus d'un travail séparé de nos vies : bien vivre exigerait ainsi de renouveler notre exigence vis-à-vis du travail et de la vie, en refusant tout travail dans lequel notre vie se trouverait niée.

Freud, *Malaise dans la civilisation*

4 heures
20 points

INTÉRÊT DU SUJET • Qui ne rêve pas parfois d'une vie d'oisiveté, loin des contraintes qu'inflige le travail ? Mais travail et bonheur s'opposent-ils systématiquement ? Freud vous invite à penser le contraire… et à préparer avec ardeur votre baccalauréat !

Expliquez le texte suivant :

En l'absence de dons spéciaux de nature à orienter les intérêts vitaux dans une direction donnée, le simple travail professionnel, tel qu'il est accessible à chacun, peut jouer le rôle attribué dans Candide à la culture de notre jardin, culture que Voltaire nous conseille si sagement. Il ne m'est pas loisible dans une vue d'ensemble aussi succincte, de m'étendre suffisamment sur la grande valeur du travail au point de vue de l'économie de la libido[1]. Aucune autre technique de conduite vitale n'attache l'individu plus solidement à la réalité, ou tout au moins à cette fraction de la réalité que constitue la société, et à laquelle une disposition à démontrer l'importance du travail vous incorpore fatalement. La possibilité de transférer les composantes narcissiques, agressives, voire érotiques de la libido dans le travail professionnel et les relations sociales qu'il implique, donne à ce dernier une valeur qui ne le cède en rien à celle que lui confère le fait d'être indispensable à l'individu pour maintenir et justifier son existence au sein de la société. S'il est librement choisi, tout métier devient source de joies particulières, en tant qu'il permet de tirer profit, sous leurs formes sublimées, de penchants affectifs et d'énergies instinctives évoluées ou renforcées déjà par le facteur constitutionnel. Et malgré tout cela, le travail ne jouit que d'une faible considération dès qu'il s'offre comme moyen de parvenir au bonheur. C'est une voie dans laquelle on est loin de se précipiter avec l'élan qui nous entraîne vers d'autres satisfactions. La grande majorité des hommes ne travaillent que sous la contrainte de la nécessité, et de cette aversion naturelle pour le travail naissent les problèmes sociaux les plus ardus.

Sigmund Freud, *Malaise dans la civilisation*, 1930, trad. C. et J. Odier.

1. Libido : utilisation de l'énergie des pulsions sexuelles à des fins socialement utiles.

LES CLÉS DU SUJET

Définir le thème et la thèse

- D'après l'auteur, que peuvent faire les hommes qui n'ont pas de « dons spéciaux » pour mener une vie meilleure ?
- Quels sont les bénéfices du travail pour l'homme ?

Dégager la problématique

Problématique

- Indispensable à notre survie, le travail implique de nombreuses contraintes, mais ne faut-il pas reconnaître qu'il est source de joies multiples ?
- Le travail permet de s'intégrer dans la société et de sublimer ses pulsions libidinales. D'où vient alors que la plupart des hommes en éprouvent de l'aversion ?

Repérer les étapes de l'argumentation

1. Le travail intègre l'individu à la société (l. 1 à l. 10)

- Dans quelles circonstances le travail peut-il jouer un rôle analogue à celui de la culture de son jardin, préconisée dans *Candide* ?
- Pourquoi Freud ne développe-t-il pas davantage dans cet ouvrage l'idée de l'importance du travail ?
- Quel effet a le travail sur l'individu ?

2. Des pulsions libidinales transférées dans le travail (l. 10 à l. 18)

- Expliquez les raisons qui fondent la valeur du travail pour l'individu.
- À quelle(s) condition(s) un métier peut-il être source de joie ?

3. L'aversion pour le travail (l. 18 à l. 24)

- Comment le travail est-il considéré par la majorité des hommes ?
- Expliquez quelles sont les conséquences de l'aversion au travail.

40 CORRIGÉ GUIDÉ

Les titres en couleurs et les indications entre crochets servent à guider la lecture mais ne doivent en aucun cas figurer sur la copie.

Introduction

[Accroche] Le travail est souvent assimilé à une contrainte indispensable pour la survie. [Problématique] Ne faut-il pas reconnaître, au contraire, que le travail est la source de conséquences positives pour l'homme ? [Annonce du plan] Dans cette perspective, Freud montre tout d'abord que le travail permet à l'homme de s'incorporer à la société. Il présente ensuite la manière dont le travail peut sublimer les pulsions libidinales de l'homme. Enfin, il souligne un paradoxe : tandis que le métier peut apporter tant de bienfaits à l'individu, le travail est fréquemment l'objet d'une aversion, ce qui engendre de graves problèmes sociaux.

1. Le travail intègre l'individu à la société

> **▶ Le secret de fabrication**
> L'auteur commence par montrer la valeur du travail en le comparant à « la culture de notre jardin ». Le travail doit, en effet, être compris comme une économie de la libido. C'est pourquoi il permet la socialisation des hommes.

A. La comparaison : la culture de son jardin

• La précision donnée dès la première ligne du texte indique que le discours qui suit concerne la très grande majorité des hommes. En effet, Freud parle de l'ensemble des individus qui n'ont pas de dons innés pour la création artistique.

• Les individus en général, dans le cadre du « travail professionnel », c'est-à-dire d'un métier socialement reconnu, peuvent donner une orientation à leurs « intérêts vitaux », qui représentent l'ensemble de leurs pulsions. L'avantage est que ce procédé est démocratique : il est « accessible à chacun ».

> **À NOTER**
> Freud souligne que la création artistique peut être l'occasion d'une réorientation des intérêts vitaux. Léonard de Vinci, qui aurait ainsi sublimé son homosexualité, en est un exemple emblématique.

• Le travail peut remplir le même rôle que la « culture de notre jardin, culture que Voltaire nous conseille si sagement ». En effet, dans le conte philosophique *Candide ou l'Optimisme*, le personnage principal en arrive à cette conclusion, après avoir rencontré un humble paysan turc soutenant que « le travail éloigne de nous trois grands maux : l'ennui, le vice, et le besoin ». C'est donc dans le sens d'un remède qu'il faut comprendre l'intérêt du travail : celui-ci n'a pas pour unique fonction de produire des objets utiles à la vie, il offre la qualité d'un antidote contre le mal de vivre et les conduites immorales.

B. Les limites du texte

- Freud prend alors le soin d'avertir le lecteur des limites de son étude. Il faudrait, en effet, bien davantage qu'un texte de quelques lignes pour rendre adéquatement et scientifiquement compte de « la valeur du travail au point de vue de l'économie de la libido ».
- Selon Freud lui-même, la libido est une énergie vitale, qui englobe nos désirs, nos envies, nos pulsions de vie, et généralement toute notre activité sexuelle concrète ou imaginaire.
- Aborder la libido dans la perspective de son « économie », c'est l'envisager sous l'angle de sa gestion, de son organisation et de son adaptation à la vie réelle. Il faut, en effet, souligner que la libido, si elle n'est pas maîtrisée et qu'elle ne vise que sa satisfaction immédiate, peut conduire l'individu à adopter des comportements asociaux et immoraux.

C. Le travail est un facteur de lien social

- Le travail revêt une importance cruciale, puisqu'il « attache l'individu » à la réalité. Le travail est, en effet, un lien : il est un moyen de connecter l'individu et la société, c'est-à-dire de rendre acceptables par la société les manifestations de la libido qu'il incarne.
- Pour autant, la société n'est qu'une fraction de la réalité. La réalité est tout ce à quoi l'individu doit se confronter, tout ce qui peut faire obstacle à la réalisation de la libido. Il faut alors reconnaître que le travail ne peut pas résorber le conflit entre les pulsions individuelles et cette partie de la réalité.
- L'individu est doté d'une « disposition à démontrer l'importance du travail ». Freud soutient que les hommes ont un penchant, une inclination à vivre ensemble, car la vie en commun est propice à la réalisation des pulsions individuelles. Loin d'être un animal solitaire, l'homme est social, ce qui ne fait pas encore de lui un être sociable pour autant.
- Le travail « incorpore fatalement » l'individu à la société. Ce n'est donc pas de l'ordre du choix individuel. Cette fatalité ne désigne pas, pour autant, un projet de la nature. Il s'agit tout au plus d'une nécessité inéluctable qui détermine l'individu à entrer en commerce avec les autres.

[Transition] Comment le travail peut-il réaliser cette intégration ?

2. Des pulsions libidinales transférées dans le travail

A. La valeur du travail pour l'individu

• Une « possibilité », une occasion propice, existe : celle de « transférer », c'est-à-dire de déplacer et de réorienter autrement que par une réalisation immédiate, les « composantes narcissiques, agressives, voire érotiques de la libido dans le travail professionnel et les relations sociales qu'il implique ».

• Le métier peut donc être l'occasion d'offrir un but plus élevé et socialement acceptable aux dimensions asociales de la libido. Il ne s'agit pas de censurer les pulsions, mais de leur tracer une autre voie de réalisation. Les pulsions de l'individu sont narcissiques et peuvent conduire celui-ci à des comportements violents envers les autres individus. Par ailleurs, certaines pulsions sexuelles peuvent se heurter aux normes en vigueur dans une société donnée. Le métier apparaît alors comme un champ où la réalisation de ces pulsions trouve une forme acceptable.

• Pour l'individu, le travail permet de « maintenir et justifier son existence au sein de la société ». Le métier est l'occasion d'une participation de tous les individus à une œuvre commune indispensable : la société. De ce fait, il est l'actualisation d'une exigence morale : chacun doit faire un effort en vue de la construction sociale.

B. Le travail doit être librement choisi

• Cette valeur du travail est tributaire d'**une** condition nécessaire et suffisante : qu'il soit « librement choisi ». C'est ainsi que « tout métier » peut devenir « source de joies particulières », mais que tous les métiers ne produiront pas cet effet indistinctement sur tous les individus.

• Le métier librement choisi « permet de tirer [un] profit » en élevant à « leurs formes sublimées » la réalisation des « penchants affectifs » et des « énergies instinctives ». Autrement dit, le métier détourne, à l'avantage de la société et sans préjudice pour l'individu, des tendances qui auraient pu enfermer ce dernier dans une posture d'être asocial.

> DÉFINITION
> La **sublimation** désigne un processus de transformation et d'élévation des pulsions de la libido en les réorientant vers d'autres domaines.

[Transition] Ainsi, le travail devrait logiquement être désiré par les individus comme moyen d'accéder au bonheur. Est-ce vraiment le cas ?

3. L'aversion pour le travail

A. La faible considération du travail

• Paradoxalement, la dimension de « moyen de parvenir au bonheur » du travail est peu reconnue. Le fait est que la plupart des hommes ont le travail en aversion et n'imaginent un bonheur possible qu'au-delà de la sphère du métier.

• De ce fait, les hommes sont « loin de se précipiter » dans le travail avec un « élan » identique à celui qui les entraîne « vers d'autres satisfactions ». Ces dernières désignent les satisfactions immédiates, mais aussi les satisfactions inappropriées.

B. La genèse de graves problèmes sociaux

• De là découlent deux conséquences fâcheuses :
– d'une part, « la grande majorité des hommes ne travaillent que sous la contrainte de la nécessité ». Ce rapport au travail empêche l'individu de jouir des bénéfices que le travail pourrait produire en vue du bonheur ;
– d'autre part, cette « aversion naturelle » pour le travail, qui désigne une tendance à la paresse et l'attirance des individus vers une satisfaction plus immédiate et directe de leurs pulsions, engendre « les problèmes sociaux les plus ardus ». En effet, c'est la société entière qui finit par pâtir de cette aversion : souvent, les individus conservent dans leur existence sociale des pulsions asociales, susceptibles de produire de graves tensions et conflits.

Conclusion

Le travail social n'est pas qu'une réponse adaptée à des nécessités biologiques. Le métier librement choisi permet de sublimer des pulsions asociales et de conduire au bonheur. Néanmoins, les individus éprouvent une aversion naturelle pour le travail. Aussi vivent-ils celui-ci comme une contrainte. Un tel rapport au métier vient contredire les effets positifs du travail. Ne faudrait-il pas alors tâcher de réformer le rapport des individus à leur métier ?

41 Dissertation

L'expérience suffit-elle à établir une vérité ?

4 heures
20 points

INTÉRÊT DU SUJET • Si je vois un cygne blanc, puis dix ou mille cygnes blancs dans ma vie, cela me semble suffisant pour établir cette vérité générale : « tous les cygnes sont blancs ». Or, il se trouve que les cygnes noirs existent. Mais alors, mon expérience est-elle si fiable que j'ai tendance à la croire ?

LES CLÉS DU SUJET

Définir les termes du sujet

L'expérience

L'expérience désigne notre rapport immédiat à la réalité, par l'intermédiaire de nos sens : elle est alors répétition d'une observation, ou perception particulière. Elle désigne par ailleurs notre vécu : un « homme d'expérience » est un homme disposant d'un certain savoir tiré de sa pratique. Enfin, l'expérimentation correspond à la procédure destinée à contrôler une hypothèse scientifique.

Suffit-elle

Cette expression présuppose que l'expérience joue un rôle dans l'élaboration d'une vérité. On admet donc qu'elle est un point de départ ou une condition d'accès à la vérité. La question est alors de savoir si elle est la seule.

À établir une vérité

La vérité peut se définir comme la correspondance entre l'idée et la chose : elle désigne donc un rapport adéquat de l'esprit à la réalité. Il s'agit de savoir comment, par quelle méthode il est possible de se rapporter adéquatement à la réalité, et donc de fonder une vérité.

Dégager la problématique

Problématique

- Si l'expérience est le point de départ de la formation d'une connaissance, permet-elle pour autant de fonder une vérité ?
- Particulière, l'expérience est-elle impuissante à établir une vérité générale, et que faudrait-il alors lui adjoindre ?

Construire un plan

1. L'expérience seule est le point de départ de la recherche de la vérité	L'expérience est le point de départ de la connaissance en ce qu'elle nous met au contact du réel. Il est nécessaire de rencontrer le réel pour chercher à le connaître, et nous pouvons à partir de là établir certaines vérités.
2. L'expérience ne suffit pas à fonder une vérité certaine	Mais suffit-elle à fonder toute vérité ? Son caractère particulier lui interdit d'être au fondement de la connaissance. Alors, ne peut-on se fier à l'expérience ?
3. L'expérimentation peut établir certaines vérités	Si l'expérience n'est pas suffisante, elle permet pourtant de prouver certaines vérités. L'expérimentation scientifique permet de fonder des vérités et n'est pas indépendante de la raison.

41 CORRIGÉ GUIDÉ

Les titres en couleurs et les indications entre crochets servent à guider la lecture mais ne doivent pas figurer sur la copie.

Introduction

[Reformulation du sujet] Si l'expérience peut se donner comme point de départ de la connaissance, est-elle pour autant capable à elle seule de fonder une vérité ? *A priori*, nous avons tendance à opposer au caractère abstrait de la théorie le caractère tangible de l'expérience : il nous semble difficile d'admettre pour vraie une idée que l'expérience ne pourrait confirmer. Pourtant, si l'expérience joue un rôle dans l'élaboration d'une vérité, est-ce elle qui établit cette vérité ? [Définition des termes du sujet] L'expérience désigne notre rapport immédiat à la réalité par l'intermédiaire de nos sens, ou bien notre vécu. Elle renvoie également à la procédure de contrôle destinée à vérifier ou à infirmer une hypothèse scientifique. La vérité définit la correspondance entre l'idée et la chose : elle désigne donc un rapport adéquat de l'esprit à la réalité. [Problématique et annonce du plan] Toute la question est de savoir comment, par quelle méthode, il est possible de construire ce rapport adéquat, et donc de fonder une vérité. Si l'expérience au sens de perception du réel peut être conçue comme l'origine de la formation d'une connaissance, peut-elle pour autant servir à elle seule de fondement à une vérité ? Et si nous ne pouvons nous fier à l'expérience, que faudrait-il lui adjoindre ?

1. L'expérience seule est le point de départ de la recherche de la vérité

> **▶ Le conseil de méthode**
> Le sujet indique que l'expérience joue un rôle dans la formation d'une connaissance. Il s'agit d'un présupposé que vous pouvez éventuellement remettre en cause en troisième partie, mais que vous devez admettre au départ. En effet, la question n'est pas : « L'expérience permet-elle d'établir une vérité ? ».

A. Notre expérience du monde rend possible le désir de connaissance

Serait-il possible d'accéder à la connaissance si nous n'avions aucun moyen de faire l'expérience du monde ? De fait, il semble que l'expérience sensible, à savoir nos sensations et nos impressions, soit notre seule ouverture possible sur le monde. L'expérience que nous faisons de la réalité grâce à elles peut ainsi être conçue comme le point de départ d'une recherche de la vérité. Bien sûr, dira Descartes, nos sens ne nous permettent pas d'établir un rapport nécessairement adéquat à la réalité : ils peuvent nous tromper, et, en cela, ne permettent pas de fonder des vérités certaines. Il n'en reste pas moins difficile d'envisager un effort de connaissance qui ne procède pas d'une expérience première.

B. L'expérience nous permet d'accéder à des vérités de fait

- Par ailleurs, si nous définissons la vérité par un rapport d'adéquation à la réalité, il semble que l'expérience sensible, qui nous rapporte à des cas particuliers, soit le seul moyen d'accéder à une réalité toujours changeante et singulière. La raison, qui nous permet de connaître des objets universels, ne nous permet pas d'accéder à la singularité du réel, ce que démontre l'empiriste David Hume en distinguant les « vérités de raison », ou vérités logiques sans rapport au réel, des « vérités de fait ».
- Autrement dit, du monde, nous ne pouvons savoir que ce dont nous faisons l'expérience, et les vérités issues de cette expérience n'ont rien de logique. Ainsi, quand je dis « Le soleil se lèvera demain », il s'agit bien d'une vérité de

fait, à savoir d'une vérité tirée de la répétition de mes perceptions, mais en aucun cas cette vérité de fait ne peut m'apparaître certaine au sens où j'en conclurais que cela se produira toujours : le contraire n'a rien d'impossible. Tout ce que je peux dire, c'est donc que je crois que le soleil se lèvera demain, comme il l'a toujours fait jusqu'ici, et non que je le sais.

> ▶ **Le secret de fabrication**
> Vous pouvez construire la transition entre ces deux parties sur le repère du programme origine/fondement : l'origine est le commencement, le point de départ chronologique d'un processus, le fondement désigne ce sur quoi repose une chose, sa raison d'être, ou ce qui la légitime.

[Transition] Mais si l'expérience est pour nous le seul moyen d'aborder la réalité, si elle est à l'origine de notre désir de connaissance, peut-on pour autant admettre qu'une vérité puisse reposer sur elle ?

2. L'expérience ne suffit pas à fonder une vérité certaine

A. L'expérience ne peut établir que des probabilités

Tout le problème réside en effet dans la nature de vérités établies par le moyen de l'expérience. Certes, l'expérience intervient dans la formation de nos connaissances : mais quelle valeur ont ces vérités surgies de l'expérience ? J'ai constaté que le soleil se levait chaque jour, mais ce constat, même répété, ne suffit pas à établir une vérité certaine au sens où elle me permettrait de prévoir qu'il en sera toujours de même. Même si une loi physique m'explique pourquoi il en est ainsi, cette loi ne fait que décrire l'état du réel jusqu'à ce jour : on ne peut pas établir la nécessité ni même la généralité des lois physiques puisqu'il est impossible d'observer l'ensemble des cas particuliers que prétendent recouvrir ces lois, dit Hume. Tout au plus peut-on dire que ces vérités sont probables : par exemple, je ne peux observer tous les corps qui tombent, mais il est probable qu'ils tombent.

B. L'expérience est particulière

• Ainsi, l'expérience ne permet pas d'établir une vérité générale, notamment parce que toute expérience est particulière : que j'aie observé la succession du jour et de la nuit même un très grand nombre de fois ne m'autorise en aucun cas à dire que cette relation est nécessaire. Si j'ai tendance à croire qu'il s'agit d'une vérité générale, c'est parce que je tombe dans le piège d'un raisonnement très ordinaire, à savoir le raisonnement inductif. Défini par Aristote dans les *Topiques*, il est le raisonnement qui va du particulier au général, et qui, dit Aristote, n'a jamais une validité absolue.

• Dans les *Problèmes de philosophie*, Bertrand Russell souligne ainsi que le raisonnement inductif repose sur une croyance infondée en l'uniformité du réel : un poulet qui chaque jour a été nourri par un homme pourrait tirer de cette expérience l'idée selon laquelle il en sera toujours ainsi. Or, « l'homme qui a nourri le poulet tous les jours de sa vie finit par lui tordre le cou, montrant par là qu'il eût été bien utile au dit poulet d'avoir une vision plus subtile de l'uniformité de la nature ».

L'AUTEUR
Bertrand Russell (1872-1970).
Philosophe et mathématicien, il développe une approche scientifique des questions philosophiques, auxquelles la logique, science à part entière, doit pouvoir répondre.

[Transition] Mais alors, si l'expérience n'est capable d'établir que des vérités particulières et toujours susceptibles d'être remises en cause, peut-on encore parler de vérités ?

3. L'expérimentation peut établir certaines vérités

A. L'expérimentation prouve la validité de certaines théories

• Si l'expérience sensible ou le vécu sont impuissants à établir des vérités certaines, il semble cependant que l'expérimentation soit le seul moyen de prouver certaines théories scientifiques. Si toutes les sciences n'ont pas recours à l'expérience – le raisonnement des mathématiques est déductif, celui des sciences humaines repose sur l'argumentation –, les sciences expérimentales comme la physique et la biologie contrôlent leurs hypothèses par des expérimentations, c'est-à-dire des expériences construites, distinctes des observations initiales.

• Cependant, la raison se combine à l'expérience : elle permet d'élaborer une théorie cohérente, formée de lois, et l'expérimentation vérifie si la théorie est conforme aux faits. Cette vérification expérimentale sert donc de preuve : elle seule peut établir en ce sens la vérité d'une théorie, même s'il peut être contestable que sa vérité soit absolument certaine et définitive.

B. L'expérimentation n'est pas indépendante de la raison

Ainsi, l'expérience permet d'établir la vérité si elle est conçue en vue de tester une hypothèse. Cette expérimentation est donc précédée par une théorie explicative fournie par la raison à titre d'hypothèse, et qui doit, en tant que telle, être confirmée. Dans sa préface à la *Critique de la raison pure*, Kant fait allusion à la théorie, élaborée par Torricelli, visant à expliquer pourquoi l'eau des fontaines de Florence ne s'élevait pas à plus de 10,33 mètres dans les pompes : c'est que l'air exercerait une pression sur toute la surface de la Terre. Pour vérifier cette théorie, Torricelli remplace l'eau par le mercure – qui pèse plus lourd – dans le cadre d'un dispositif expérimental qui consiste en un tube à essai d'un mètre rempli de mercure qu'il plonge fermé dans un récipient plein de mercure et dans lequel il débouche le tube. Il vérifie alors que, d'après les prévisions faites en fonction de sa théorie, le mercure ne monte que de 76 centimètres dans la pompe. Autrement dit, c'est à la condition d'être conçue par la raison comme un moyen de tester une hypothèse que l'expérience peut établir une vérité.

À NOTER
La raison, dit Kant, « doit se présenter à la nature tenant d'une main ses principes, qui seuls peuvent donner à des phénomènes concordants l'autorité de lois, et de l'autre l'expérimentation, telle qu'elle l'imagine d'après ces mêmes principes ».

Conclusion

En définitive, si notre expérience sensible ou notre vécu ne peuvent pas établir des vérités au sens où ils en seraient le fondement, l'expérience est bien le seul moyen de prouver certaines théories scientifiques, même si ces expérimentations ne sont pas séparables d'un modèle théorique issu de la raison.

3 AUTRES SUJETS POUR S'ENTRAÎNER

- Faut-il préférer la vérité à la paix ?
- Explication d'un extrait de *Vérité et politique*, d'Arendt
- Explication d'un extrait des *Académiques*, de Cicéron

▶ Retrouvez les corrigés sur annabac.com

42 Dissertation

Peut-on être certain d'être dans le vrai ?

4 heures
20 points

INTÉRÊT DU SUJET • Les hommes ont-ils véritablement marché sur la Lune ? La Terre est-elle vraiment ronde ? Si nous en avons des preuves, des théories conspirationnistes – aujourd'hui diffusées sur les réseaux sociaux – insistent sur l'impossibilité d'être absolument certains d'être dans le vrai.

LES CLÉS DU SUJET

Définir les termes du sujet

Être certain

La certitude désigne une disposition subjective de celui qui est assuré de la validité de ce qu'il affirme.

Être dans le vrai

La vérité est l'adéquation entre le discours et la réalité. Une affirmation est vraie si, et seulement si, elle correspond à ce qui est réellement. Cela pose la question d'un critère qui permettrait d'être sûr de posséder la vérité.

Dégager la problématique

Problématique

- Les hommes recherchent un critère du vrai, c'est-à-dire **un moyen infaillible de distinguer le vrai du faux.** La certitude paraît être un critère intéressant, car aisément reconnaissable : je sais si je suis certain de quelque chose.
- Mais, en tant que **disposition subjective** qui relève du sentiment, la certitude pose problème : je peux être certain et malgré tout me tromper. L'expérience d'un tel échec doit nous conduire à relativiser la valeur de la certitude.

Construire un plan

1. La certitude : une disposition ambiguë	• Montrez que la connaissance de la vérité implique la certitude. • Intéressez-vous aux cas où la certitude n'est pas la marque du vrai : comment l'erreur et l'illusion peuvent-elles conduire à la certitude ? Trouvez des exemples.
2. Les origines de la certitude	• Distinguez la certitude immédiate, irréfléchie, de la certitude produite par un effort de pensée. • Montrez que l'homme peut toujours remettre en cause ses propres certitudes, et que c'est cela qui lui assure qu'il est face à la vérité.

42 CORRIGÉ GUIDÉ

Les titres en couleurs et les indications entre crochets servent à guider la lecture mais ne doivent en aucun cas figurer sur la copie.

Introduction

[Accroche] Othello est certain que Desdémone le trompe : il en a l'intime conviction, il pense en avoir la preuve. C'est ce qui le conduit au meurtre. Pourtant, sa jalousie le trompe : Desdémone lui était fidèle. [Reformulation du sujet] Que vaut donc la certitude dans notre recherche de la vérité ? [Problématique] D'un côté, nous associons vérité et certitude, dans la mesure où posséder la vérité implique des justifications qui produisent en nous de la certitude. Mais, d'un autre côté, celui qui se trompe peut tout aussi bien être certain de ce qu'il affirme. Dès lors, la certitude ne saurait être le critère suffisant de la vérité. [Annonce du plan] Nous montrerons tout d'abord l'ambiguïté de la certitude, marque du vrai aussi bien que du faux. Puis nous verrons que la certitude n'a de valeur qu'à certaines conditions, en rapport avec une démarche rigoureuse pour atteindre la vérité.

1. La certitude : une disposition ambiguë

A. Un sentiment qui ne trompe pas

• La certitude est la disposition d'esprit de celui qui ne doute pas d'une proposition qu'il considère comme vraie. D'un point de vue subjectif, le fait d'être certains de ce que nous affirmons nous paraît être le critère de la vérité. La certitude est une conviction produite par des preuves qui nous semblent suffisantes, qu'il s'agisse de démonstrations rationnelles ou d'expériences.

• La certitude n'est donc pas gratuite : elle implique d'avoir des raisons justifiant que l'on est assuré de la vérité de ce qu'on dit. Il ne suffit pas de dire une vérité, par hasard, pour être dans le vrai : la certitude semble résulter d'un processus de justification, si bien que « savoir, c'est savoir qu'on sait » selon les mots d'Alain.

> **▶ Le secret de fabrication**
> Les stoïciens distinguent « dire le vrai » et « être dans le vrai » : il ne suffit pas de dire le vrai pour être dans le vrai, et un fou qui dirait une vérité ne serait pas pour autant savant. La vérité implique donc toujours une disposition subjective.

B. Un sentiment qui trompe souvent

• Pourtant, la certitude peut aussi être la marque de l'erreur ou de l'illusion. Celui qui se trompe est souvent persuadé de la vérité de ce qu'il affirme. Son ignorance n'est pas simplement une absence de savoir : elle prend la forme d'une opinion ou d'un préjugé auquel le sujet adhère parfois sans réserve.

• Le personnage de Don Quichotte illustre cette ambiguïté de la certitude. Certain d'être un chevalier dont la mission est de faire le bien, il ne doute pas du fait que les moulins soient des géants à combattre. La certitude de Don Quichotte est à la mesure de son désir d'être chevalier, bien que celui-ci s'oppose à la réalité.

C. Un critère de vérité insuffisant

• La certitude est donc une disposition subjective qui est tantôt la marque du vrai, tantôt celle de son contraire. Or les hommes sont à la recherche d'un critère du vrai, c'est-à-dire d'un moyen de distinguer parfaitement le vrai du faux. La certitude est une conviction qui se rapporte à la subjectivité : elle est de l'ordre de l'impression, du sentiment parfois vague. Rien ne nous assure donc qu'elle soit un critère valable du vrai.

> **À NOTER**
> Un **critère** (même famille que le mot « critique ») permet de distinguer deux choses différentes.

• Bien plus, la réflexion semble aboutir ici à un cercle vicieux. En effet, si nous faisons de la certitude un critère du vrai, qu'est-ce qui pourra nous assurer de la validité de ce critère sinon… la certitude elle-même ? La certitude pose ainsi problème dans la mesure où elle n'est pas toujours le produit d'un effort intellectuel.

[Transition] La certitude ne saurait donc être un critère du vrai. Est-ce à dire que l'homme n'a jamais aucune raison d'être assuré d'être dans le vrai ?

2. Les origines de la certitude

A. Produire la certitude

• Si ce n'est pas la dimension subjective de la certitude qui permet de s'assurer d'être dans le vrai, il convient de remonter aux conditions de la certitude : qu'est-ce qui permet au sujet d'être certain de la vérité d'une proposition ? On peut dès lors distinguer deux formes de certitude : une certitude qui relève de la passivité et une certitude produite par une activité méthodique du sujet qui cherche à connaître la vérité.

• Claude Bernard montre ainsi que l'expérience peut produire une certitude valable, à condition qu'elle soit menée selon une méthode rigoureuse : la méthode hypothético-déductive. Cette méthode suit trois étapes : on observe un phénomène, on formule des hypothèses explicatives, on construit un protocole expérimental qui permet de confirmer ou d'infirmer une hypothèse. La certitude obtenue ne vaut qu'en tant que produit d'une expérimentation méthodique.

B. Doute et certitude

• Paradoxalement, la certitude n'a de valeur qu'à la condition d'être rapportée à un effort de doute permanent. Pour Claude Bernard, l'expérimentateur ne doit pas se lasser d'éprouver la validité de son hypothèse pour que la certitude obtenue soit « l'expression du doute philosophique porté aussi loin que possible ».

• On retrouve cette idée dans l'œuvre de Descartes. Le cogito est la première vérité indubitable sur laquelle repose l'ensemble des connaissances que l'esprit peut acquérir. « Je pense donc je suis » est donc une proposition certaine. Mais cette certitude est le produit du doute. Malgré tout l'effort de l'esprit pour douter de tout, seule résiste au doute l'intuition de l'existence de la conscience.

À NOTER
Descartes s'appuie sur trois arguments pour essayer de douter de tout : nos sens nous trompent souvent ; nous ne parvenons pas à distinguer facilement rêve et éveil ; un malin génie peut exister et nous tromper, y compris quand nous nous croyons certains de quelque chose.

• Ce n'est donc pas la certitude en tant que telle qui montre qu'on est dans le vrai, c'est plutôt l'effort permanent pour interroger cette certitude, la remettre en cause. Cet effort n'est pas un simple sentiment, car il renvoie à un ensemble de procédures qui permettent d'établir la validité d'une proposition. Ces procédures impliquent la discussion et le débat avec les autres, ne serait-ce que pour mettre à l'épreuve ses propres convictions.

• C'est ce que montre Popper : « Aussi intense soit-il, un sentiment de conviction ne peut jamais justifier un énoncé. » Seules les procédures d'enquête et de vérification ont une valeur scientifique. Popper parle de la certitude absolue comme d'une idée limite : « Il peut toujours y avoir une certitude qui soit encore plus assurée. »

C. Des domaines propres à la certitude ?

• Mais dire que la certitude n'a pas de valeur scientifique revient-il à dire qu'elle ne saurait être la marque du vrai ? Elle peut valoir sur le plan moral ou sur le plan religieux. J'agis ainsi car j'ai la conviction que c'est la bonne chose à faire ; je crois parce que je suis certain de la fécondité de telle parole.

• Là encore, la certitude suppose d'être interrogée par le sujet qui l'éprouve pour ne pas devenir une forme de fanatisme. Si « l'étonnement est essentiel à la condition d'homme », comme le montre Jeanne Hersch, c'est que l'homme doit toujours remettre en cause ce qui lui paraît évident.

Conclusion

• On n'est jamais absolument certain d'être dans le vrai. C'est l'effort pour interroger nos certitudes qui leur confère de la valeur. En ce sens, douter de ce qu'on croit établi avec certitude n'est pas contradictoire avec la recherche de la vérité.

• Othello a ainsi manqué de prudence, prenant sa propre certitude pour argent comptant. Une expérience subjective, aussi forte soit-elle, ne saurait valoir comme critère de la vérité. On comprend dès lors pourquoi Platon, dans l'allégorie de la caverne, présente la recherche de la vérité comme une forme de libération de soi et d'arrachement à ce qui nous paraît le plus évident.

3 AUTRES SUJETS POUR S'ENTRAÎNER

- La vérité peut-elle être relative ?
- La vérité ne peut-elle être établie que par la démonstration ?
- Explication d'un extrait de *Du progrès et de la promotion des savoirs*, de Bacon

▶ Retrouvez les corrigés sur annabac.com

Spinoza, *Traité théologico-politique*

4 heures
20 points

INTÉRÊT DU SUJET • L'homme le plus rationnel n'a-t-il pas un jour frémi en brisant un miroir ? N'a-t-il jamais cherché à éviter de passer sous une échelle, ou croisé un chat noir en redoutant le pire ? D'où vient donc la force de ces superstitions qui semblent absurdes et dont on a pourtant beaucoup de mal à s'extirper ?

Expliquez le texte suivant :

Si les hommes pouvaient régler toutes leurs affaires suivant un dessein arrêté ou encore si la fortune leur était toujours favorable, ils ne seraient jamais prisonniers de la superstition. Mais souvent réduits à une extrémité telle qu'ils ne savent plus que résoudre, et condamnés, par leur désir sans mesure des biens incertains de fortune, à flotter presque sans répit entre l'espérance et la crainte, ils ont très naturellement l'âme encline à la plus extrême crédulité (...). Si en effet, pendant qu'ils sont dans l'état de crainte, il se produit un incident qui leur rappelle un bien ou un mal passés, ils pensent que c'est l'annonce d'une issue heureuse ou malheureuse et pour cette raison, bien que cent fois trompés, l'appellent un présage favorable ou funeste. Qu'il leur arrive maintenant de voir avec grande surprise quelque chose d'insolite, ils croient que c'est un prodige manifestant la colère des Dieux ou de la suprême divinité ; dès lors ne pas conjurer ce prodige par des sacrifices et des vœux devient une impiété à leurs yeux d'hommes sujets à la superstition et contraires à la religion. De la sorte ils forgent d'innombrables fictions et, quand ils interprètent la Nature, y découvrent partout le miracle comme si elle délirait avec eux.

Baruch Spinoza, *Traité théologico-politique*, préface,
trad. Charles Appuhn, 1670.

La connaissance de la doctrine de l'auteur n'est pas requise. Il faut et il suffit que l'explication rende compte, par la compréhension précise du texte, du problème dont il est question.

LES CLÉS DU SUJET

Repérer le thème et la thèse

• Dans ce texte, Spinoza se demande pourquoi les hommes, pourtant doués de raison, sont enclins à se jeter dans la superstition.

• Il démontre que ce délire imaginatif naît de leur attitude passionnelle, qui les pousse à interpréter ce qu'ils ne peuvent ou ne veulent pas connaître. Loin de manifester un désir de vérité, la superstition manifeste un besoin de se rassurer qui les aliène.

Dégager la problématique

Problématique

- L'attitude superstitieuse manifeste-t-elle un désir de vérité portant sur ce que nous ne pouvons pas connaître ?
- Ou bien au contraire exprime-t-elle un besoin de se rassurer, qui, par un effet pervers, alimente nos passions ?

Repérer les étapes de l'argumentation

1. La cause de la superstition (l. 1 à l. 7)

• Spinoza identifie d'abord la cause de la superstition : c'est parce que nous souffrons de ne pas tout maîtriser et de ne pas tout savoir que nous tombons dans l'attitude passionnelle qui consiste à craindre ou à espérer.

2. Le cercle vicieux de la superstition (l. 7 à l. 17)

• Il s'appuie alors sur deux exemples montrant que ces passions nous poussent à voir des signes dans certains faits, au lieu de les expliquer rationnellement en en cherchant les causes.

• Ainsi mû par le désir d'échapper à la peur plutôt que par son désir de vérité, le superstitieux interprète le monde.

43 CORRIGÉ GUIDÉ

Les titres en couleur servent à guider la lecture et ne doivent en aucun cas figurer sur la copie.

Introduction

[Question abordée] Spinoza examine ici le mécanisme et les causes de la superstition. Pour quelles raisons les hommes, pourtant doués d'une raison qui, en tant que puissance rationnelle, leur permet d'accéder à la vérité, sont-ils si souvent sujets à cette forme de croyance irrationnelle ? De fait, l'homme le plus rationnel n'échappe pas à cette tendance qui nous porte spontanément à remarquer le passage d'un chat noir, ou à éviter de passer sous une échelle quand bien même aucun risque n'est manifeste. Mais comment l'expliquer ? [Thèse] Spinoza démontre dans ce texte que le délire imaginatif qu'est la superstition naît de nos désirs sans limites, de notre impuissance à maîtriser et à connaître l'avenir et de l'attitude passionnelle qui en découle. [Annonce du plan et problématique] Pour établir cela, il se demande dans un premier temps quelle est la cause de la superstition : qu'est-ce qui explique que nous soyons tous susceptibles de nous y livrer ? Spinoza se demande alors, en s'appuyant sur deux exemples, comment se développe le raisonnement superstitieux, ce délire imaginatif qui travestit les faits en signes et nous éloigne de ce fait du souci de la vérité.

> **À NOTER**
> *Croire* signifie tenir une chose pour vraie sans que cela résulte d'une démonstration, alors que le savoir résulte d'une démonstration qui fonde la vérité. Il s'agit d'un repère de votre programme.

1. La cause de la superstition

A. L'avenir est imprévisible

• Dans un premier temps, Spinoza s'interroge sur les causes de la superstition : d'où vient que les hommes soient si souvent enclins à ce genre de fausses croyances ? Le texte s'ouvre sur une hypothèse qui fait apparaître en creux ce qui rend possible le développement de la superstition chez des hommes pourtant doués de raison. D'une part, « si les hommes pouvaient régler toutes leurs affaires suivant un dessein arrêté ou encore si la fortune leur était toujours favorable », dit-il, ils ne seraient pas superstitieux. Autrement dit, sa condition de possibilité, c'est d'abord la nature même de l'existence humaine : nous ne maîtrisons pas entièrement notre vie, puisque nos actions se heurtent à celles des autres, aux accidents ou à la chance.

• Or, nous souffrons de ces incertitudes propres à l'existence humaine puisque nous sommes à la fois capables, par notre imagination, d'envisager l'avenir, et incapables d'avoir la moindre certitude concernant cet avenir. Cette incertitude concernant l'avenir forme donc le terreau de la superstition.

B. Notre façon de désirer

• D'autre part, l'homme se caractérise, observe Spinoza, par sa tendance à faire porter son désir sur des objets dont l'obtention ne dépend pas de ses forces, mais de l'intervention du hasard, ou, là encore, de la chance. Autrement dit, c'est bien parce que nous orientons nos désirs sur « ce qui ne dépend pas de nous » et non sur « ce qui dépend de nous », pour reprendre la distinction stoïcienne formulée par Épictète, que nous devenons la proie de ce hasard dont dépend notre bonheur.

> **À NOTER**
> Pour les stoïciens, cette tendance à désirer ce que nous ne sommes pas sûrs d'obtenir nous jette dans la passion et en cela nous aliène, mais nous avons le pouvoir de réorienter nos désirs.

• Cette tendance à concevoir un « désir sans mesure des biens incertains de fortune », dit Spinoza, nous livre ainsi à ces deux passions fondamentales que sont la crainte et l'espoir. De fait, la crainte et l'espoir sont des sentiments produits par l'incertitude propre à l'avenir, ainsi que par notre capacité à nous rapporter à cet avenir inconnu par notre imagination, qui y voit dans un cas une chose qui pourrait nous nuire, dans l'autre une chose qui pourrait nous être favorable. Comme l'observe Spinoza dans l'*Éthique*, ces deux sentiments sont essentiellement liés, puisqu'à l'espoir que je nourris de voir une chose se réaliser dans l'avenir se mêle nécessairement, celui-ci étant imprévisible, la peur de voir cette chose ne pas se réaliser. C'est pourquoi nous sommes voués à « flotter presque sans répit entre l'espérance et la crainte ».

[Transition] Mais si nous pouvons identifier, à ce point du raisonnement, les conditions de possibilité de la superstition et ses causes, reste à déterminer par quels mécanismes elle s'ancre durablement en nous. Comment nous retrouvons-nous « prisonniers » d'elle ?

2. Le cercle vicieux de la superstition

A. La transformation du fait en signe

• C'est la question à laquelle s'attèle alors Spinoza, en s'efforçant de mettre en évidence la logique du raisonnement superstitieux à partir de deux exemples. Le premier renvoie à un type de raisonnement par lequel, alors que nous sommes en proie à la crainte – passion triste qui nous rend vulnérables et repose sur l'incertitude propre à l'avenir –, nous tentons de fuir cette peur en cherchant à voir autour de nous un signe annonciateur de l'avenir, un « présage ».

Que celui-ci soit « favorable » ou « funeste », il résulte donc d'un travail d'interprétation par lequel, guidé par mon désir de fuir la peur, je me saisis d'un fait ordinaire pour le transformer en signe, c'est-à-dire en une réalité qui renvoie à autre chose qu'à elle-même.

> **DÉFINITION**
> **Interpréter** signifie introduire une médiation entre une chose et son sens : il s'agit donc de clarifier, de s'approprier cette chose, ou encore de la travestir et de la déformer.

• Par exemple, il suffit que ma puissance soit amoindrie par la crainte qu'un de mes désirs échoue pour que je devienne attentif au passage d'un chat noir devant moi : en lui, je vois alors davantage qu'un chat noir. Ce que ma peur et mon souci de lui échapper en trouvant un signe de l'avenir me poussent à voir en lui, c'est le signe du malheur, c'est-à-dire du fait que mon désir ne se réalisera pas. Pourtant, ce chat noir ne ressemble pas au malheur. Pourtant, souligne Spinoza, il m'est arrivé bien des fois de croiser des chats noirs sans qu'un malheur advienne, si bien que j'aurais pu, par l'expérience et par l'usage de ma raison, en conclure qu'un chat noir n'est rien d'autre qu'un chat noir. C'est alors qu'apparaît la force du raisonnement superstitieux : à chaque fois que nous voyons un chat noir, nous voyons en lui un signe du malheur, à chaque fois nous constatons que ce malheur n'advient pas, mais, « bien que cent fois trompés », nous continuons à frémir en voyant un chat noir. Autrement dit, ni notre expérience ni notre raison ne semblent avoir prise sur une telle croyance, parce que, aveugles et livrés à la passion, nous avons besoin de croire que l'avenir puisse s'annoncer.

B. La transformation du fait en miracle

• Le deuxième exemple de raisonnement superstitieux concerne la production de ces signes spécifiques que sont les « miracles ». Le miracle est un terme qui désigne un effet sans cause et prouverait, en brisant la causalité à l'œuvre dans le monde naturel (où tout effet a bien une cause identifiable) l'existence du surnaturel.

• Spinoza identifie d'abord la cause de cette croyance superstitieuse : si nous sommes enclins à croire aux miracles, c'est parce que la « surprise » s'empare de nous face à un événement que nous n'avions pas prévu. C'est donc là encore parce que nous sommes incapables de prévoir l'avenir et que cela nous plonge dans l'attitude passionnelle, que nous transformons un fait simplement « insolite » qui devrait nous rappeler aux limites de notre connaissance, en un signe « manifestant la colère des Dieux ». Et c'est ainsi que les hommes produisent eux-mêmes leurs peurs et inventent les rites susceptibles de les protéger.

• Spinoza sépare alors fermement la superstition de la religion : ce type de raisonnement n'a rien à voir avec la foi ; c'est un délire, dit-il, c'est-à-dire une forme de raisonnement incontrôlé, sans principe ni fin, que les hommes projettent sur la « Nature », pourtant réglée par la causalité, « comme si elle délirait avec eux ».

Conclusion

Ainsi, Spinoza nous montre ici comment naît et s'ancre en nous ce délire imaginatif qu'est la superstition. Née de la volonté des hommes de maîtriser l'avenir et de leur incapacité à réguler leurs désirs, cette fausse croyance repose avant tout sur l'imagination, connaissance que Spinoza appelle ailleurs « du premier genre », c'est-à-dire fausse connaissance spontanée du monde qui prétend trouver des vérités qu'elle ne fait que construire. Il démontre ainsi que face à elle nous ne sommes pas impuissants, puisque comprendre les causes et les mécanismes de la superstition, accéder par notre raison à son idée vraie, c'est déjà s'en libérer.

3 AUTRES SUJETS POUR S'ENTRAÎNER

- Toute vérité est-elle définitive ?
- La certitude est-elle une garantie de vérité ?
- Explication d'un extrait de *Vérité et mensonge au sens extra-moral*, de Nietzsche

▶ Retrouvez les corrigés sur annabac.com

La boîte à outils

Cartes mentales

des notions

L'art

Étymologie
Vient du grec *tekhnè* qui renvoie à l'idée de technique donc d'un savoir-faire.

Citations-clés
- « La nature donne ses règles à l'art. » (Kant)
- « Est beau ce qui plaît universellement sans concept. » (Kant)
- « C'est le regardeur qui fait l'œuvre. » (M. Duchamp)

Sens actuel
L'art désigne, dans un sens esthétique, ce qu'on appelait au XVIIIe siècle les beaux-arts.

Questions
Il convient de distinguer :
- la question de la création artistique (le travail de l'artiste) ;
- la question du jugement de goût (l'effet produit par une œuvre sur le spectateur).

Le bonheur

Étymologie
Vient du latin *augurium*, la bonne fortune, la chance.

Citations-clés
- « Le plaisir est le principe et la fin de la vie bienheureuse. » (Épicure)
- « Malheur à qui n'a plus rien à désirer. » (Rousseau)

Définition
Le bonheur, contrairement à ce que l'étymologie laisse entendre, se construit par la réalisation de l'ensemble de ses aspirations. Il est un contentement total, stable et qui est censé durer.

Distinctions
- Le bonheur se distingue du plaisir, état de satisfaction éphémère et partiel, et de la joie, sentiment d'exaltation profond.
- Le bonheur se distingue également de la béatitude, qui désigne plus précisément le bonheur du sage, résultant d'un état de perfection.

La conscience

Étymologie
Vient du latin *cum-scienta*, « avec science ». La conscience désigne donc un savoir qui accompagne ses représentations.

Citations-clés
- « Je pense donc je suis. » (Descartes)
- « Connais-toi toi-même. » (Platon)
- « La conscience est un trait d'union entre ce qui a été et ce qui sera, un pont jeté entre le passé et l'avenir. » (Bergson)

Sens courant
La conscience désigne la capacité à porter un jugement moral sur ses actions mais aussi, au sens psychologique, la connaissance plus ou moins claire qu'un homme a de ses pensées, de ses émotions, de son existence ou du monde extérieur.

Distinctions
Il convient de distinguer trois degrés :
- la conscience immédiate, un savoir qui accompagne une représentation ;
- la conscience de soi qui consiste à se savoir différent des autres ;
- la conscience réflexive qui consiste, pour la conscience, à se saisir elle-même.

Le devoir

Étymologie
Vient du latin *debere* et *habere*, qui signifient tenir quelque chose de quelqu'un, lui en être débiteur.

Citation-clé
« Agis de manière à ce que la maxime de ton action puisse être érigée en loi universelle. » (Kant)

Définition
Le devoir désigne l'obligation morale d'agir selon sa conscience et sa liberté.

Distinctions
- Le devoir se distingue de la nécessité, qui s'impose à tous et ne laisse pas d'alternative.
- Le devoir se distingue de l'obligation juridique et de la contrainte.

L'État

Étymologie
Vient du latin *stare*, se tenir debout, et de *status*, attitude, manière d'être, situation.

Citations-clés
- « À l'état de nature, l'homme est un loup pour l'homme. » (Hobbes)
- « L'État, c'est le plus froid des monstres froids. » (Nietzsche)

Définition
L'État est l'ensemble des institutions (politiques, juridiques, économiques, militaires et administratives) qui organisent une société sur un territoire donné.

Distinction
Il faut distinguer l'État de la société. La société désigne l'ensemble des individus entre lesquels il existe des rapports organisés et des services réciproques, échanges consolidés par des institutions et codifiés sous forme de lois.

L'inconscient

SENS COMMUN
Il faut distinguer l'adjectif qui renvoie à ce qui est dépourvu de conscience, du nom commun qui désigne l'ensemble des phénomènes psychiques qui échappent à la conscience.

CITATIONS-CLÉS
- « Le moi n'est pas le maître dans sa propre maison. » (Freud)
- « L'inconscient est structuré comme un langage. » (Lacan)

DISTINCTION
Il convient de distinguer :
- le sens freudien, à savoir une entité psychique autonome et dynamique dont la fonction est de refouler ;
- le sens de l'inconscient antérieur à Freud, qui se définit comme degré moindre de la conscience et que l'on peut appeler « inconscience ».

La justice

ÉTYMOLOGIE
Vient du latin *justus*, équitable et exact. Dérivé de *jus*, droit.

CITATION-CLÉ
« La justice sans la force est impuissante, la force sans la justice est tyrannique. » (Pascal)

DÉFINITION
La justice désigne la vertu qui exige le respect et la défense du droit et de l'égalité.

DISTINCTIONS
- La justice morale est le respect de certaines valeurs morales.
- La justice légale est le respect de la loi.

Le langage

ÉTYMOLOGIE
Vient du latin *lingua* qui désigne la langue au sens d'organe physique.

CITATIONS-CLÉS
- « Le mot donne à la pensée son existence la plus haute et la plus vraie. » (Hegel)
- « Qui dit homme dit langage, et qui dit langage dit société. » (Lévi-Strauss)

DÉFINITION
Au sens large, le langage est un système de signes permettant la communication ; au sens restreint, c'est la faculté universelle de constituer et d'utiliser une langue et de pouvoir ainsi manifester une pensée par un système de signes.

DISTINCTIONS
- Le langage est plus général que la langue qui est liée à une communauté linguistique.
- Le langage se distingue de la parole qui est un acte individuel qui suppose l'expression orale.

La liberté

Étymologie
Vient du latin *liber*, libre.

Citations-clés
- « L'indifférence est le plus bas degré de la liberté. » (Descartes)
- « L'obéissance à la loi qu'on s'est prescrite est liberté. » (Rousseau)

Définition
La liberté peut se définir comme absence de contrainte, mais aussi comme capacité à agir par soi-même, et renvoie alors au libre-arbitre.

Distinctions
- La liberté s'oppose au déterminisme qui implique que nos actions soient déclenchées par une cause autre que notre volonté.
- La liberté engage notre responsabilité et fait de nous des sujets moraux.

La nature

Étymologie
Vient du latin *natura*, dérivé de *nasci*, naître.

Citations-clés
- « On ne peut vaincre la nature qu'en lui obéissant. » (Francis Bacon)
- « Tout est fabriqué et tout est naturel chez l'homme. » (Merleau-Ponty)

Définitions
La nature peut désigner :
- l'essence d'une chose ;
- l'ensemble des choses qui existent ;
- tout ce qui obéit aux lois du mouvement, ce qui est soumis aux lois scientifiques (à partir du XVIIe siècle).

Distinction
La nature s'oppose à la culture, comme l'inné à l'acquis : elle désigne ce qui existe spontanément et se distingue du monde humanisé et transformé par l'homme.

La raison

Étymologie
Vient du latin *ratio*, calcul, compte. La raison renvoie d'abord à la faculté de calculer. Cela renvoie aussi au grec *logos* qui signifie raison et langage.

Citations-clés
- « Le bon sens est la chose du monde la mieux partagée. » (Descartes)
- « Ce qui est rationnel est réel et ce qui est réel est rationnel. » (Hegel)

Définition
La raison peut désigner :
- ce qui justifie un fait ou un acte, ou encore la cause ;
- la faculté proprement humaine qui permet de juger, de bien connaître et de bien agir.

Distinctions
- La raison permet de distinguer le vrai et le faux, le bien ou le mal. Dans le premier cas, Kant parle de raison théorique, dans le second, de raison pratique.
- Deux adjectifs en découlent : rationnel (conforme aux exigences et aux principes de la raison) et raisonnable (conforme au bon sens, qui est sensé).

La religion

Étymologie
Vient du latin *religare*, lier, attacher, et renvoie à l'idée d'être « relié ».

Citations-clés
- « La religion est l'opium du peuple. » (Marx)
- « La religion est un système solidaire de croyances et de pratiques relatives à des choses sacrées (...) qui unissent en une même communauté morale, appelée Église, tous ceux qui y adhèrent. » (Durkheim)

Définition
Dans sa dimension horizontale, la religion lie les humains entre eux dans un même culte : c'est un phénomène social. Et dans sa dimension verticale, elle lie les humains à un être divin transcendant : c'est un acte de foi.

Distinctions
- La religion se distingue de la superstition, de la secte, du fanatisme et de l'intégrisme.
- Les croyants croient en l'existence d'un Dieu, les athées en l'inexistence d'un Dieu, les agnostiques pensent qu'on ne peut pas trancher.
- La laïcité est un principe qui consiste à séparer l'Église et l'État.

La science

Étymologie
Vient du latin *scienta*, connaissance, dérivé de *scire*, savoir.

Citations-clés
- « Le commencement de toutes les sciences, c'est l'étonnement de ce que les choses sont ce qu'elles sont. » (Aristote)
- « Une expérience scientifique est une expérience qui contredit l'expérience commune. » (Bachelard)

Définitions
La science désigne :
- au sens courant, le savoir en général ;
- au sens strict, une discipline qui prétend détenir une connaissance universelle, objective et nécessaire.

Distinction
Les sciences se distinguent entre elles par leurs méthodes et leur objet d'étude. Ainsi on distingue les sciences exactes, les sciences de la nature et les sciences de l'homme.

La technique

Étymologie
Vient du grec *tekhnè* qui renvoie à l'idée de technique ou d'art donc d'un savoir-faire.

Citation-clé
Avec la technique il s'agit de nous « rendre comme maîtres et possesseurs de la nature ». (Descartes)

Définition
La technique désigne l'ensemble des procédés pour accomplir un travail, transformer la nature et la rendre utile à l'homme : objets techniques (machines, outils), savoir-faire, science appliquée.

Illustration
Le film *Les Temps modernes* de Chaplin est très utile pour penser la technique.

Le temps

Étymologie
Vient du latin *tempus*, division de la durée, période.

Citations-clés
- « Qu'est-ce donc que le temps ? Si personne ne me le demande, je le sais ; mais si on me le demande et que je veuille l'expliquer je ne le sais plus. » (Augustin)
- « On ne se baigne jamais deux fois dans le même fleuve. » (Héraclite)

Sens courant
Le temps se définit par la succession continue du passé, présent et futur.

Distinctions
- Le temps est une donnée objective, qui peut être appréhendée par la science, ou une caractéristique de la pensée, le temps subjectif.
- Le temps est associé à l'espace car les choses changent dans le temps comme dans son milieu.

Le travail

Étymologie
Vient du latin *tripalium*, « instrument de torture ». Le travail est associé à l'idée de souffrance.

Citations-clés
- « Mais ce qui distingue dès l'abord le plus mauvais architecte de l'abeille la plus experte, c'est qu'il a construit la cellule dans sa tête avant de la construire dans la ruche. » (Marx)
- Le travail est « la condition naturelle de l'homme ». (Arendt)

Définition
Le travail, dans son sens courant, désigne l'activité ayant pour but de produire quelque chose d'utile, de transformer la nature pour satisfaire les besoins de l'être humain.

Distinctions
- À la différence d'une activité purement animale, le travail résulte d'un effort de la conscience et de la volonté humaines.
- Par extension, le travail désigne à la fois la situation de l'individu qui se livre à cette activité, et l'ouvrage, le produit de cette activité.

La vérité

Étymologie
Vient du latin *veritas* mais aussi du grec *alètheia*, dévoilement.

Citations-clés
- La vérité est « l'adéquation de la chose et de l'esprit ». (Thomas d'Aquin)
- « Les vérités sont des illusions dont on a oublié qu'elles le sont. » (Nietzsche)

Définition
Dans son sens le plus général, la vérité se définit comme le caractère des jugements capables de fonder un accord entre les esprits. Elle renvoie au réel et à ce qu'on en dit. Elle désigne ainsi ce qui est soit un fait (de la réalité), soit une proposition.

Distinctions
Il faut distinguer les vérités formelles qui portent sur la cohérence d'un raisonnement logique et les vérités matérielles qui portent sur des faits empiriques.

Lexique

des repères

Absolu/relatif

Absolu désigne ce qui se suffit à soi-même pour exister, pour être vrai : indépendant, autosuffisant, et par suite complet, total, comme un pouvoir absolu, une confiance absolue ou encore l'Être Absolu (Dieu). Il s'oppose à **relatif**, ce qui n'a pas sa raison d'être en soi : dépendant, imparfait, ou à resituer dans un contexte comme une idée relative à une époque, une couleur relative à sa perception. En morale, l'absolu peut désigner la valeur ultime, une fin en soi, le souverain Bien, par opposition à l'utile, toujours relatif.

Abstrait/concret

Abstrait désigne le résultat d'une activité de l'esprit qui sépare et isole des éléments de la réalité en formant des concepts à partir de caractères communs. **Concret**, en désignant tout ce qui se donne dans l'expérience, s'oppose, mais aussi sert de support à l'abstraction. Par exemple, selon Aristote, le médecin a une connaissance générale, théorique et abstraite, mais il ne soigne que des cas particuliers dont il fait l'expérience concrète.

Analyse/synthèse

L'**analyse** et la **synthèse** renvoient à deux méthodes distinctes de raisonnement : la première consiste à décomposer un ensemble, tandis que la seconde consiste à partir d'éléments épars pour remonter vers un tout. Ainsi lorsqu'un élève commence à analyser un sujet de dissertation, il cherche d'abord à définir chacun des termes séparément, puis quand il reformule le sujet pour saisir le sens global, il en fait la synthèse.

Concept/image/métaphore

Le **concept** (du latin *conceptus*, « action de contenir, de concevoir »), désigne une idée, une représentation intellectuelle abstraite et générale, qui réunit des déterminations communes à des individus appartenant à une même catégorie. Ainsi, le concept de « chat » désigne l'ensemble de tous les chats concrets. L'**image** (du latin *imago*, « représentation, imitation, portrait ») désigne une représentation plus ou moins fidèle d'un objet. Produit de l'imagination, elle évoque un objet absent avec lequel elle entretient un rapport d'analogie. La **métaphore** (du grec *metaphora*, « transport, transposition, transfert de sens ») désigne un procédé de rhétorique qui permet de transférer un terme concret dans un contexte abstrait en vertu d'un rapport d'analogie. Par exemple, « l'or du soir » désigne chez Victor Hugo le soleil couchant.

Contingent/nécessaire

Est **nécessaire** ce qui ne peut pas être autrement (et non pas comme dans son usage courant ce qui est « utile »). Par exemple, la somme des angles d'un triangle fait nécessairement 180° en géométrie euclidienne. Par opposition, est **contingent** ce qui peut indifféremment être ou ne pas être. Un acte pour être libre présuppose par exemple qu'il y ait une certaine contingence de la réalité. Ainsi, ma mort est nécessaire, mais sa date est contingente.

Croire/savoir

Croire et savoir sont deux modes du « tenir-pour-vrai » (*Fürwahrhalten* en allemand) selon Kant. **Croire** consiste à soutenir une vérité mais en l'absence de garantie objective suffisante. C'est avoir, selon différents degrés, la conviction d'être sous une bonne étoile, de pouvoir réussir, qu'il va pleuvoir, ou que l'eau va bientôt bouillir. **Savoir** est un état de certitude reposant sur des preuves ou des démonstrations suffisantes. Par exemple, je sais ma leçon, je sais que j'ai marché dans une flaque d'eau, ou encore que l'eau bout à 100 °C.

En acte/en puissance

Cette distinction d'origine aristotélicienne permet de décrire le changement qui fait passer quelque chose de l'état de **puissance**, c'est-à-dire de germe, de virtualité, à l'**acte**, c'est-à-dire à son accomplissement, à sa réalisation au sens de processus mais aussi de résultat. Ainsi, de la même manière qu'une plante sera en acte ce que la graine est en puissance, un médecin sera en acte ce que l'étudiant en médecine est en puissance. Le passage de la puissance à l'acte consiste à actualiser des potentialités.

En fait/en droit

Le **fait** indique ce qui existe dans la réalité concrète et singulière, ce qui est, alors que le **droit** indique ce qui devrait être selon des principes légaux ou légitimes. Ces deux principes peuvent s'opposer. Par exemple, Rousseau souligne que la liberté, essence de l'homme (en droit), est partout bafouée (en fait) : « l'homme est né libre et partout il est dans les fers », *Contrat social*, *I*.

Essentiel/accidentel

Est **essentiel** ce qui participe de l'essence d'une chose, ce qui fait qu'elle est ce qu'elle est, ce qui est indispensable à son être et à sa définition. Est **accidentel** ce qui appartient à une chose mais à titre d'accident, c'est-à-dire en tant que caractéristique qui peut être retranchée sans que la définition de cette chose en soit changée. Par exemple, il est essentiel à l'humain d'être un animal rationnel (selon la définition aristotélicienne), mais il est accidentel qu'il soit chauve ou chevelu.

Exemple/preuve

Au-delà du modèle à imiter, l'**exemple** peut désigner une chose qui est similaire à ce dont on parle, qui permet d'en donner une idée, de l'illustrer ou de la confirmer. Pour autant, un exemple n'a pas la valeur d'une **preuve**, procédé qui établit une vérité par la raison ou par un fait. Un exemple répété un grand nombre de fois permet éventuellement d'augmenter une probabilité. En revanche, un contre-exemple peut réfuter une thèse. L'exemple a une valeur pédagogique et la preuve une valeur épistémologique.

Expliquer/comprendre

Expliquer consiste à déterminer les causes d'un phénomène de manière à le rendre intelligible, à trouver les lois qui président à sa production. Une explication (du latin *ex-plicare*, déplier) procède par analyse, en décomposant le tout en ses parties. Elle renvoie à la méthode des sciences de la nature. **Comprendre** consiste à saisir le sens, la signification globale d'un événement, d'une situation, d'une œuvre en remontant aux conditions qui les ont rendus possibles. La compréhension (du latin *com-prehendere*, saisir ensemble, envelopper) est synthétique et ramène un phénomène à l'unité de son projet, d'une intention ou d'une volonté. Elle renvoie à la méthode des sciences humaines.

Formel/matériel

Formel est relatif à la forme, c'est-à-dire à ce qui détermine l'apparence extérieure, le contour, comme la forme d'un visage, mais aussi à ce qui détermine la structure, l'arrangement d'une chose comme la forme d'un discours. Par opposition, **matériel** est relatif à la matière, c'est-à-dire à ce qui hors de nous peut être saisi par les sens, à ce qui renvoie à une réalité physique. L'opposition forme/matière peut renvoyer aux oppositions suivantes : contenant/contenu, forme/fond (d'un texte par exemple), apparence extérieure/substance réelle (comme la figure d'une statue et le marbre qui la compose), âme/corps, vérité formelle (cohérence logique d'un raisonnement)/vérité matérielle (correspondance avec la réalité), intention pure/motif d'une action (en morale).

Genre/espèce/individu

La distinction genre/espèce/individu permet d'opérer des classifications de plus en plus précises selon ces différentes catégories en allant du général au singulier. Le **genre** est la classe générale qui se subdivise en espèces, et l'**espèce** peut être ramenée à un élément fondamental, l'unité ultime : l'**individu**. Cette distinction permet de réfléchir à la fois sur la théorie des ensembles en logique et sur l'évolution des espèces en biologie. Par exemple, l'individu Grosminet (de la série *Titi et Grosminet*) appartient à l'espèce chat qui appartient au genre animal.

Hypothèse/conséquence/conclusion

Une **hypothèse** est une proposition qui sert de base à un raisonnement, une supposition sur laquelle on s'appuie pour faire soit une démonstration, soit une explication conditionnelle qui demande à être vérifiée et qui permet de comprendre certains phénomènes. Une **conséquence** est ce qui découle d'une proposition, d'un principe ou d'une hypothèse et qui fait avancer une démonstration. La **conclusion** est une proposition dont la vérité résulte de la vérité des autres propositions et qui met fin à un raisonnement.

Idéal/réel

Idéal désigne ce qui n'existe que dans l'esprit, sans être perçu par les sens. Par opposition, **réel** désigne ce qui se situe en face de lui et existe effectivement. Par suite, l'idéal désigne la perfection que la pensée peut concevoir ou désirer, et le réel ce qui peut faire l'objet d'une connaissance.

Identité/égalité/différence

Étymologiquement, le terme « identique » vient du latin *idem*, c'est-à-dire le même. Chaque personne a sa propre **identité** dans la mesure où elle est unique (unicité) et qu'elle demeure inchangée en son essence malgré le temps qui passe et ses changements (permanence). La **différence** désigne toute relation d'extériorité ou d'altérité entre deux objets comparables. En mathématique, l'équivalence A = B est une **égalité** et en même temps une identité, car A est interchangeable avec B. En revanche, en politique, l'**égalité** entre les hommes signifie qu'ils ont les mêmes droits, dans le respect des différences et de l'identité de chacun.

Impossible/possible

Est **possible** ce qui peut arriver sans qu'il n'y ait de contradiction avec le réel ou la logique. Au contraire, est **impossible** ce qui ne remplit pas les conditions nécessaires pour pouvoir exister, ce qui n'est ni faisable, ni admissible. Soit une chose est impossible car elle s'oppose à un ordre logique, elle est donc contradictoire en elle-même, soit elle est impossible car elle heurte l'ordre physique, elle s'oppose alors à la nécessité.

Intuitif/discursif

Intuitif est un mode de connaissance qui relève de l'intuition, c'est-à-dire d'une vision ou saisie directe et immédiate, par les sens (comme la décomposition de la lumière blanche dans le prisme de Newton), ou par l'intellect (comme le *cogito* cartésien). **Discursif** est un mode de connaissance qui se fait par la médiation d'un discours, c'est-à-dire indirectement par les étapes d'un raisonnement, d'une démonstration.

Légal/légitime

Est **légal** ce qui est conforme au code écrit d'une société donnée, au droit positif. Est **légitime** ce qui est moralement juste et conforme à la raison. La légitimité juge du fondement de la légalité. Le légalisme, qui confond légal et légitime, a des limites, puisque des lois peuvent être injustes, donc illégitimes.

Médiat/immédiat

Médiat ou **immédiat** servent à qualifier notre rapport aux choses dans ce qu'il a d'indirect (il implique la médiation d'un moyen), ou de direct (sans intermédiaire). Notre liberté n'est pas immédiate et peut impliquer le recours à la médiation du travail. Le travail lui-même, en transformant la nature, nous arrache à son immédiateté.

Objectif/subjectif/intersubjectif

Un jugement est **objectif** lorsqu'il restitue fidèlement, avec impartialité, ce qu'est l'objet extérieur au sujet qui le pense. Par opposition, un jugement **subjectif** s'établit en fonction du point de vue du sujet qui pense ou ressent. L'objectivité d'un jugement scientifique sera universellement reconnue. La subjectivité d'un point de vue reste singulière. La connaissance d'autrui est problématique dans la mesure où l'on ne peut réduire un sujet à l'état d'objet. Elle peut alors se faire sur un mode **intersubjectif**, par un terrain commun, une communauté de conscience, de langage ou de sentiment qui permet d'échanger et de se comprendre. Sur le plan épistémologique, l'intersubjectivité formée par une communauté d'experts peut constituer un critère d'acceptabilité d'un énoncé.

Obligation/contrainte

L'**obligation** désigne l'action de la volonté qui s'exerce sur elle-même pour se déterminer. En ce sens même si l'on agit sans désir, l'obligation est une action libre. En revanche, la **contrainte** désigne une force extérieure à la volonté qui est assujettissante et à laquelle on ne peut résister. Rendre honnêtement la monnaie de sa pièce par devoir moral est une obligation ; l'arme du bandit qui veut ma bourse est une contrainte.

Origine/fondement

L'**origine** désigne un commencement dans le temps, historique ou chronologique. Le **fondement** désigne un commencement logique ou essentiel qui répond plus à la question « pourquoi » qu'à la question « comment » ou « quand ». Il peut, selon la métaphore architecturale, soutenir ensuite un ordre, une série de faits ou de connaissances. Ainsi le big-bang peut être considéré comme l'origine scientifique de notre monde, mais la nature politique comme le fondement de l'humanité telle que la conçoit Aristote.

Persuader/convaincre

Persuader et convaincre sont deux manières d'amener un interlocuteur à tenir quelque chose pour vrai. Mais alors que l'art de **persuader** (comme la rhétorique) est une sorte de séduction qui sollicite les sentiments et l'imagination, l'art de **convaincre** consiste à démontrer, à présenter les raisons véritables d'adhérer. Ainsi le sophiste pourra persuader de quelque chose de faux, tandis que le philosophe ou le scientifique pourront convaincre d'une vérité en y apportant arguments et preuves.

Principe/cause/fin

Le **principe** désigne une proposition première et fondamentale, la conséquence étant la proposition qui en découle nécessairement. Les notions de cause et de fin renvoient à deux types d'explication (respectivement de types mécaniste et finaliste), à deux manières de répondre à la question « pourquoi ». La **cause** indique ce qui, en amont, a produit directement l'effet à expliquer, une sorte d'antécédent nécessaire. La **fin** se rapporte, en aval, au but ou à la finalité recherchée et qui peut correspondre à une intention ou à une raison. Ainsi, à la question « pourquoi cet enfant est-il puni ? », on peut répondre par la cause (à la suite d'une bêtise) ou par la fin (dans un but éducatif).

Public/privé

Ce qui est **public** renvoie à ce qui concerne l'État et ses rapports à l'ensemble des citoyens tant par la gestion qu'il produit (comme l'enseignement public) que par la parole ou l'expression qu'il leur permet (comme l'opinion publique). « Public » qui dérive de *publicus*, lui-même issu de *populus*, « le peuple », s'oppose au **privé**, c'est-à-dire à ce qui relève d'un usage particulier, d'un petit nombre de personnes, dans le cadre familial par exemple, ou dans l'intimité. Le privé renvoie aux relations des citoyens entre eux comme dans le droit privé par opposition au droit public. La question de la fragilité de la frontière entre ces deux domaines se pose pour Hannah Arendt dans sa réflexion politique sur le totalitarisme ou encore par rapport aux enjeux éthiques concernant la récupération des données personnelles avec l'essor du numérique.

Ressemblance/analogie

La **ressemblance** pose, de manière plutôt intuitive, un rapport de similitude entre deux choses ou deux personnes, pouvant aller jusqu'à la confusion. Un portrait réussi ressemble bien à son modèle, mais dans un trompe-l'œil, la ressemblance est si forte que l'on confond la copie et l'original. L'**analogie** établit une ressemblance de rapports entre des choses différentes par essence selon le raisonnement de type mathématique $a/b = c/d$, où ce que a est à b, c l'est à d, sans que a ressemble à c ou b à d. Selon Aristote en *Poétique*, 1457b, la vieillesse est à la vie ce que le soir est au jour.

Théorie/pratique

La **théorie** désigne une connaissance ou un ensemble de notions considérées du point de vue de la représentation, de la pensée, qui engendre des considérations abstraites. La **pratique** renvoie à l'activité concrète des hommes, d'un point de vue technique ou moral. La théorie et la pratique ne sont pas nécessairement opposées. Elles peuvent se compléter dans la mesure où l'homme peut bien agir grâce à une connaissance juste, et où la théorie elle-même peut être modifiée ou tirée d'une confrontation à la réalité. Pour Kant, l'exercice du jugement permet le passage de l'une à l'autre.

Transcendant/immanent

Est **transcendant** ce qui relève d'un principe supérieur et extérieur à notre monde. Ainsi l'idée d'un Dieu créateur renvoie à un principe transcendant.

À l'inverse, est **immanent** ce qui appartient à la nature d'un être et qui relève d'un principe ou d'une causalité interne. Pour Kant, le transcendant est inconnaissable car au-delà de l'expérience, alors qu'est immanent ce qui ne sort pas des limites de l'expérience possible.

Universel/général/particulier/singulier

Universel qualifie ce qui vaut pour une totalité d'êtres ou d'idées, sans exception. Par exemple, « tous les hommes sont mortels ». **Général** qualifie ce qui vaut pour une pluralité d'êtres appartenant à un même genre ou ensemble. Établi par généralisation empirique, il admet des exceptions comme les règles générales de prudence. **Particulier** sert à désigner quelques éléments d'une classe. Par exemple, « certains hommes sont chauves ». **Singulier** qualifie ce qui appartient à un seul individu, à un sujet unique. Par exemple, « Socrate est fascinant ».

Vrai/probable/certain

Le **vrai** désigne ce qui est conforme au réel (dans le cas d'une vérité de fait) ou ce qui est conforme aux exigences d'un raisonnement (dans le cas d'une vérité d'idée). Ce qui est **probable** n'a que l'apparence du vrai, il renvoie à ce qui a le plus de chance ou de raison d'être vrai, sans qu'on en ait de certitude absolue. Le **certain**, en revanche, correspond au vrai auquel on peut s'attendre sans l'ombre d'un doute. La probabilité renverrait à une vérité relative et la certitude à une vérité absolue.

Index
des noms propres

Les numéros renvoient aux sujets, les explications de texte sont ***en gras****.*